René Borbonus

Respekt!

RENÉ BORBONUS

RESPEKT!

Wie Sie Ansehen bei Freund
und Feind gewinnen

Econ

4. Auflage 2012

Econ ist ein Verlag
der Ullstein Buchverlage GmbH

ISBN 978-3-430-20110-0

Grafiken: Peter Palm

Gesetzt aus der Minion und der Neuen Helvetica
Satz: LVD GmbH, Berlin
Druck und Bindearbeiten: GGP Media GmbH, Pößneck
Printed in Germany

INHALT

Prolog 9

Wen oder was respektieren wir? 17

Eine erste Annäherung 17
Charisma statt Machtgehabe 29
Autoritäten und Respektspersonen 32
Respektable Werte 41
Respekt in einer egoistischen Gesellschaft 50
Die Medien – Katalysator von Respekt und Verachtung 56

Warum ist es manchmal so schwer, respektvoll zu sein? 64

Die Menschen sind verschieden 64
Das eigene Eskalationspotential erkennen 68
Vier Grundtypen: das Riemann-Thomann-Modell 73
Steigern Sie Ihre Konfliktfähigkeit 85
Wie sich Männer und Frauen mit Respekt begegnen 92

Wie Sie Respektlosigkeiten vermeiden 101

Die Gefahr respektloser Kommunikation. Beispiel Politik 101
Es sind die Kleinigkeiten: respektlose Verhaltensweisen 105
Wie Emotionen Respekt beeinflussen 119
Chancen respektvollen Verhaltens. Beispiel Wirtschaft 139

Wie Sie mit Respektlosigkeiten umgehen 142

Bekannte Respektlosigkeiten und die besten Reaktionen 142
Notbremsen: Was tun, wenn es richtig schlimm wird? 157
Resilienz: Wunderwaffe gegen Respektlosigkeit 161

Wie Sie Respekt als Erfolgsinstrument einsetzen 181

Respektvoll kommunizieren 181
Lösung für Konflikte, die zu Herzen gehen 205
Respektvolles Verhalten als Strategie und Lebensaufgabe 220

Epilog 230

Anhang 235

Anmerkungen 235
Literatur 245

PROLOG

Mein Name ist René Borbonus, und ich war respektlos.

Vor einigen Jahren veröffentlichte ich ein Buch, das bei einer allgemein bekannten Internetplattform diverse Leserrezensionen erhielt. Die meisten waren äußerst erfreulich, andere ein Stück kritischer. Die Mehrzahl der Meinungen bezog sich auf Qualität und Umsetzung konkreter Inhalte; das ist der Sinn der Sache. Ein Rezensent jedoch verpasste mir eine solche rhetorische Ohrfeige, dass auch ich die sachliche Distanz vergaß. Ich nahm mir seinen Verriss derart zu Herzen, dass es mir zwei Tage lang physisch schlecht ging. Ich fühlte mich gekränkt, denn er kritisierte nicht in erster Linie konstruktiv Details des Buches. Vielmehr zielten seine Vorwürfe direkt auf meine Berufsehre und mein Ego: Er sprach mir kategorisch jegliche Kompetenz als Autor zum fraglichen Thema ab und kam zwischen den Zeilen zu dem Schluss, dass ich dann wohl auch als Kommunikationstrainer nicht viel taugen könne.

Ein böser Tiefschlag. Noch dazu – so meine Vermutung angesichts der Wortwahl – von einem Trainerkollegen. Tatsächlich bestätigte sich mein Verdacht, als ich den Verfasser ansprach.

Ein erfahrener Boxer reagiert auf einen Tiefschlag nicht mit einem Tiefschlag. Er beißt die Zähne zusammen und sucht die sportliche Auseinandersetzung im fairen Wettkampf. Als Autor muss man Kritik aushalten, sich sogar darüber freuen – schließlich setzt sie den Diskurs fort, den man mit dem Buch anstößt, auf die eine oder andere Art. Leider reagierte ich damals nicht wie ein erfahrener Boxer, sondern wie bei einer Schulhofprügelei: Ich trat auf gleicher Höhe zurück und gab dem Kollegen eine Antwort, die sich gewaschen hatte.

Natürlich könnte man vom Autor eines Buches über Respekt erwarten, dass ihm derartige Entgleisungen fremd sind. Aber seien wir ehrlich: Realistisch wäre das nicht. Respekt fällt uns nicht in den Schoß. Wir müssen ihn uns erarbeiten und lernen, ihn in unser Leben zu integrieren – täglich neu. Ich erzähle Ihnen diese Episode, weil sie eines unter Beweis stellt: Respekt ist keine Einbahnstraße. Das Gleiche gilt für die Respektlosigkeit. Oft schallt es uns aus dem Ellbogenwald genau so zurück, wie wir hineinrufen. Ein Konflikt, der mit gegenseitigen Tiefschlägen beginnt, wird in der Regel nicht am Tresen enden, wo der Streit friedlich beigelegt wird.

Besagter Kollege und ich kamen, nachdem wir einige Unverschämtheiten ausgetauscht hatten, glücklicherweise zur Vernunft und legten unsere Differenzen sachlich bei. Freunde sind wir nicht geworden, jedoch begegneten wir uns schlussendlich mit dem gebührenden Respekt – beiderseitig.

Respekt ist das Schmiermittel der Gesellschaft

Der Wunsch nach Respekt ist, wenn auch meist unterbewusst, so allgegenwärtig, dass kaum ein Tag vergeht, an dem wir ihn nicht empfinden. Dieser Wunsch ist mehr als nachvollziehbar: Respekt ist der Treibstoff für unser Ego. Je nach Beschaffenheit des eigenen Selbstbewusstseins braucht der eine mehr davon, der andere weniger. Bekommen wir ihn, wächst unser Ego, und mit ihm unsere Selbstsicherheit, unsere Zuversicht, unser Mut und unsere Risikobereitschaft. All das brauchen wir, um glücklich und erfolgreich zu werden – beruflich wie privat.

Allerdings ist es mit dem Respekt wie mit dem Unternehmenserfolg: Nur wer investiert, wird wachsen. Respekt und Erfolg haben deshalb sehr viel miteinander zu tun. Ein respektvolles Miteinander im Geschäftsleben wird Ihren Alltag nicht nur entspannter und konfliktärmer machen – es wird Ihnen auch messbare Erfolge bescheren. Dagegen wird Ihr Konkurrent wahrscheinlich bei nächster Gelegenheit zum Gegenschlag ausholen, wenn Sie öffentlich schlecht über ihn reden. Ihr Vorgesetzter wird wenig von Ihren Entwürfen zur Prozessoptimierung halten, wenn Sie jede seiner Entscheidungen lautstark anzweifeln. Umgekehrt wird Ihr Angestellter wenig motiviert sein, Umstrukturierungen im Unternehmen hinzunehmen, wenn Sie ihm für all seine Treue und Überstunden über die Jahre viel zu selten oder nie Ihre Anerkennung aussprechen.

Das Gleiche gilt für private Beziehungen: Sie können von Ihrer Partnerin oder Ihrem Partner wenig Respekt erwarten, wenn Sie am Valentinstag darauf pochen, dass das Feierabendbier mit dem Kollegen (»Networking, Schatz!«) nun wirklich wichtiger ist als der gemeinsame Kinobesuch. Auch Ihre Kinder werden Schwierigkeiten haben, zu Ihnen aufzuschauen, wenn Sie lieber mit den Kumpels Bundesliga schauen, als den Sohnemann bei seinem eigenen Heimspiel zu unterstützen. Ihre beste Freundin wird wenig Respekt vor Ihrer Lebensweise zeigen, wenn Sie sich über ihren 15 Jahre jüngeren Lebensgefährten mokieren. Selbst Ihr ältester Freund wird sich irgendwann von Ihnen abwenden, wenn Sie ihn für seine Entscheidung verhöhnen, in Elternzeit zu gehen, während er auf Ihre Unterstützung gehofft hatte.

Kurzum: Respekt ist das Schmiermittel der Gesellschaft. Er definiert unsere Beziehungen und unser gesamtes Sozialverhalten wie kein anderer Faktor menschlichen Miteinanders. Wie sehr Respektlosigkeit nicht nur dem Einzelnen, sondern auch dem gesellschaftlichen Klima zusetzen kann, lässt sich an einer Debatte hervorragend demonstrieren, die bundesweit hohe Wellen geschlagen hat. Es ist noch nicht lange her, da brach sich der geballte Frust der Bevölkerung über die Respektlosigkeit der Regierenden buchstäblich Bahn in einer beispiellosen Protestaktion.

Auf der Sachebene ging es bei Stuttgart 21 um ein paar Gleise, ein paar Bäume und ein paar Milliarden. Verstehen Sie mich richtig: Auch mir liegt die Natur am Herzen, und es ist mir ebenso wenig egal wie Ihnen, wohin meine Steuergelder verschwinden. Doch Bauvorhaben wie den Stuttgarter Bahnhof gibt es in unserem Land dutzendweise, und die wenigsten von uns ketten sich deshalb im Wochentakt an einem Baum fest.

Was die sogenannte Volksseele weit über die Stadt- und Landesgrenzen hinaus zum Kochen brachte, war das schamlose Übergehen der Kritiker seitens der Entscheidungsträger sowie der respektlose Umgang der Landesregierung mit ihren Bürgern. Wer mit Gewalt auch gegen friedliche Demonstranten vorgeht, muss sich nicht wundern, wenn sich Entrüstung und Wut breitmachen. Vor allem aber darf er nicht erwarten, dass sich ein derart düpierter und in seinem demokratischen Grundverständnis gekränkter Verhandlungspartner mit einem gütigen Lächeln an den Verhandlungstisch setzt und die weiße Fahne schwenkt.

Wie bei den meisten politischen Debatten gab es auch in der Diskussion um Stuttgart 21 letztlich eine gütliche Einigung zwischen den Konfliktparteien – und zwar obwohl man weiterhin die Gleise unter die Erde verlegen, etlicher Bäume fällen und so einige Milliarden investieren will. Zu verdanken ist das mit Heiner Geißler einem brillanten Schlichter, der das in die Diskussion einbrachte, woran es zuvor gemangelt hatte: respektvolle Kommunikation zwischen den Beteiligten.

Respekt kann man lernen

Grob vereinfacht gesagt wählte Heiner Geißler für seine Intervention bei Stuttgart 21 dieselbe Strategie wie die couragierte Lehrerin, die bei einer Schulhofprügelei dazwischengeht: Er stellte sich als Puffer zwischen die Streithähne, brach den Austausch von Tiefschlägen ab und holte die Diskussion zurück auf die Sachebene. Damit ebnete er den Weg für die Erkenntnis, dass es tatsächlich um die Verlegung von … na, Sie wissen schon.

Der Weg zum respektvollen Miteinander ist ein Lernprozess, dem wir uns alle täglich stellen müssen – vom Schuljungen bis zum Spitzenpolitiker. Denn die gute Nachricht ist, dass wir gegen die kleinen und großen Respektlosigkeiten des Alltags aktiv etwas tun können. Deshalb habe ich dieses Buch geschrieben: Es gibt effektive Strategien und Techniken, um jener »Verrohung der Sitten« entgegenzuwirken, die die heute weitverbreitete Kultur der Rücksichtslosigkeit ermöglicht hat.

Als Kommunikationstrainer bereite ich täglich Verhandlungsführer auf schwierige Debatten vor und treffe häufig auf verfahrene Dialogkonstellationen. Erfreulich ist für mich jedoch, dass ich in den letzten Monaten in der Politik wie auch in der Wirtschaft einen Trend hin zu einem respektvollen Miteinander beobachten kann. Führende Politiker erkennen zunehmend, dass konstruktive gesellschaftliche Erneuerung, die mit persönlichen Einschnitten seitens der Bürger einhergeht, nicht durchsetzbar ist, wenn die Wähler ihrerseits keine Wertschätzung von den »Mächtigen« spüren.

Immer öfter trete ich mit meinem Anliegen offene Türen auch bei Unternehmen ein, die die Krux der Respektlosigkeit erkannt haben und bereits auf der Suche nach Lösungen sind. Meine Aufgabe ist es dann, Strategien und Techniken respektvoller Kommunikation zu vermitteln, die meinen Kunden messbare Erfolge bescheren.

Die Deutsche Post DHL hat das Prinzip Respekt sogar ausdrücklich zur Führungsaufgabe erhoben. Dr. Andreas Tautz, Chief Medical Officer bei der Deutschen Post DHL, erklärt warum: »Führung zeichnet sich durch die Motivation der Beschäftigten, gegenseitigen Respekt, emotionale Beteiligung, gemeinsame Überzeugungen sowie die Bereitschaft zur Übernahme von Verantwortung und deren Delegation aus.«[1]

Die DHL hat aus diesem Grund ihre Ethikrichtlinie grundlegend überarbeitet und in ein Leitbild gefasst, das nicht nur die gesundheitsfördernde Wirkung von Respekt hervorhebt. Es zeigt ebenso, dass Respekt in diesem Unternehmen als Wirtschaftsfaktor verstanden wird. Das Leitbild ist überschrieben mit den Worten »Respekt und Resultate«. Tautz geht noch einen Schritt weiter, indem er klarstellt, dass Respekt als Führungsaufgabe sogar eine Schlüsselrolle bei der Zusammenführung von Effizienzgewinn und einer Kommunikationskultur spielt, die auf gegenseitiger Wertschätzung beruht. Der Diskussionsprozess, der mit dem neuen Leitbild angestoßen wurde, biete die Chance »zur nachhaltigen Anpassung der Unternehmenskultur und zur Auflösung des vermeintlichen Widerspruchs wirtschaftlich orientierter und mitarbeiterzentrierter Unternehmensführung«.[2]

Bei der DHL haben die Verantwortlichen erkannt, dass die entsprechende Kommunikationskultur durchaus erlernbar ist: Die im Leitbild formulierten Soft Skills nehmen in den Leadership-Seminaren für den Führungsnachwuchs des Unternehmens einen festen Platz ein.

Respekt ist eine kommunikative Haltung

In diesen Seminaren lernen die angehenden Führungskräfte vor allem, im Team und als Teamleiter respektvoll zu kommunizieren. Dafür ist es unentbehrlich, den anderen ernst zu nehmen und auf seine Bedürfnisse einzugehen. Wenn Sie diesen Perspektivwechsel bei Ihrer Führungsarbeit, in der Partnerschaft oder in jedem anderen kommunikativen Umfeld einmal ausprobieren, werden Sie schnell feststellen: Die Motivationsfaktoren unserer Mitmenschen sehen oft ganz anders aus als das, was wir in Konfliktsituationen überstürzt in ihr Verhalten hineininterpretieren. Auch die DHL hat dies festgestellt, als sie sich bei der Erarbeitung ihres neuen Führungsleitbilds mit den Faktoren der Mitarbeitermotivation auseinandersetzte: »Weltweit ist Respekt der größte Treiber der Mitarbeitermotivation, gefolgt von ›sich einbringen und gestalten können‹ bei der Arbeit. Variable Vergütungsmodelle beziehungsweise Bonusmodelle liegen international auf dem letzten Platz der Motivatoren.«[3]

Sie sehen: Respekt ist keineswegs eine Frage des Wertes, sondern der Wertschätzung. Und die wird in erster Linie über Kommunikation vermittelt.

Um Respekt in Ihrem Berufs- und Privatleben erfolgreich auch als Kommunikationsstrategie einsetzen zu können, brauchen Sie zunächst ein grundlegendes Verständnis davon, wie Respekt eigentlich funktioniert. Das mag banal klingen, ist aber keineswegs selbstverständlich. Der Begriff wird im Alltag inflationär gebraucht – nicht immer ist dabei von echtem Respekt die Rede. Wer »Respekt« vor dem ersten Fallschirmsprung oder dem schulterhohen Hund des Nachbarn verkündet, meint eigentlich Angst. Goldbehängte Rap-

Stars gebrauchen das Wort heute häufig bei jeder passenden und unpassenden Gelegenheit; nicht selten hat Respekt hier mit der Anzahl von Schusswunden zu tun, die man vorzeigen kann. Dabei hatte das Wort in den Ursprüngen dieser Musikrichtung absolut sinngebende Bedeutung und war an eine echte politische Botschaft geknüpft. Auch der Respekt, der in stark hierarchischen Kulturen und Diktaturen gern gepredigt wird, hat so gar nichts mit Respekt zu tun, sondern mit Unterordnung und Gehorsam.

Welchen Respekt also meinte ich, als ich den Titel über dieses Manuskript setzte? Ein Blick auf die Herkunft des Wortes bringt Aufschluss: *Respicere* bedeutet im Lateinischen nichts anderes als »zurücksehen«. Respekt ist etymologisch also verwandt mit Begriffen wie »Rücksicht« und »Berücksichtigung«. Wenn wir jemandem unseren Respekt zollen, bedeutet das, dass wir ihn wertschätzen, ihm Aufmerksamkeit schenken oder ihm Ehre erweisen.

Respekt meint nicht Anbiederung; er meint nicht geheuchelte Bewunderung, Nutzdenken und leere Worthülsen. Er bezeichnet vielmehr eine kommunikative Aufgabe, eine Verpflichtung dazu, sein Gegenüber wahrzunehmen und in seiner Persönlichkeit, seiner Menschenwürde und seinem Anliegen ernst zu nehmen. Das kann nur, wer die grundlegende humanitäre Überzeugung teilt, dass Menschen gleichwertig sind, und sich täglich daran erinnert. Respekt ist keine Maske, die wir aufsetzen und wieder abnehmen können, wie es uns beliebt. Er ist eine Haltung, weil er gleichzeitig ein grundlegendes menschliches Bedürfnis ist.

Die interdisziplinäre RespectResearchGroup der Universität Hamburg bezeichnet diese Form von Respekt als horizontalen Respekt. Von der zweiten Grundform – dem vertikalen Respekt – unterscheidet er sich dadurch, dass er nicht darauf beruht, dass der Respektgebende zu seinem Gegenüber »aufschaut«. Aus diesem Grund ist horizontaler Respekt auch erlernbar. Er setzt lediglich die grundlegende Erkenntnis voraus, dass jedes menschliche Leben grundsätzlich gleichwertig mit dem des anderen ist.

Und von dieser Erkenntnis muss ich Sie gewiss nicht erst überzeugen.

Respekt macht glücklich – Respektlosigkeit macht krank

Wenn jedoch dem Respekt eine scheinbar so selbstverständliche Erkenntnis zugrunde liegt, warum müssen wir uns überhaupt erst damit beschäftigen? Warum verhalten wir uns nicht automatisch immer respektvoll? Warum sind Egoismus und Rücksichtslosigkeit in unserem Alltag so viel präsenter?

Es ist nicht zuletzt dieses Paradoxon, das mich fasziniert und animiert hat, dieses Buch zu schreiben. Bei meiner Arbeit stelle ich immer wieder fest: Oft ist es gar keine böse Absicht, kein Egoismus und keine Ellbogenmentalität, die uns zu respektlosem Verhalten animiert, sondern einfach nur fehlende Achtsamkeit. Immer wieder begegne ich Klienten, die sich besonders in unangenehmen Gesprächssituationen achtlos verhalten. Dabei sind sie im festen Glauben, ihrem Gegenüber allen gebührenden Respekt zu erweisen! Dieser Mangel an Achtsamkeit ist besonders tragisch, wenn er über einen langen Zeitraum zu zerrütteten Beziehungen am Arbeitsplatz oder im Privatleben führt – ohne dass die Parteien auch nur erkannt hätten, woran es eigentlich gelegen hat, dass man »nicht miteinander konnte«.

Respektlosigkeit ist eine der schlimmsten Fallen, in die wir bei der Kommunikation tappen können, denn sie ist ein Teufelskreis. Wie wir bereits festgestellt haben, ist Respekt keine Einbahnstraße: Respektloses Verhalten provoziert in aller Regel mehr respektloses Verhalten, wenn es beiden Parteien an der nötigen Achtsamkeit mangelt. Das kann gravierende Folgen für alle Beteiligten haben. Fehlender Respekt macht nicht nur einsam, sondern im schlimmsten Fall auch krank. So wie Respekt in der Rangliste der Faktoren zur Mitarbeitermotivation ganz oben steht, so gefährlich sind die Auswirkungen seines Fehlens auf die Mitarbeitergesundheit. Laut Dr. Andreas Tautz reicht schon das subjektive Empfinden aus, die eigene Arbeit würde vom Vorgesetzten nicht genug anerkannt, »um auf längere Sicht das Risiko des Auftretens einer Herz-Kreislauf-Erkrankung und/oder einer Depression zu verdoppeln.«[4]

Respekt verschafft man sich, indem man ihn zeigt

Ob es derart schmerzliche Erfahrungen mit Respektlosigkeit oder der Wunsch nach mehr Anerkennung im Job und im Privatleben sind, die Sie zur Lektüre dieses Buches bewogen haben: Es lohnt sich in jedem Fall, Respekt aktiv zu einem bewussten Teil Ihrer persönlichen Lebenseinstellung zu machen. Denn so, wie sein Fehlen gravierende Folgen haben kann, kann ein Mehr an Respekt Ihr Leben auch gravierend bereichern. Es kann Sie erfolgreicher, glücklicher, sogar gesünder machen. Klingt das etwa nicht verlockend?

Um den Anfang zu machen, braucht es gar nicht viel. Respekt wird in erster Linie über Kommunikation vermittelt. Respekt lernen heißt deshalb vor allem kommunizieren lernen.

Als Kommunikationstrainer vermittle ich in diesem Buch keine Wellness-Rhetorik. Ich möchte Sie gezielt auf schwierige Situationen vorbereiten und dabei unterstützen, mit den Mitteln der Kommunikation den Respekt Ihres Umfelds zu gewinnen. Dieses Buch folgt daher ganz und gar praktischen Gesichtspunkten. Der erste Schritt ist, Sie für die Falle der Respektlosigkeit zu sensibilisieren. Wie beschrieben fehlt es uns häufig nur an einem Quäntchen mehr Achtsamkeit, um schwierige Gesprächssituationen wie Verhandlungen oder Konfliktgespräche strategisch klüger zu gestalten und zu unseren Gunsten zu entscheiden, ohne dabei egoistisch oder rücksichtslos aufzutreten. Zunächst werde ich Ihnen daher demonstrieren, wie sich Respektlosigkeit in der Kommunikation äußert, wie Sie sie erkennen und ihr begegnen können, ohne einen Tiefschlag mit einem Tiefschlag zu beantworten. Es gibt ebenso simple wie effektive Werkzeuge, die sofort Abhilfe schaffen, wenn dicke Luft herrscht.

Darüber hinaus möchte ich Ihnen einen Leitfaden an die Hand geben, wie Sie durch aktives Vorleben auch den Respekt Ihres Gegenübers gewinnen können – Freund oder Feind, Partner oder Vorgesetzter, Kind oder Vater. Um sich selbst Respekt zu verschaffen, müssen Sie ihn zunächst anderen entgegenbringen. Spätestens, wenn es darum geht, den eigenen Standpunkt – vielleicht sogar gegen Widerstände – zu vertreten, sind Selbstbeherrschung, Konfliktfähigkeit und Überzeugungskraft die Mittel der Wahl. Der US-amerikanische Soziologe Richard Sennett hat es so formuliert: »Respekt ist eine ausdrückliche Darbietung. Andere mit Respekt zu behandeln, geschieht nicht einfach von selbst [...]. Wer jemandem überzeugend Respekt erweisen will, muss die rechten Worte und Gesten finden.«[5] Das Instrumentarium, das ich Ihnen hier vermittle, reicht vom richtigen Zuhören und der Kontrolle der eigenen Emotionen über die gelungene Strukturierung von Argumenten und konsistente Körpersprache bis hin zur angemessenen Formulierung von Kritik und der richtigen Art, »nein« zu sagen.

Auch wenn Sie sich selbst bereits zu den respektvolleren Zeitgenossen zählen: Lassen Sie sich noch einmal neu auf das Prinzip Respekt ein und lernen Sie, davon zu profitieren. Es sind oft kleine Unachtsamkeiten, die auf Dauer Schaden in menschlichen Beziehungen anrichten – und kleine Veränderungen, die Sie einen Riesenschritt nach vorn bringen.

Hand aufs Herz: Sind Sie wirklich noch nie in eine verbale Schulhofprügelei geraten, wie ich sie zu Beginn aus eigener Erfahrung geschildert habe?

Sehen Sie.

WEN ODER WAS RESPEKTIEREN WIR?

Eine erste Annäherung

»Der Umgang mit Menschen ist wahrscheinlich das heikelste Problem, das wir zu lösen haben, besonders wenn wir im Geschäftsleben stehen«, schreibt Dale Carnegie im Vorwort zu seinem Klassiker *Wie man Freunde gewinnt.*[6]

Der Mann muss es wissen: Carnegie darf getrost als der Inbegriff des erfolgreichen amerikanischen »Selfmademan« gelten; sieben Millionen Menschen hat das Unternehmen Carnegie Training mit seiner Philosophie des gesunden Menschenverstandes seit der Gründung 1912 in 58 Ländern geschult.

Carnegie geht es in erster Linie um die Themen Selbstvertrauen, positive Lebenseinstellung und die Fähigkeit zur Kommunikation – also auch um Respekt: Denn nur wer genug über sich selbst erfahren hat, sich selbst kennt, sich selbst mag und sich selbst vertraut, der schafft auch die Grundlage dafür, andere als gleichwertig wahrnehmen zu können.

Menschen sind als soziale Wesen darauf angewiesen und darauf eingestellt, miteinander auszukommen. So wissen wir schon als Kinder, dass wir uns im sozialen Miteinander zurechtfinden müssen, haben aber keinen blassen Schimmer, wie wir das bewerkstelligen sollen. Wie so vieles im Leben müssen wir auch das lernen.

Im Zuge dieses Lernprozesses kommen wir nicht um die Frage herum, was für uns eigentlich Respekt bedeutet. Wenn das Leben ein Wunschkonzert wäre, wie sollten dann die Menschen um mich herum mit mir umgehen? Wie zeigen sie mir, dass sie mich achten, schätzen – respektieren?

Es fängt schon damit an, dass sich mein Mitmensch genau überlegen sollte, was er mir wie sagt. Er verzichtet darauf, mich abwertend zu kritisieren oder gar zu beschimpfen. Er bemüht sich, mich jederzeit fair zu behandeln. Und er macht sich Gedanken, wie er mir etwas Gutes tun kann, hält mich für kompetent, vertraut mir.

Im Prinzip sind es die kleinen Dinge des Lebens, mit denen für uns der respektvolle Umgang miteinander anfängt. Da sind das höfliche »Bitte« und »Danke«, das Sich-gegenseitig-die-Tür-Aufhalten oder die Tatsache, dass wir im Restaurant die Speisekarte zuerst dem anderen überlassen.

Es geht damit weiter, dass wir den persönlichen Bereich unserer Mitmenschen respektieren. Der Computer unseres Kollegen ist absolutes Tabu für uns, genauso wie der unseres Freundes oder der des Nachbarn.

Wenn Ihr Kind Tagebuch führt, dann ist das nicht die geeignete Lektüre für Sie als Elternteil. Und sollte Ihr Partner den Wunsch äußern, dieses oder jenes Thema jetzt besser zu beenden, dann handeln Sie danach und reden – wenn es unbedingt notwendig ist – am besten ein anderes Mal wieder darüber.

Überhaupt das Gespräch: Wie oft fällt im Plausch im Freundeskreis ein unüberlegtes Wort? Wie oft nennen wir unseren besten Freund einen »faule Socke« oder einen »Messi«? Womöglich sogar dann, wenn er gerade danebensteht: »Na komm schon, Alter, du weißt doch, wie ich das meine …« Diese Abwertung ist bereits ein deutliches Zeichen für mangelnden Respekt.

Alle Menschen um uns herum sind gleichwertig und haben die gleichen Rechte. Wenn Sie selbst respektvoll behandelt werden wollen, dann müssen Sie auch Ihr Gegenüber respektvoll behandeln. Denn Sie wissen ja: Es schallt so aus dem Wald heraus, wie man hineinruft!

Leider ist das Leben aber kein Wunschkonzert. Wir begegnen immer wieder Menschen, die uns eben »nicht gut gesinnt sind«, die uns provozieren, die uns nicht leiden können, die uns vielleicht sogar hassen – aus welchen Gründen auch immer. Und das müssen wir uns dann auch nicht gefallen lassen.

Wenn uns ein Mensch unbeabsichtigt attackiert, weil er vielleicht einen schlechten Tag erwischt hat und sich im Ton vergreift, können wir nonchalant darüber hinwegsehen. Wenn er aber mit seinen Bemerkungen, Kommentaren, Beleidigungen von vornherein darauf aus ist, uns zu demütigen, klein zu machen und unser Tun in Frage zu stellen – dann müssen wir uns etwas einfallen lassen.

Bei Menschen, die vorsätzlich unsere Selbstachtung zerstören wollen, macht es wenig Sinn, sich zu öffnen und allzu großes Verständnis zu zeigen.

Dann heißt es, Abwehrstrategien zu entwickeln, wie sie beispielsweise die Psychotherapeutin Doris Wolf empfiehlt: Übergehen Sie die Bemerkung kommentarlos, senden Sie deutlich ein Stopp-Zeichen, bringen Sie das Gespräch auf eine sachliche Ebene zurück oder setzen Sie Humor ein. Wolf: »Sie können sich selbst mehr innere Stärke verschaffen.«[7]

Selbstachtung

Der Respekt für den anderen fängt beim Respekt für das eigene Selbst an. Ich muss erst lernen, mich selbst zu achten, bevor ich meine Mitmenschen aufrichtig respektieren kann.

Selbstachtung bildet die Basis für ein glückliches und zufriedenes Leben. Ohne Selbstachtung wären ein positives Selbstwertgefühl und echtes Selbstvertrauen undenkbar. Achte ich mich selbst nicht genug, nehme ich mich selbst nicht wichtig genug, dann frage ich mich ständig, was die anderen wohl über mich denken, gehe, wenn überhaupt, nur zögerlich auf andere Menschen zu und schlucke vieles herunter. Kurz: Es geht mir einfach nicht gut!

Bevor Sie Ihre Mitmenschen respektvoll behandeln können, achten Sie einmal ganz bewusst darauf, wie respektvoll Sie eigentlich mit sich selbst umgehen. Was für eine Meinung haben Sie von sich? Verfluchen und beschimpfen Sie sich im Stillen, wenn Sie einen Fehler gemacht haben, oder beruhigen Sie sich gleich wieder?

Können Sie in liebevoller Weise über sich nachdenken, sehen Sie zuerst die positiven Anteile in Ihrem Charakter oder stellen Sie Ihre Schwächen in den Vordergrund? Verurteilen Sie sich selbst, fechten Sie einen inneren Kampf mit einem anderen Ich aus? Stellen Sie Ihr Selbstbild immer wieder aufs Neue in Frage?

Ein gesundes Ego ist förderlich, ein zu großes Ego hilft Ihnen jedoch nicht weiter. Mir fällt dazu Oscar Wildes Roman *Das Bildnis des Dorian Gray* ein. Der reiche und schöne Dorian Gray besitzt ein Porträt, das statt seiner altert und in das sich die Spuren seiner Sünden und Vergehen eingravieren. Während Gray immer maßloser und grausamer wird, bleibt sein Äußeres dennoch jung und makellos schön.

Am Ende bereut Dorian den Hochmut seines Gebets um ewige Jugend, er begreift, dass nichts ihn reinwaschen kann, erst recht keine Selbstverleugnung. Er zerschneidet das Bild, um sich zu befreien. Als die Dienstboten seine Leiche finden, ist sie kaum zu erkennen: verlebt, faltig, widerwärtig. Das Porträt hingegen strahlt wieder Jugend und Schönheit aus.

Seit dem Jahre 2000 bezeichnet das Dorian-Gray-Syndrom das psychische Krankheitsbild, das eigene Altern und Reifen nicht ertragen zu können. Es ist durch exzessiven Gebrauch sogenannter Lifestyle-Produkte der Medizin gekennzeichnet. Diese narzisstischen Wesenszüge – das sind überhöhte Anspruchshaltung, unkritische Selbsteinschätzung, allzu egoistische Einstellung, Neid und Überheblichkeit – nehmen zu in unserer Zeit.

Wir sind uns also einig, dass auf keinen Fall ein zweiter Dorian Gray aus Ihnen werden sollte. Doch schauen Sie sich ein bisschen von ihm ab: Schreiten Sie positiv überzeugt und realistisch beseelt von Idealen wie Erfolg, Glück, Scharfsinn oder Schönheit durchs Leben, ohne dabei gleich in Verblendung abzudriften.

Das ist für viele von uns schon schwierig genug, denn da ist ja diese penetrante innere Stimme, die einem ständig alles miesmacht, die uns klein hält und oft zögern lässt, den entscheidenden Schritt nach vorn zu riskieren, so dass man sein Ziel am Ende nicht erreicht.

Ich habe einen Bekannten – nennen wir ihn Klaus –, für den Selbstzweifel überhaupt kein Thema sind. Klaus marschiert lächelnd und ohne Ängste durch die Welt, er lässt sich anscheinend von nichts und niemandem in seinem positiven Denken erschüttern. Natürlich erleidet auch er Rückschläge, aber es gelingt ihm, das Gute an diesen Entwicklungen zu erkennen, er steht sofort wieder auf, macht weiter. Unermüdlich.

Er hat verstanden: Genau so, wie wir an Lebenssituationen, die wir vorfinden, zunächst einmal nichts ändern können, bis wir gelernt haben, sie so anzunehmen, wie sie sind, genau so kommen wir mit uns und anderen nicht zurecht, wenn wir uns nicht selbst akzeptieren. Klaus ist zufrieden, er wirkt tatsächlich so, als hätte er immerzu eine aufregende Liebesbeziehung – zu sich selbst.

Verstehen Sie mich nicht falsch: Klaus hält sich nicht für was Besseres, er hat nur ein ausgeprägtes Selbstwertgefühl. Er schaut weder auf andere herab, noch hat seine (Selbst-)Zufriedenheit auch nur im Entferntesten mit Arroganz zu tun.

Wer sich mag, überlegt nicht lange, ob andere ihn mögen oder was sie überhaupt von ihm halten. Diese Menschen sind ganz bei sich, machen ihren Frieden mit den kleinen Schwächen und großen Fehlern, die sie wie wir alle mit sich herumschleppen. Sorgen Sie dafür, dass auch Ihre Seele überflüssigen Ballast abwirft und bald nur noch mit Handgepäck unterwegs ist.

Der Weg zum inneren Gleichgewicht ist ein steiniger Weg. Aber auch er beginnt mit dem ersten Schritt. In unserem Falle ist es der Schritt hin zur Achtsamkeit. Sich selbst zu achten heißt, zu sich selbst stehen, in Einklang mit den eigenen Schwächen leben und über sich selbst lachen zu können. Es bedeutet auch, sich Grenzen zu setzen, sich nicht zu verausgaben. Und Auszeiten zu nehmen! Sind wir achtsam, dann sind wir jeden noch so kleinen und unwichtig erscheinenden Augenblick wach und gegenwärtig, dann gelingt es uns, das Leben tatsächlich zu leben, statt es zu verträumen und zu verschwenden.

Eine positive Einstellung zu sich selbst strahlt von innen nach außen. Lieben und respektieren Sie sich! Das ist zwar noch lange keine Garantie, dass man im Gegenzug respektiert und geliebt wird, hilft aber in jedem Falle dabei, offen auf andere zuzugehen, sie zu respektieren und zu achten.

Darüber, wie Menschen mit hoher Selbstwertschätzung von anderen beurteilt werden, gibt es in der Psychologie kontroverse Meinungen. Dr. Astrid Schütz, Professorin für Persönlichkeitspsychologie und Psychologische Diagnostik an der TU Chemnitz, hat eigene Untersuchungen zu diesem Thema durchgeführt.

42 Studierende beurteilten sich selbst und wurden ihrerseits von Kommilitonen eingeschätzt. Dabei lagen vier Dimensionen zugrunde: Durchsetzungsfähigkeit, Altruismus, die Fähigkeit, Sympathien zu gewinnen, und die Fähigkeit, Unterstützung geben zu können.

Das Resultat: Im Selbsturteil fanden sich jeweils positive Zusammenhänge, im Fremdurteil waren diese geringer. Schütz: »Personen mit hoher Selbstwertschätzung wird hohes Durchsetzungsvermögen zugeschrieben, sie werden aber nicht als besonders sympathisch, altruistisch oder unterstützend wahrgenommen.«[8]

Wer sich vollkommen fühlt, ist nach der Lehre Alfred Adlers nicht motiviert, zu lernen. Der Begründer der Individualpsychologie vertritt die Ansicht, dass ein Minderwertigkeitsgefühl zur Grundsituation jedes Menschen gehört und er an den stetig wachsenden Anforderungen des Lebens wächst.

Überlegen Sie doch mal: Wann waren Sie das letzte Mal so richtig im Einklang mit sich und Ihrer Umwelt, waren mit einem wohligen Seufzer und einem Lächeln auf den Lippen ganz bei sich und Ihrer tiefen inneren Zufriedenheit?

Das war vielleicht der Moment, als Sie die überaus positive Resonanz auf Ihre revolutionäre Idee im Job genossen. Oder der Moment, als Sie neulich spätabends zum See rausgefahren sind und dort den Sonnenuntergang genossen haben.

Nur leider lässt sich dieses schöne Gefühl nicht konservieren, es vergeht. Der Glückszustand hält nicht an, im Beruf gibt's bei nächster Gelegenheit wieder eins aufs Dach, für eine Fahrt an den See fehlt plötzlich die Zeit. Das Glück verpufft so schnell, weil wir es allzu oft von bestimmten Ereignissen und Situationen abhängig machen. Anhaltende Zufriedenheit finden wir aber nur an einem einzigen Ort – in uns selbst. Wir sind wertvoll, weil es uns gibt – nicht weil wir vollkommen sind.

Respekt kennt keine sozialen Unterschiede

Wer nicht be- und geachtet wird, der verspürt den inneren Drang, Gehör zu finden, sich Respekt verschaffen zu müssen. Bekanntermaßen hören wir dies immer wieder von den Bevölkerungsgruppen am unteren Ende der sozialen Leiter. Die klassischen Respektspersonen von anno dazumal – wie den Dorflehrer oder den Pfarrer – gibt es zwar nicht mehr, und doch zollen wir immer noch vor allem denjenigen Respekt, die »es zu etwas gebracht« haben. In der Medienwelt von heute sind dies allzu oft Prominente – wie Schauspieler, Sänger, Politiker, Fußballstars. Gehör finden heutzutage außerdem viele Wirtschafts- und Interessensverbände, finanzstarke Lobbyisten sowie leider auch B- und C-Prominenz.

Das führt dazu, dass vor allem Heranwachsende und Jugendliche ein unscharfes Bild von dem bekommen, was wirklich wertvoll ist, wem man wirklich nacheifern sollte, was tatsächlich erstrebenswert ist. Der Hype um jene Menschen, die 1999 unter großem Medienrauschen erstmals in das sogenannte *Big Brother*-Haus einzogen, um sich dort rund um die Uhr filmen zu lassen, ist unvergessen. Getrieben vom Traum, berühmt zu werden, ließen sich unbekannte Leute in ein Haus einsperren und boten ihre Menschenwürde feil. Kaum zu glauben, dass 2010 bereits die zehnte Staffel von *Big Brother* im Fernsehen lief. Die Reihe der Sendungen, die künstlich konstruierte Könner hervorbringen, lässt sich beliebig fortsetzen.

Es wäre aber zu kurz gegriffen, ausschließlich die Medien für diese unheilvolle Entwicklung verantwortlich zu machen. Wie kommt es denn, dass junge Menschen so empfänglich sind für diese einfachen, stupiden Botschaften? Weil sie viel zu viel Zeit allein vor dem Fernseher verbringen, weil ihnen die Alternativen – wie ein gutes Buch – oft gar nicht erst aufgezeigt werden und weil ihnen in einer für sie gänzlich unübersichtlichen Welt ohne jede Perspektive ein einfacher Weg »nach oben« aufgezeigt wird.

Es wäre auch zu kurz gegriffen, allein den Eltern die Schuld zu geben. Den Eltern, die es angeblich nicht geschafft haben, ihre Kinder vernünftig zu erziehen, ihnen die richtigen Werte zu vermitteln. Am

Ende spielen viele Faktoren eine Rolle – und doch ist es wichtig, dass es den Eltern und/oder den Lehrern gelingt, Werte zu vermitteln, die den Kindern Selbstvertrauen, Sicherheit und Orientierung geben.

Wenn sich die Gesellschaft auf grundlegende Werte einigt und diese über Generationen weitergetragen werden, dann besteht eine realistische Chance, dass echte Vorbilder entstehen. Menschen, zu denen man mit Respekt aufschaut und die vorleben, dass jede Person erwarten kann, dass man ihr mit Respekt begegnet.

Denn Gehör suchen vor allem diejenigen, die benachteiligt sind, keine eigene Stimme haben, nicht der angeblichen Norm entsprechen oder auf Unterstützung angewiesen sind: Kinder, Alte, Behinderte, Menschen, die aufgrund von Religion oder Kultur einen anderen Lebensstil pflegen, ethnische Minderheiten, Homosexuelle und Transsexuelle, Hartz-IV-Empfänger, Arbeitslose oder Verbrechens-, Missbrauchs- und Vergewaltigungsopfer. Wenn solche Gruppen gehört werden, dann bedeutet das zugleich, dass man die Grenzen, die sie haben oder setzen, erkennen und achten muss.

So leben beispielsweise zwischen 3,8 und 4,3 Millionen Muslime mit Migrationshintergrund in Deutschland.[9] Im Mai 2010 erklärte Bundesinnenminister Dr. Thomas de Maizière auf der Deutschen Islam Konferenz (DIK) dazu: »Religiöse Vielfalt stellt eine Herausforderung für den Zusammenhalt einer Gesellschaft dar. Ab- und Ausgrenzungen nach außen können Konflikte auslösen. Den gesellschaftlichen Zusammenhalt in Deutschland zu fördern, heißt jedoch keinesfalls, alles gleich zu machen, jeden Unterschied einzuebnen. Das Ziel der Deutschen Islam Konferenz ist nicht die Assimilation. Unser Ziel ist es, dass aus Andersartigkeit kein Problem entsteht.«[10]

Güner Balci, eine deutsche Fernsehjournalistin türkischer Herkunft, weiß jedoch, dass dieser erwünschte gesellschaftliche Zusammenhalt noch lange nicht erreicht ist. In ihrem Buch *Arabboy* beschreibt Balci das fiktive Leben eines arabischen Jungen: Rashid ist weder Deutscher noch Libanese oder Palästinenser; er und seine Kumpel versorgen die einschlägigen Chaträume mit selbstgemachten Gewalt-Clips. Rashid gehorcht dem Gesetz der Straße. »Ein Junge wie er hätte es vielleicht auch in der deutschen Gesellschaft zu etwas bringen können, für seine Familie und sein soziales Umfeld aber war alles Deutsche verachtenswert. Seine Eltern waren Fremde in diesem Land geblieben. Sich mit den Deutschen gemein zu machen, galt und gilt auch heute noch als *haram*, als Sünde.«[11]

So wie Deutsche oft mit Unverständnis und Kopfschütteln auf türkische Sitten reagieren, wollen sich eben auch türkische Mitbürger nicht unbedingt auf deutsche Eigenarten einlassen. Wenn wir alle genauer hinschauen, unsere Mitmenschen ohne Argwohn wahrnehmen, uns offen und neugierig begegnen – dann ist bereits ein entscheidender Schritt getan und gesamtgesellschaftlich viel gewonnen.

Deshalb appelliert Güner Balci an die Gesellschaft, allen Bürgern ungeachtet ihrer Herkunft Respekt entgegenzubringen: »Ich glaube, wenn man einen Menschen wie Rashid wie einen eigenen Sohn betrachten würde, würde man viel heftiger auf die Armut, Kriminalität, Gewalt, auf das Versumpfen dieser Jugendlichen reagieren. Auf ein Milieu, in dem junge Menschen keine Perspektiven haben.«[12]

Fairness und Höflichkeit

Erinnern Sie sich noch an die Fußball-WM 1982? An den Nichtangriffspakt beim 1:0 zwischen Deutschland und Österreich, der als »Schande von Gijon« in die Sportgeschichte einging? Mit Respekt hatte diese unfaire Übereinkunft rein gar nichts zu tun – beide Mannschaften zogen auf diese Art in die nächste Runde ein, Konkurrent Algerien schied aus.

So wie Fairness im Sport fundamentale humane Werte fördern und zur Prävention von Extremismus, Gewalt und Fremdenfeindlichkeit beitragen soll, soll Fairness in der demokratischen Gesellschaft jedem Menschen die gleichen Chancen eröffnen, sich selbst zu verwirklichen und an der politischen Willensbildung mitzuwirken.

Im direkten Miteinander hat Fairness in erster Linie mit Wertschätzung zu tun: Ich behandle mein Gegenüber nicht von oben herab, sondern begegne ihm ehrlich und gleichberechtigt. Persönliche Ziele setze ich nicht auf Kosten meiner Mitmenschen, meiner

Freunde und meiner Familie um, sondern behalte auch deren Ziele im Blick. Ich bin mir bewusst, was sie wollen, und hinterfrage immer wieder, was sie sich wünschen.

Letzteres spielt nicht zuletzt für Unternehmen und deren Führungskräfte eine große Rolle: Denn Wertschätzung und Fairness werden gerade in der deutschen Firmenlandschaft immer höher gehängt. Eine erfreuliche Entwicklung. So fassen die schwedischen Ökonomen Tore Ellingsen und Magnus Johannesson einige Studien zu diesem Themenkomplex zusammen und kommen zu dem Schluss, dass sich die Mitarbeiter nicht allein dafür interessieren, wie voll die Lohntüte am Ende des Tages ist, sondern auch dafür, was ihr Arbeitgeber über sie denkt, wie viel Respekt er ihnen entgegenbringt – ob er sie fair behandelt.[13]

»Also können Arbeitgeber ihre Arbeiter mit einer Kombination aus Geld und Respekt bezahlen«, resümieren Ellingsen/Johannesson und setzen darauf, dass sich diese Erkenntnis nicht allein unter Psychologen, sondern auch unter Volkswirten durchsetzt.[14]

Die Regeln des Fair Play befördern also ein respektvolles Miteinander. Aber wie sieht es mit der Höflichkeit aus? Drückt sich in ihr wirklich Respekt aus, oder gehen höfliche Menschen Konflikten lediglich aus dem Weg? Angenommen, ich habe mich über meinen Freund geärgert, weil er zum wiederholten Male Sachen weitererzählt hat, die er für sich behalten sollte. Dann gebietet es der Anstand, dass ich ihm nicht vor versammelter Mannschaft die Meinung sage, sondern ihn um ein Gespräch unter vier Augen bitte. Diese Unterredung darf dann auch direkter verlaufen. Das wäre höflich und respektvoll.

Manche Menschen reklamieren für sich dagegen, besonders authentisch zu sein, wenn sie *nicht* bei jeder Gelegenheit Höflichkeit »heucheln«. Über wachsende Irritationen und dicke Luft im Umfeld dürfen sie sich dann jedoch nicht wundern. Und Respekt werden sie dadurch auch nicht gewinnen. Wenn jeder, der sich in der S-Bahn über den telefonierenden Sitznachbarn ärgert, gleich lospoltern würde, müsste man im Öffentlichen Nahverkehr neben Kontrolleuren auch noch Schlichter einsetzen.

Im täglichen Miteinander schafft Höflichkeit eine neutrale Ebene zwischen zwei Individuen, die Schutz und Chance zugleich ist. Stellt mir der Gastgeber abends einige mir fremde Menschen vor, dann besteht die Chance, dass ich schnell in anregende Gespräche verwickelt bin. Allerdings auch ein ebenso großes Risiko, schon bald in einen langweiligen Small Talk verstrickt zu sein.

Dann respektvoll zu handeln ist nicht immer so leicht. Sie möchten das Gespräch beenden, trauen sich aber nicht? Meistens behelfen wir uns in solchen Situationen, indem wir ganz plötzlich jemanden sehen, mit dem wir unbedingt und auf der Stelle reden müssen – oder wir müssen unbedingt auf die Toilette und kommen einfach nicht wieder.

Ist das höflich? Ist das respektvoll? Man steckt in der Zwickmühle, man muss doch eigentlich die Wahrheit sagen können, ohne den anderen damit zu verletzen. Wahrhaftigkeit bedeutet in diesem Fall auch feinfühliges Handeln, ein Gespür für die Situation und für die Seelenlage meines Gegenübers, eben Fingerspitzengefühl. Das heißt, dass ich niemanden vor den Kopf stoße – wenn es ihm nicht dient oder er nicht verstehen will oder kann. Horchen Sie in sich hinein, Sie werden schon merken, ob Ihr Gesprächspartner ein freundliches, direktes Wort des »Abschieds« vertragen kann.

Wenn demnächst also Ihr Handy in der S-Bahn oder im Café klingelt, dann haben Sie es vorher im besten Falle auf »leise« oder »lautlos« gestellt, Sie fassen sich beim dann folgenden Gespräch kurz – und führen es bei nächster, passenderer Gelegenheit fort. Denn mit dem respektvollen, höflichen Umgang ist es wie mit Ihrem Lächeln: Wenn Sie es zeigen und es obendrein Ihrem Herzen entspringt, dann haben Sie gute Chancen, es zurückzubekommen.

Höfliche Bemerkungen und Gesten zeigen dem anderen, dass man ihn als Mensch (an-)erkennt. Wenn man Höflichkeit gerne als bissige Ironie missbraucht und sie so in die Nähe der Lüge rückt – »Das Orange bringt Ihren frischen Teint fantastisch zur Geltung« –, so mag das für einen selbst unterhaltsam sein, ein untrügliches Gespür für Höflichkeit hat man dann aber nicht gezeigt. Höflichkeit ist eine Geisteshaltung, die meinem Gegenüber zeigt: »Ich respektiere dich!«

Auf Augenhöhe sein

Eine Welt ohne Toleranz ist eine leere Welt – und doch stimme ich mit dem Soziologen Wilhelm Heitmeyer darin überein, dass der Begriff »Toleranz« in aktuellen Debatten, sei es in Wirtschaft, Wissenschaft oder Kunst, mehr und mehr zum »Alleskleber« der Probleme wird.[15] Kann er dennoch helfen zu erklären, wie man sich respektvoll verhält?

Wer etwas toleriert, lässt andere Überzeugungen, Normen, Werte und so weiter zu. Das reine Zulassen wird als formale Toleranz bezeichnet. Anderen Religionen zum Beispiel aktiv etwas Positives zuzusprechen, geht darüber hinaus und wird als inhaltliche Toleranz bezeichnet.

Im Vergleich zum Respekt fehlt bei der Toleranz die *natürliche* Verpflichtung, zum Beispiel zur Wertschätzung des anderen. Toleranz können sich »immer nur die Mächtigen leisten, die Ohnmächtigen können die Mächtigen nicht tolerieren, sondern sich nur ducken. Ähnlich verhält es sich im Verhältnis von Mehrheit und Minderheit. Die Mehrheit kann tolerieren, nicht aber die Minderheit etwa die Mehrheit.«[16]

Wir fahren deshalb mit dem Begriff »Anerkennung« deutlich besser. Anerkennung ist im Kern verbunden mit dem Eingehen einer Verpflichtung, so dass letztlich ein wechselseitiger und sich gegenseitig befruchtender Zusammenhang zwischen Anerkennung und Identität besteht.

»Erst wenn Personen sich anerkannt fühlen, erkennen sie auch die basalen Normen wie Gleichheit, Gleichwertigkeit und die Integrität an.«[17] Wer sich dagegen nicht anerkannt sieht, fühlt sich isoliert und antwortet nicht selten mit Gewalt. Der »Kampf um Anerkennung« ist eines der wichtigsten Handlungsmotive des Menschen – während die gegenseitige Anerkennung als Basis für stabile zwischenmenschliche Beziehungen dient. Sich anerkannt zu fühlen und anerkannt zu sein gehört somit zu den Grundbedürfnissen des Menschen. Es ist ein wichtiger Faktor des individuellen Selbstverständnisses: in persönlichen Beziehungen, in Rechtsverhältnissen, im Berufsleben. Soziale

Konflikte entstehen nicht zuletzt aus einem Gefühl fehlender Anerkennung.

Um dieses Gefühl zu verhindern, geht es im täglichen Zusammenleben darum, seine Mitmenschen in ihrer Ausprägung, ihrer Haltung, ihren Werten zu respektieren und auf Augenhöhe mit ihnen zu kommunizieren. Jeder Einzelne, insbesondere in verantwortungsvoller Position, sollte dieses Prinzip im Auge behalten, wenn er mit anderen Menschen zu tun hat.

Gerade Führungskräfte und diejenigen unter uns, die mit jungen oder unerfahrenen Menschen arbeiten, tun gut daran, ihren Mitarbeitern, Schülern oder Kindern Anerkennung zu zeigen. Das heißt, sie zu loben, wenn ihnen etwas besonders gelungen ist, aber auch ihnen genau zu erklären, warum sie eine schlechte Note erhalten haben oder ein neues Handy zum Geburtstag nicht drin war. Wer auch mit jüngeren, unerfahrenen oder sozial schlechter gestellten Menschen auf Augenhöhe kommuniziert, vermittelt ihnen Anerkennung und Respekt. Respekt, den er zurückbekommt, in Form eines motivierten Mitarbeiters oder eines sich verbessernden Schülers.

Charisma statt Machtgehabe

Ob Sie bestimmten Menschen Respekt oder gar eine besondere Form der Anerkennung entgegenbringen, entscheidet sich oft schon nach dem ersten Eindruck. Nach wenigen Sekunden wissen Sie, ob Ihnen ein bis dato völlig fremder Mensch sympathisch ist oder ob Sie ihn näher kennenlernen wollen. Sie bilden sich ein erstes Urteil, das sich erst einmal nur schwer revidieren lässt. Umgekehrt passiert das natürlich auch. Sie werden ebenfalls bewertet und einsortiert.

Menschen mit einer besonderen, ureigenen Ausstrahlung fesseln ihr Gegenüber auf irritierende und oft nicht nachvollziehbare Art. US-Präsident Barack Obama hat es, Apple-Boss Steve Jobs hat es, der Schauspieler John Malkovich hat es – das gewisse Etwas. Charisma! Der Begriff selbst ist genauso schwer zu fassen wie die Menschen, denen man Charisma zuschreibt. Und doch scheint es eine – geheime – Übereinkunft zu geben, wer diese ganz spezielle Aura tatsächlich versprüht und dadurch meist besonders viel Respekt genießt.

Durch den Einfluss der Medien ist der Charisma-Begriff zu einer fast schon inflationär genutzten Charakterisierung allzu vieler Menschen geworden. Wenden wir uns also seinen Wurzeln zu. Im religiösen Sinn meint es, dass ein Mensch die Gabe besitzt, Offenbarungen oder Erleuchtungen zu erleben. Verstand man also früher darunter von Gott gegebene Güter, verbindet man heute mit Charisma eine Offenheit, mit der uns manche Menschen begegnen – die sich in Körpersprache, Verhalten und Rhetorik ausdrückt.[18]

Für den Soziologen Edward Shils wird Charisma als »geistige Qualität gehandelt, obwohl sich seine Existenz aus der Aktion bestätigt. Und wirklich, das Ausführen gewisser Handlungen – vor allem das wirksame Ausüben von Autorität – wird oft als entscheidender Beweis dafür betrachtet, dass der Handelnde über charismatische Qualitäten verfügt.«[19]

Viele »Charismatiker« sind Politiker, (Ver-)Führer, Wirtschaftsbosse; das hängt damit zusammen, dass wir diese Klientel ebenso wie beispielsweise Künstler oder Intellektuelle als charismatisch wahrnehmen, weil sie – wie Shils betont – eine dezidiert geistige Qualität kennzeichnet. Und das ist der springende Punkt bei der Sache: Charisma ist immer subjektiv und liegt im Auge des Betrachters. Ohne den Zuspruch anderer gibt es das eigene Charisma nicht, kann es auch nicht wachsen. Wer es hat, gilt gemeinhin als integer, willensstark, zielstrebig – polarisiert aber auch, neigt im schlimmsten Falle zu Narzissmus. Dann wird aus dem Visionär schnell ein Fanatiker, aus »wortgewaltig« schnell ein »dogmatisch«.

Aus eigenen Stigmata neue Kraft schöpfen

Inzwischen wird in der deutschen Wirtschaftspsychologie (in den USA schon seit den 1980er Jahren) die Idee der charismatischen Führung neu diskutiert. Dafür hat sich der Begriff »Transformationale Führung« etabliert. Transformiert werden sollen die Werte und Motive der geführten Personen, und dazu bedarf es laut Bernhard M. Bass bestimmter Eigenschaften – der vier »Is«: Idealismus (Idealized Influence), Inspiration (Inspirational Motivation), Intellekt (Intellectual Stimulation) und Individualität (Individualized Consideration).[20]

Der Charismatiker ruht in sich, bleibt ganz bei sich – und versteht es, selbst mit einem Stigma zu leben bzw. aus eben diesem eine besondere Kraft zu schöpfen. Beispiel Obama: Bevor er zum US-Präsidenten gewählt wurde, hatte man sich gefragt, ob er nicht womöglich aufgrund seiner schwarzen Hautfarbe ohne jede Chance sei. Gerade das Anderssein, das Gegen-den-Strom-Schwimmen, nutzte Obama zu seinem Vorteil.

Charisma ist gleichbedeutend mit einer natürlichen Autorität: Ich bleibe mir und meinen Werten treu, höre zu, übernehme Verantwortung und setze auf Einsicht. Charismatisches Verhalten verhilft in den meisten Fällen zu viel Ansehen. Im Gegensatz dazu werden Sie mit einem oft der eigenen Unsicherheit entspringenden Machtgehabe bei Ihren Mitmenschen nicht weit kommen.

Dabei spielt die Machtfrage beim vielgenannten ersten Eindruck ebenfalls eine große Rolle. Anne M. Schüller, führende Expertin für Loyalitätsmarketing, beschreibt die Situation so: »Treffen sich zwei Menschen, dann werden sie sich völlig unbewusst zunächst über ihren Status verständigen: Ist der andere mächtiger, attraktiver, einflussreicher, intelligenter und wohlhabender oder kleiner, dümmer und ärmer als ich? Ist er in der Lage, mir die Frau/den Mann wegzunehmen? Wie hoch ist sein gesellschaftliches Ansehen? Bedroht er mein Territorium oder meinen Arbeitsplatz? Solches Abgleichen passiert bei Männern nicht selten über Wortgeplänkel oder Wissensbrocken, die sie sich zu Beginn einer Begegnung zuwerfen. Frauen unter sich tun dies eher wortlos mit jenem abschätzenden Körperscan-Blick, der fragt: Wo hat die andere denn ihre Problemzonen?«[21]

Mein Haus, mein Auto, meine Frau, mein Boot – tief im Unterbewusstsein beantwortet unser Ego im ersten Abtasten dieses Aufeinandertreffens ziemlich schnell die Frage, wer hier die Macht und damit das Sagen hat.

Wer Macht habe, müsse jedoch höllisch aufpassen, denn Macht verändere die Persönlichkeit. Für Schüller führt der sorglose Umgang mit Machtbefugnissen zu Selbstüberschätzung, zu pathologischem Größenwahn und womöglich in die Kriminalität. Es komme darauf an, das Hierarchiegehabe auf ein Minimum zu reduzieren, sozialen Abstand zu verringern. »Dies schaffen allerdings nur gefestigte Persönlichkeiten mit natürlicher Autorität – und Charisma. Alle anderen kaschieren gerne ihre Verwundbarkeit mit formellen Statussymbolen, den Krücken der Macht.«[22]

Ob man Charisma lernen kann, darüber scheiden sich die Geister – komplett bestimmt nicht. Eines ist sicher: Wenn wir uns unseres Selbst bewusst sind und bleiben, entfaltet es sich. Stellen wir uns in Frage, beginnt Charisma zu schwinden. Wenn wir uns aber annehmen und mit den Hürden des Lebens geduldig und versöhnlich umgehen, haben wir bereits etwas gewonnen. Wir geben anderen den Respekt, den sie verdienen, und wir ernten den Respekt, den wir verdienen.[23]

Autoritäten und Respektspersonen

Sogenannte Autoritäten erfreuen sich oft besonderer Respektbekundungen. Aber tun sie das zu Recht? Und was ist überhaupt eine Autorität? Man versteht darunter eine Person oder Institution, die aufgrund verschiedener Eigenschaften Ansehen genießt und dadurch Einfluss auf andere nimmt. Wir sprechen in diesem Zusammenhang auch oft von der »Respektsperson«.

Prinzipiell ist Autorität etwas Positives: Sie kann Menschen Sicherheit geben. Wenn sie jedoch dazu benutzt wird, über andere zu herrschen und Gewalt auszuüben, ist sie abzulehnen.

Eltern und Lehrer, Ärzte und andere Ratgeber in Notlagen, überhaupt Experten auf allen Gebieten, Wirtschaftsführer, Techniker, Minister, Richter und Beamte, alle haben irgendwie Autorität – mal mehr, mal weniger stark. Und mal mehr oder weniger natürlich oder aufgesetzt. Ein ganz allgemeines Kennzeichen dieser Autoritäten ist, dass sie irgendwie »maßgebend« sind – dass sie anderen Menschen etwas zu sagen haben, während sich die anderen etwas von ihnen sagen lassen bzw. sagen lassen müssen.[24]

Autorität ist weniger als Eigenschaft denn als Beziehung zu begreifen; das Autoritätsverhältnis ist zweiseitig. Sie braucht keine Gewalt, um zu wirken. Im Gegenteil: Sie verliert ihre Berechtigung und ihre eigentliche Wirkung gerade in dem Maße, in dem sie durch Gewalt ersetzt wird. Autorität kennt nur Partner. Wesentlich für legitime Macht und Autorität ist die Sozialbindung, die Orientierung an ethischen Werten und Normen. Das zeigt sich in vertraglichen Abmachungen, wie einem Miet-, Kauf- oder Arbeitsvertrag.

Zwei Begleitumstände kennzeichnen das Verhältnis der Menschen zur Autorität. Klar ist, dass sie sich wie ein roter Faden durch unser Leben zieht, sei es im Straßenverkehr, in Verwaltungsbehörden oder auf dem Fußballplatz. Kinder erwarten und brauchen von ihren Eltern oder Lehrern Autorität – sie geben ihnen Liebe, Geborgenheit und Sicherheit, bringen ihnen etwas bei.

Aber da ist auch diese kaum fassbare Angst vor der Autorität. Viele Menschen fürchten sie, weil sie sich in ihrer Freiheit, in ihrer Autonomie bedroht sehen – sei es nun in der Familie oder in der Gesellschaft.

Zu großer Respekt vor Autoritäten und blinder Gehorsam können schlimme Folgen haben, was nicht zuletzt katastrophale geschichtliche Entwicklungen wie Nationalsozialismus und Faschismus zeigen.

Autorität ist weder Gabe noch Zufall noch zu erwerben

»Das gehört sich aber so!« Dieser Ausruf stammt noch aus einer Zeit, als striktes Obrigkeitsdenken angesagt war und sich im täglichen Leben eine fast schon zwanghaft zu nennende Konformität mit Regeln, Normen und Vorschriften breitmachte, die oft mit Intoleranz gegenüber allem Abweichenden und kritikloser Selbstgerechtigkeit einherging. In besonders autoritär geprägten Gesellschaftssystemen finden sich diese Strukturen bis heute. Dort wird Autorität häufig durch möglichst beeindruckendes Auftreten demonstriert, zeigt sich in auffälliger Kleidung (zum Beispiel Uniformen) und in respektlosem Verhalten gegenüber kulturell anders Geprägten.

Als König Abdullah von Saudi-Arabien 2007 die Bundesrepublik besuchte, konnte man die Unterschiede zwischen seinem Herrschaftssystem und unserer Demokratie an vielen Details ablesen. Er reiste mit einer riesigen Entourage an und bestand darauf, von der Kanzlerin persönlich empfangen zu werden – eigentlich unüblich für einen Arbeitsbesuch. Der Pariser Platz um das Hotel Adlon wurde tagelang gesperrt. Vor dem Hotel warteten ständig mindestens fünf Dutzend schwarze Limousinen in Bereitschaft. Alle hochrangigen deutschen Politiker, die König Abdullah treffen durften, mussten erst eine ganze Batterie an Personal passieren, bevor sie zum König vorgelassen wurden. Der ganze Besuch war eine einzige Show der »Autorität« kraft Abdullahs Amtes.

Insbesondere aber zeigten sich die Unterschiede im Gespräch zwischen König und Kanzlerin. Für ihn war ganz natürliche Konversation, was Angela Merkel als große Respektlosigkeit empfunden haben muss: Er berichtete ihr vom Privileg der saudi-arabischen Frauen, sich nur in »geschützten Räumen« aufhalten zu dürfen und »stille Berater« ihrer Ehemänner zu sein. Schon vorab hatte er sich im Gespräch mit anderen Politikern erleichtert gezeigt, dass die mächtigste Frau der Republik protokollarisch noch zwei Männern unterstellt ist: dem Bundespräsidenten und dem Bundestagspräsidenten.

Solche Machtdemonstrationen haben mit wahrer Autorität rein gar nichts zu tun. Wer echte Autorität lebt, zeigt Nachsicht und Respekt oder beweist sie durch die offensichtliche Suche nach einem für alle Beteiligten tragbaren Konsens in Konflikten. Angela Merkel gelang dies bei besagtem Treffen, wenngleich *Der Spiegel* berichtete, dass sie sich auf die Bemerkungen über die Rolle der Frauen in Saudi-Arabien hin zunächst kerzengerade aufsetzte und innerlich wohl um Fassung gerungen haben muss.[25] Daraufhin jedoch wählte sie die einzig richtige Strategie in einem so uferlosen Wertekonflikt: Sie wechselte höflich das Thema. Damit bewies sie Autorität in einem Konflikt, der sich auf keine erdenkliche Weise hätten auflösen lassen.

Die Form der Autorität, die König Abdullah bei seinem Berlin-Besuch demonstrierte, kann als Sonderform der *Amtsautorität* bezeichnet werden. Sie ist ein Grund, warum dem Begriff der Autorität zu Recht so viele Vorbehalte entgegengebracht werden. Jeder von uns könnte Erfahrungen mit Autoritätsmissbrauch auflisten, denn diese Gefahr wohnt jeder hierarchischen Struktur inne – und damit auch unserer Bürokratie oder Einrichtungen wie etwa der Kirche. Die Amtsautorität kommt Personen zu, die einer legalen Instanz gegenüber Verantwortung für die Erfüllung einer bestimmten Aufgabe übernommen haben. Zu ihr zählen Polizisten, Lehrer, Erziehungsberechtigte, Bischöfe, aber auch das Parlament oder der Verfassungsgerichtshof.

Der Pädagoge Friedrich W. Kron unterscheidet noch drei weitere Formen der Autorität. Die *Personautorität* gründet demnach in der Tatsache einer höheren psychischen Ausstattung – sei es durch Erfahrung und Anhäufung von Wissen. Als Modell, Vorbild oder Beispiel genießen Eltern und Lehrer eine solche Autorität, die nicht ausdrücklich in einem Gesetzeskanon verbürgt ist. Insofern haben Lehrer sowohl Amts- als auch Personautorität.[26]

Die *Sachautorität* (auch Experten- oder funktionale Autorität) schließt die Chance ein, aufgrund persönlicher Sachverständigkeit oder Expertenwissens das zukünftige Handeln, die zukünftige Einstellung anderer Menschen zu verändern. Ein Besuch beim Arzt etwa begründet sich aus dessen Sachautorität, oder auch Politiker sollten ihre Autorität unter anderem aus besonderer Fachkenntnis auf ihrem Aufgabengebiet beziehen.

Die *Auftragsautorität* schließlich beruht auf dem ausdrücklichen Auftrag aller als gleichberechtigt anerkannten Mitglieder einer Gruppe und hat sich durch die an diesem Auftrag zu messende Leistung bei der Durchführung des Auftrages auszuweisen. Auftragsautorität ist insbesondere bei den Abgeordneten in den Parlamenten anzutreffen.[27]

Diese vier Definitionen zeigen, Autorität ist schwer allein zu erwerben, sie wird einem zugesprochen. Sie ist abhängig von der Überzeugung der Individuen, vom Recht eines Vorgesetzten, seine Stellung innezuhaben, und davon, dass er als Stelleninhaber akzeptiert wird.

Autorität erfordert respektvolles Miteinander

Autorität zu entwickeln und darzustellen, aber auch Autorität zu akzeptieren, wird zunehmend als Problem empfunden. Vorgesetzte haben das Gefühl, die Mitarbeiter ließen sie im Stich, finden niemanden, der bei Engpässen einspringt, stopfen viele Löcher selbst – die Mitarbeiter wiederum fühlen sich nicht ernst genommen. Ärzte beklagen sich, dass Patienten so fordernd auftreten, Patienten wiederum fühlen sich in der Rolle des Bittstellers. Viele Eltern sind ob der desillusionierten Haltung ihrer Kinder, die mitunter randalieren und den Respekt verweigern, hilflos und ohne Orientierung; sie verschließen die Augen oder versuchen, (noch einmal) »ganz andere Saiten aufzuziehen«.

Was ist da los? Es ist die Angst vor dem Machtmissbrauch. Die Furcht, dass die eigene Autonomie in jedem Fall verletzt wird. Wenn sich in all diesen Konstellationen ein respektvolles Miteinander entwickelt, sieht die Sache schon ganz anders aus. »Es geht darum, wieder hinzusehen und sich dem Leben in all seinen Facetten zuzuwenden. Der Akt der Zuwendung selbst ist bereits ein ganz entscheidender Schritt«, schreibt der Mediziner und Buchautor Dietrich Grönemeyer.[28]

Vergegenwärtigen Sie sich, dass wir alle – die Autoritäten und diejenigen, die ihnen »folgen« – in einem Boot sitzen. Wenn nun alle in unterschiedliche Richtungen rudern, dreht man sich im Kreis. Das Boot kommt nicht voran, da können wir noch so kräftig rudern.

Wie weit können wir uns aber einem anderen Menschen zuneigen, ohne unser Selbst zu verleugnen?

Beispiel Familie. Nirgendwo sonst genießt das Thema Selbstaufgabe eine so hohe Priorität. Eltern neigen dazu, ihren Kindern sämtliche Probleme aus dem Weg zu räumen, in den Regalen stapeln sich die Erziehungsratgeber. Dabei wird der Nachwuchs auch und gerade dann selbstbewusst, wenn er sich an den Fehlern der Eltern reiben und erproben kann. Eltern müssen nicht perfekt sein und auf alles eine Antwort haben – sie sind so verschieden wie ihre Kinder. Mit Gelassenheit und einem langen Atem schaffen es Eltern, ihren Kindern ein gesundes Selbstwertgefühl zu vermitteln, und geben sich selbst nicht auf.[29]

Damit Kinder also ihre Krisen überstehen und daran wachsen können, brauchen sie in erster Linie die Liebe eines selbstbewussten Erwachsenen und die bedingungslose Anerkennung ihrer Person.

Wo liegt die Grenze für unsere Selbstachtung? Wie wahrt man den Respekt vor sich selbst und vor der Autoritätsperson zugleich?

Beispiel Beruf. »Ja-Sager«, die jede Aufgabe übernehmen, die ihnen ihr Chef aufs Auge drückt, sei es nach Feierabend oder am Wochenende, gehen sicher den Weg des geringsten Widerstandes, tun sich selbst aber keinen Gefallen. Vielleicht sollten sie sich einfach mal öfter die Frage stellen: »Soll und muss ich das wirklich tun?« Und sie auch mal getrost mit »nein« beantworten. Wer immer nur tut, was andere ihm sagen, gibt sich irgendwann selbst auf; er muss deshalb aber noch lange nicht zu einem Ego-Feldzug aufbrechen.

Vertrauen statt Verdacht heißt die Devise: Wenn sich Chefs (»Engagiert sind die Mitarbeiter nur, wenn es um ihre Interessen geht!«) und Mitarbeiter (»Dankbarkeit kann ich vom Chef nicht erwarten!«) bewusst werden, dass es im Kampf am Arbeitsplatz gar keinen Sieger geben kann, ist der erste Schritt getan. Wenn Chef und Mitarbeiter es lernen, sich als Partner zu begreifen, feiern sie schon bald gemeinsame Siege am Markt.[30]

Wenn beide, Chef wie Mitarbeiter, Autoritätsperson wie Respektierender, erkennen, dass es ohne den jeweils anderen nicht geht, und sich entscheiden, danach zu handeln, dann ist das der Weg zu mehr aufrichtigem Respekt.

Durch Vertrauen zu einer gesunden Autorität

Autorität haben heißt, Verantwortung zu tragen für den Einfluss, den ich ausübe. Darum muss ich immer fähig sein, mein Handeln zu hinterfragen und darüber Rechenschaft abzulegen. Sowohl mir selbst als auch anderen gegenüber.

Am besten gelingt mir gesunde Autorität, wenn ich sie nicht dazu verwende, andere zu beherrschen und über sie zu bestimmen. Der autoritäre Stil kleiner Napoleons ist out, und erst recht der autokratische Stil von Diktatoren. Gefordert sind der autoritative oder der antiautoritäre Umgang. Ersteres Verhalten basiert auf Autorität und Ansehen, ist aber für andere maßgebend und entscheidend; antiautoritär ist jemand, der sich gegen einen autoritären Stil wehrt und sich von diesem absetzt – der aber entgegen landläufiger Meinung ebenfalls gezielt Einfluss auf die Entwicklung anderer nimmt, eben mit anderen Mitteln.

Viele Führungskräfte behandeln ihr Team von oben herab, greifen Mitarbeiter in Anwesenheit der Kollegen scharf an, delegieren die Aufgaben des Mitarbeiters, ohne vorher mit ihm zu sprechen, geben Anweisungen konsequent nur in barschem Befehlston. Respekt? Fehlanzeige!

Das alles ist zwar nicht neu – und doch steht fest, »Mitarbeiter bringen mehr, wenn sie mehr dürfen«[31] und man sie zum Beispiel in die Unternehmensstrategie einbindet.

Als junger Mann habe ich selbst einmal erlebt, wie respektvolle Autorität eines Chefs wirken kann. Ich war als Werkstudent im Vorstandsstab eines Kreditinstituts beschäftigt. Der Abteilungsleiter, den ich natürlich als sehr wichtigen Mann empfand, kam immer mal wieder zu mir mit Sätzen wie »Herr Borbonus, ich bräuchte Sie mal als Sparringspartner«. Wenn ein Abteilungsleiter so mit einem Werkstudenten spricht, dann wächst dieser über sich hinaus. In solchen Fällen habe ich manchmal noch nachts um zwei an irgendwelchen Analysen gesessen.

Natürlich kann nicht alles im Unternehmen untereinander und miteinander, kreuz und quer, vor und zurück besprochen werden, manchmal sind einsame, schnelle Entscheidungen sogar unabdingbar. Warum die allerdings nicht diskutiert werden dürfen, sollte man dann schon noch begründen.

Wie man das Beste aus Autorität machen kann, zeigt ein Konzept, dass sich »Empowerment« nennt. Es handelt sich dabei um Strategien, die schon lange nicht mehr nur im Job, sondern auch in der Sozialarbeit und im Privatleben angewendet werden. Der Begriff kommt aus den USA und ist eine dort gebräuchliche Bezeichnung für vom Management initiierte Maßnahmen, die Autonomie und Mitbestimmung von Mitarbeitern auszubauen. »Empowerment bezeichnet somit die Weitergabe von Entscheidungsbefugnissen und Verantwortung durch Vorgesetzte an Mitarbeiter. Empowerment konkretisiert sich unter anderem in einer (weitgehend) selbstbestimmten Gestaltung des Arbeitsablaufs, dem Zugang zu gewünschten Informationen und intensivierter (aufgabenbezogener) Kommunikation mit Kollegen und Vorgesetzten.«[32]

Das Konzept geht von der Grundannahme aus, dass Menschen fähig sind, Veränderungen zu bewirken. Dies nicht nur in ihrem persönlichen Umfeld, sondern und gerade auch in sozialen Situationen und in den Institutionen, die ihr Leben beeinflussen. Freiheit, Wahlmöglichkeit, Verantwortung und Bewusstheit sind die vier Säulen des Ansatzes.

Gesunde Autorität beginnt also damit, anderen etwas zuzutrauen, ihnen zu vertrauen. Dieses Vertrauen baut sich auf, wenn Zusagen eingehalten werden, wenn man sich gegenseitig zuhört, wenn man Kritik offen und konstruktiv äußert, wenn man sich aufeinander verlassen kann. Ob in der Beziehung, in der Schule oder im Job: Vertrauen baut sich auf, wenn wir miteinander kommunizieren.

Orientierung in Zeiten von Patchwork und Co.

Die Fähigkeit zur Kommunikation spielt besonders in der modernen Familie eine wichtige Rolle. Die Eltern von heute üben einen Spagat der besonderen Art. Sie gelten zwar immer noch als Autorität und als eine Art Leuchtturm, an dessen Signalen sich der Nachwuchs orientieren soll. In einer Zeit, in der es schwierig bis unmöglich ist, ein gemeinsames Wertefundament zu definieren, herrscht jedoch bei vielen Unsicherheit darüber, welches Vorbild man den eigenen Kindern sein soll.

»Überlegt man, nach welchen Regeln unsere Gesellschaft vor allem organisiert ist, gelangt man zu der Erkenntnis, dass es die Regeln des Marktes sind. [...] Doch die Regeln des Marktes und dessen (nichtexistentes) Menschenbild eignen sich nicht als Wertegrundlage für die Familie, wenngleich sie in zunehmendem Maße auch unsere Vorstellung vom privaten Raum prägen«, sagt der dänische Beziehungsexperte Jesper Juul.[33]

Eltern sehen sich in dem Dilemma, ihre eigene Partnerschaft und die Führung im Verhältnis mit Kindern und Jugendlichen neu erfinden zu müssen. Es reicht längst nicht, die Frage nach einem »antiautoritären« oder »autoritären« Erziehungsstil zu beantworten.

Also was tun, wenn ich als Elternteil auf keinen Fall die Integrität meines Nachwuchses verletzen möchte? In Zeiten von hohen Scheidungsraten und Patchwork-Familien? In Zeiten, in denen die Ehe nicht länger eine soziale oder moralische Notwendigkeit, sondern eine existentielle und emotionale Wahl ist? In diesen Zeiten ist es wichtig, dass Eltern ihre eigenen Werte kennen, dafür einstehen und dabei stets die Entwicklung der Kinder im Auge behalten.

Juul erläutert: »Es gibt keinen Beweis, dass bestimmte Werte für das Wohlergehen der Familie wichtiger sind als andere. [...] Von elementarer Bedeutung ist aber zweifellos, dass die Erwachsenen in einer Familie überhaupt Wertvorstellungen besitzen – etwas, woran sie glauben; Überzeugungen, für die sie eintreten.«[34] Und über diese Ziele und Wünsche, über die Vorstellungen des sozialen Miteinanders müssen sie mit ihrem Nachwuchs reden. Gerade wenn Bedürfnisse miteinander kollidieren oder Unstimmigkeiten auftauchen, sollten Eltern bereit sein, offen über das zu sprechen, was sie sich von ihren Kindern erwarten und selbst zu geben bereit sind.

Autorität und Autonomie

Autorität steht also für etwas ein – und zwar so, dass es jeder mitbekommt. Autorität basiert auf innerer Sicherheit, Selbstvertrauen und Stabilität. Nur wer konsequent und der jeweiligen Situation entsprechend handelt, setzt seine Ziele fair durch und teilt sie so mit, dass sein Gegenüber bestens im Bilde ist.

»Respektspersonen« spielen eine wichtige Rolle für uns: Ihre Werte, ihr Urteil bekräftigen uns oder halten uns davon ab, eine bestimmte Entscheidung zu treffen; ihr Verhalten ist uns Orientierung. Aber ist das richtig so? Ist es ethisch zu vertreten, dass ich in Tun und Denken jemand anderem folge? Schränke ich damit nicht meine eigene Selbständigkeit, Selbstbestimmung, Entscheidungsfreiheit und Unabhängigkeit ein? Gebe ich meine Autonomie auf, wenn ich mich nach jemand anderem richte?

Wir können diese Gewissensfrage getrost mit nein beantworten. Denn solange wir Autonomie als eine bestimmte Form des menschlichen Selbstverständnisses verstehen, erlangt der Einzelne Autonomie nicht durch Alleingänge – durch isolierte Aktionen der Selbstfindung –, sondern erst dadurch, dass er sich zu anderen Individuen in Beziehung setzt. Selbstbestimmung ist immer ein interaktives Geschehen – und Annäherung kein Verlust der Autonomie. Um es mit Richard Sennett zu sagen: »Je weiter die Autoritätsgestalt entfernt ist, desto mehr Furcht und Ehrfurcht flößt sie ein. Je näher die Autorität rückt, desto weniger allmächtig erscheint sie.«[35]

Das bedeutet, dass man Abneigung gegenüber einer Autorität oder Furcht vor einer Autorität ablegen kann, ohne den Respekt vor ihr untergraben zu müssen und ohne dass die eigene Autonomie in irgendeiner Weise Schaden nimmt.

Respektable Werte

Die Meldung beherrschte Mitte Juli 2010 die Schlagzeilen: »Robbie Williams singt wieder mit Take That.« Warum erzeugte es so große Aufmerksamkeit, dass der Popstar nach 15 Jahren zu seiner früheren Band zurückkehrte? Warum zollen wir ihm diesen enormen Respekt?

Im Falle von Robbie Williams können wir das gar nicht mal so genau sagen, es handelt sich um ein Gefühl, das wir nicht näher beschreiben können. Williams ist eine in sich zerrissene Persönlichkeit:

Von Selbstzweifeln gequält, in Entziehungskuren erprobt – aber ein Entertainer vor dem Herrn, charmant und provozierend zugleich.

Vielleicht hat Robert Peter Williams seine Popularität vor allem der Tatsache zu verdanken, dass er sein gespaltenes Ich nie versteckt, dass er authentisch und ehrlich bleibt. Weil er uns auf seine Weise sagt, dass es auch nach vorne gehen kann, wenn du nicht perfekt bist. Weil er uns hoffen lässt, dass du es auch schaffen kannst, wenn du trotz großer Talente ständig mit dir haderst. Wie gesagt, ein unbestimmtes Gefühl.

Meistens ist es aber so, dass eine ganz bestimmte Eigenschaft, ein ganz bestimmter Wert einen Menschen zu einer »Respektsperson« erhebt.

So wie im Falle von Sophie Scholl, die mit ihrer Widerstandsbewegung »Weiße Rose« gegen den Nationalsozialismus kämpfte. Der Historiker Golo Mann sagte einmal über die Mitglieder der Gruppe: »Sie fochten gegen das Riesenfeuer mit bloßen Händen, mit ihrem Glauben, ihren armseligen Vervielfältigungsapparaten, gegen die Allgewalt des Staates. Gut konnte das nicht ausgehen, und ihre Zeit war kurz. Hätte es aber im deutschen Widerstand nur sie gegeben, die Geschwister Scholl und ihre Freunde, so hätten sie allein genügt, um etwas von der Ehre des Menschen zu retten, der die deutsche Sprache spricht.«[36]

Oder nehmen wir das Beispiel Dalai Lama. Das geistliche Oberhaupt der Tibeter gilt als weisester und sympathischster Mensch auf Erden. Selbst in Deutschland hat der kompromisslos gewaltfrei für die Autonomie Tibets eintretende Dalai Lama höhere Sympathiewerte als der Papst.

Der mit seinen einfachen Weisheiten faszinierende »Botschafter des Mitgefühls« schrieb einmal, dass es immer der Feind ist, der einen Toleranz lehre. »Auf diese Weise ist Ihr Feind wirklich Ihr Lehrer. Wenn Sie für Ihren Feind Respekt anstelle von Zorn empfinden, wird sich Ihr Mitgefühl entwickeln. Diese Art Mitgefühl ist echtes Mitgefühl, das auf guten Überzeugungen beruht.«[37]

Auch Helmut Schmidt hatte in seinem Politikerleben viele Feinde, erntete aber vor allem eines: Respekt. Der Altbundeskanzler und SPD-Politiker verblüfft bis heute die Öffentlichkeit mit bissigen und weitsichtigen Kommentaren zum aktuellen politischen Geschehen. Er wies schon lange vor der Bankenkrise auf die Risiken unseres Finanzsystems hin, gilt als strategischer Denker, wird als störrische Persönlichkeit mit Ecken und Kanten wahrgenommen.

In seinem Buch *Außer Dienst* schreibt Schmidt über das Wesen des Politikers: »Immer wird er auf seine Vernunft angewiesen sein. Je schwieriger eine Frage, desto wichtiger die Anstrengung der Vernunft. Am Ende aber kommt es auf das persönliche Gewissen an. Das Gewissen wird den Politiker an die Grundwerte erinnern, die er nicht verletzen darf. Politik ohne Grundwerte bleibt gewissenlos – sie kann zum Verbrechen tendieren.«[38]

Weisheit (Dalai Lama), Intelligenz (Helmut Schmidt) und auch Werte wie Mut (Sophie Scholl) oder Glaubwürdigkeit (Robbie Williams) rufen großen Respekt hervor.

Manche Menschen respektieren wir mehr, weil sie Besonderes leisten, weil sie irgendwie unsere Aufmerksamkeit erregen. Dazu gehört auch der Verkäufer der Obdachlosenzeitung in der U-Bahn oder Dominik Brunner, der trotz aller Widersprüche im Münchner Mordprozess gegen die zwei Jugendlichen zu einem Sinnbild an Zivilcourage wurde. Doch auch Menschen, die still vor sich hinleben und ihr Schicksal meistern, haben unseren Respekt verdient. Wie etwa jene tapfere Frau, die als Änderungsschneiderin in schwierigen Zeiten ganz allein ihre drei Söhne großzog.

Sehen wir uns vier »respektable Werte« quasi stellvertretend für so viele andere etwas näher an: Klarheit, Konsistenz, Kompetenz und Präsenz.

Klarheit

»Sich über etwas im Klaren sein«, »mit etwas nicht klarkommen« oder »Klartext reden« – schon diese wenigen Formulierungen machen einem deutlich, wie wichtig »Klarheit« in unserem Leben ist. Wie so oft bei vielzitierten und -benutzten Begriffen ist auch dieser nicht ganz so leicht zu fassen.

Wenn wir uns über etwas Klarheit verschaffen, informieren wir uns genauer über den entsprechenden Sachverhalt. Wenn wir über etwas Klarheit gewinnen, dann verstehen wir eine Sache, die uns zunächst unklar war, zusehends besser. Wir können die Klarheit des Wassers, eines Blickes bewundern oder aber die Klarheit der Gedanken.

Was den Zusammenhang von Klarheit und Respekt betrifft, sind wir mit Blick auf die Gedanken, die Gefühle, den Verstand und die inspirierende Autorität eines Menschen schon auf einem sehr guten Weg. Klarheit ausstrahlende Persönlichkeiten ruhen in sich selbst und behaupten ihre Standpunkte auch gegen Widerstände. Das nötigt uns Respekt ab.

Wie zum Beispiel bei Ferdinand Piëch. »Piëch brachte mir bei, Dinge auf das Wesentliche zu reduzieren, und er beeindruckt mich durch seine Geradlinigkeit, seine Klarheit und sein striktes Nein zu jeglichen Grauzonen«, sagt Utz Claassen, der frühere Finanzvorstand von Seat, über den Aufsichtsratsvorsitzenden der Volkswagen AG.[39]

Wie gewinnen wir Respekt durch Klarheit? Indem wir Situationen und Ereignisse so akzeptieren, wie sie sind; indem wir Probleme ohne inneren Widerstand annehmen. So bleiben wir ganz bei uns und bewahren einen kühlen Kopf – auch wenn's mal brenzlig wird.

Aus dem Berufsleben kennen wir alle die Redewendung »klare Ansagen machen«. Das spricht für sich und birgt Respekt. Denn wer deutlich sagt, wo es gerade hakt und wo es hingehen soll, der wird anerkannt – das gilt gerade für Führungskräfte und vor allem in Krisenzeiten. Wenn Stellen abgebaut werden müssen, weil die Firma über ihre Verhältnisse gelebt oder das Management wichtige Verhandlungen in den Sand gesetzt hat, dann muss das klar und zeitnah kommuniziert werden.

Fadenscheinige Argumente wie »Es gibt da noch einige Fakten, die wir genau prüfen müssen« oder »Es steht noch ein großer Auftrag ins Haus« schüren bei den Mitarbeitern Unsicherheit und Misstrauen. Nur durch Klarheit werden Führungskräfte als eine berechenbare und souveräne Persönlichkeit wahrgenommen. Verstärkt wird der Eindruck der Klarheit dann noch, indem Entscheider ein solides Stehvermögen zeigen und den »Fels in der Brandung« verkörpern, wenn um sie herum alles ins Wanken gerät. Klarheit ist ein deutliches Indiz für das Vorhandensein von natürlicher Autorität. So ist beispielsweise Daimler-Chef Dieter Zetsche für seine offenen Worte in der Autokrise bekannt, machte aus den Negativ-Nachrichten keinen Hehl und seinen Mitarbeitern nichts vor. Nach Milliarden-Verlusten in 2009 überraschte er im April 2010 übrigens schon wieder mit ehrgeizigen Absatzzielen: »Wir wollen 2010 etwa doppelt so schnell wachsen wie der globale Pkw-Markt.«[40] Und es sieht so aus, als behalte er recht.

Klarheit bedeutet Wahrheit, und Verleugnen führt nicht nur bei Führungskräften zu Unzufriedenheit nach innen und nach außen. Menschen, die sich selbst lieben und nach ihren eigenen Wertvorstellungen leben, sind authentisch, sind echt. Sie leben sehr gut mit ihrem Selbstbild und beantworten die Frage »Was will ich eigentlich?« nicht mit immer neuen Fragezeichen.

Ehrlichkeit ist also ein Ausdruck von Respekt – Ihnen selbst und Ihren Mitmenschen gegenüber. Man kann sich nur respektieren, wenn man in Ordnung findet, was man tut, denkt, sagt und fühlt. Und wir erkennen die Intelligenz und die Emotionen unseres Gegenübers an, wenn wir ihm die Wahrheit sagen. Wahrheiten können mitunter auch verletzen, und so ist in Gesprächen immer auch Sensibilität und Einfühlungsvermögen nötig, um Wahrheiten so zu transportieren, dass sie nicht zu Demütigungen entarten.

»Einfühlung und Respekt bedingen sich gegenseitig. [...] Respekt und Einfühlung verlangen gleichermaßen nach Ehrlichkeit – ein ehrliches (authentisches) Gespräch, ehrliche (unverfälschte) Aufmerksamkeit, ehrliches (aufmerksames) Zuhören und die Entschlossenheit zu ehrlicher (von Herzen kommender) Veränderung. Wenn wir ehrlich (genau) die Gedanken und Gefühle eines anderen Menschen verstehen [...], erwächst tiefer unvergänglicher Respekt für die einzigartigen Erfahrungen des anderen.«[41]

Bleiben Sie sich treu und mit Ihren Mitmenschen im Reinen, halten Sie Augen und Ohren offen, geben und erfahren Sie so Respekt.

Von einer wirklichen Wahlbeteiligung – bei den Landtagswahlen in Nordrhein-Westfalen im Mai 2010 gaben zum Beispiel gerade mal 59,3 Prozent der Berechtigten ihre Stimme ab – wagt man heutzutage kaum noch zu sprechen, und wenn ein Unternehmen mal wieder rote Zahlen meldet, heißt es schnell: »Jetzt entlassen die garantiert wieder Tausende Angestellte, die ihren Job gut gemacht haben. Dabei sollten die lieber ein paar Nullen aus der Management-Etage in die Wüste schicken!«

Das Vertrauen der Deutschen in die Glaubwürdigkeit von Politik und Wirtschaft sinkt immer weiter. Genervte und enttäuschte Verbraucher glauben schon lange nicht mehr so ohne weiteres, was ihnen da den lieben langen Tag auf allen Kanälen erzählt wird. Die Unternehmen müssen reagieren und überdenken daher die Art der (Krisen-) Kommunikation: Nur was authentisch ist, wird geglaubt – und kann von den Kommunikationsabteilungen wirksam vermittelt werden. Kontrollierte Medieninszenierung bleibt weiter wichtig, aber in Zeiten von YouTube, Blogs und Twitter müssen Kandidat und Botschaft konsistent sein, Aussagen und Handlungen also übereinstimmen.

Einer, der das verstanden hat, ist Barack Obama. In seinem Wahlkampf 2008 zeigte er, dass Medieninszenierung und emotionale Parolen allein nicht ausreichen, um zum neuen US-Präsidenten gekürt zu werden. Mit seinem Mut, anders zu sein, und mit einem neuen, direkten Dialog in einem Umfeld kreativen Marketings trifft er den Kern.

Wie wichtig ein Umdenken in diesem Bereich ist, beweisen auch die Ergebnisse einer Studie, die im Auftrag der Kommunikationsagentur Burston-Marsteller durchgeführt wurde. Das GfS-Institut kam dabei nach seiner Befragung von 500 Meinungsführern (Geschäftsführer, Journalisten, Finanzanalysten, Politiker, leitende Angestellte) zu dem Schluss, dass das Gesamtbild eines Unternehmens zu über 50 Prozent durch die Wahrnehmung seines CEO, Geschäftsführers oder Vorstands bestimmt wird. Dessen Ausstrahlung ist demzufolge für mögliche Investoren relevant, sein guter Ruf gilt als wertvolles Unternehmenskapital. Als Kriterium für die Beurteilung des CEO nannten die Befragten an erster Stelle Glaubwürdigkeit und Konsistenz.[42]

Konsistentes Verhalten ist in der Gesellschaft hoch angesehen und gilt als Zeichen von Charakterstärke – wer wirkt auf seine Mitmenschen nicht gerne vertrauenswürdig und stabil? Das Wort Konsistenz bedeutet Bestand, Zusammenhalt, Geschlossenheit und fand bisher vor allem in der Welt der Werkstofftechnik Verwendung.

Es ist aber auch zunehmend ein Begriff aus der Motivationspsychologie, der die Tendenz von Menschen beschreibt, an einer einmal getroffenen Entscheidung festzuhalten oder in Übereinstimmung mit früherem Verhalten zu handeln. Wer also konsistent handelt, dem schenkt man eher sein Vertrauen.

»Außerdem erleichtert konsistentes Verhalten unser Leben im Alltag. Wir leben heute in einer hochkomplexen Welt. Wenn wir diese Komplexität nicht durch Konsistenz reduzieren würden, gingen wir in der Flut von Informationen unter.«[43]

In dieser unübersichtlichen Welt sehnen wir uns nach Beständigkeit. Und die wiederum geben uns Menschen, die wissen, was sie wollen, die wissen, was sie machen – und das über einen langen Zeitraum hinweg. Menschen wie Alfred Herrhausen, der am 30. November 1989 in Bad Homburg im Alter von 59 Jahren von RAF-Terroristen ermordet wurde. Der Sprecher der Deutschen Bank verkörperte einen Typ Manager, wie wir ihn heute sehr gut brauchen könnten – einen Manager mit Intellekt, Weitsicht und Konsistenz. »Wir müssen das, was wir denken, sagen. Wir müssen das, was wir sagen, tun. Wir müssen das, was wir tun, dann auch sein«, sagte er einmal.[44]

Lassen wir diese Worte noch einmal ganz langsam nachklingen. Werden wir uns für einen Moment bewusst, wie weit unser aller Weg noch ist. Denn obwohl Manager und Unternehmer immer wieder gerne aus einer Vielzahl von Grundsätzen zitieren und kaum eine größere Firma ohne ein Leitbild auskommen kann (will), steht es um die praktische Umsetzung der Werte (noch) schlecht.

Was wir dagegen tun können: In unserem eigenen, alltäglichen Leben dafür sorgen, dass die Werte, die Respekt vermitteln, umgesetzt werden. Jeden Tag ein Stück weit Weisheit, Intelligenz, Respekt für andere, Klarheit und Konsistenz leben.

Kompetenz

Einer der Schlüsselfaktoren, um Respekt entgegengebracht zu bekommen, ist Kompetenz. Kompetenz beinhaltet zum einen die Fähigkeiten, die Fertigkeiten und das Wissen, um eine bestimmte Rolle zu erfüllen, zum anderen aber auch, dass einem diese Rolle und die damit verbundenen Verantwortlichkeiten zustehen. Aus unserem beruflichen und privaten Umfeld ist uns der Respekt vor Kompetenz gleichermaßen bekannt. Die Person, die aufgrund ihrer »Problemlösungskompetenz« die durch Krankheit dezimierte Mannschaft im Unternehmen so perfekt einteilt, dass alles wie geschmiert läuft, erfährt ebenso unseren Respekt wie der Elternbeirat, der das Schulfest im Dauerregen zum Erfolg macht, indem er kurzerhand ein Zirkuszelt organisiert. Schon diese beiden Beispiele belegen, dass anerkennenswerte Kompetenz auch mangelnde Sympathie wettmachen kann. Sätze wie »Man kann von ihr halten, was man will, wenn es darauf ankommt, hat sie immer eine glänzende Idee« oder »Er ist ein eher spröder Typ, aber weiß immer genau, was er tut« belegen dies.

Es kommt nicht von ungefähr, dass Kompetenz mit so vielen Zusätzen versehen wird. Neben der bereits erwähnten Problemlösungskompetenz gibt es die »soziale Kompetenz« und die »sprachliche Kompetenz«. Beide sind Kompetenzaspekte, die neben Respekt auch Erfolgspotential beinhalten. Wer sich nicht nur zu benehmen weiß, sondern vor allem auch weiß, wie er die besten Seiten seiner Mitmenschen hervorholt und glänzen lässt, kann seine Erfolge zumindest teilweise seiner sozialen Kompetenz zuschreiben. Wer sich nicht nur auszudrücken weiß, sondern auch Kritik angenehm verpacken kann, ohne sie zu verstecken, kann sich seiner sprachlichen Kompetenz rühmen.

Alle diese skizzierten Talente zeugen von einer Ausprägung der Kompetenz, die Respekt einflößt und dem Protagonisten Respekt bringt.

Präsenz

Vor ein paar Tagen habe ich mich während eines Spaziergangs auf eine Bank gesetzt und eine Weile den Kindern beim Spielen zugesehen. Wie ungezwungen, wie selbstverständlich es da zuging. Es wurde gelacht, gerannt, gerangelt. Und etwas abseits saß dieses kleine Mädchen auf der Wiese – redete mit sich selbst, war völlig abgetaucht in seine eigene Phantasiewelt, schien fernab vom Drumherum dahinzuschweben.

Und wir Erwachsenen? Wir rennen durch die Stadt, hetzen durch unser Leben, stehen unter Strom – stets im Glauben, wir müssten die Erwartungen anderer erfüllen. Aber wenn wir nicht mehr wissen, wie es sich anfühlt, zu spielen, wenn wir alles Ungezwungene und Unbefangene verlieren, dann spüren wir uns nicht mehr, sondern kontrollieren uns nur noch – und alles, was an Präsenz einmal da war, verabschiedet sich.

Mit »präsent sein« meine ich hier ein »Anwesend-Sein in jeder Hinsicht«. Nicht nur körperlich, sondern mit allen Sinnen. Menschen mit großer Präsenz rauben uns mitunter den Atem. Sicherlich haben Sie das auch schon einmal erlebt. Da kommt eine Person in den Raum, die gar nicht sonderlich schön ist, aber diese Ausstrahlung hat, von der man nicht genau weiß, woher sie eigentlich kommt. Markante Züge irgendwie, ein Lächeln, das aus ihrem tiefsten Innern heraus strahlt – und sie schweigt. Als sie sich dann einer kleinen Gruppe anschließt und nach einigen Minuten ins Gespräch einschaltet, sind alle anderen wie gebannt.

Wie macht sie das nur? Ganz einfach – oder eben nicht ganz einfach: Sie zieht diese Kraft aus ihrem Selbst heraus. Sie nimmt ihre eigene unverwechselbare Persönlichkeit mit all ihren Ecken und Kanten, Schwächen und Fehlern liebevoll an. Sie folgt ganz ihren Bedürfnissen, schlägt einen eigenen Weg ein, ohne anderen Menschen ähneln zu wollen, ohne sie auch nur ansatzweise zu kopieren. Ein stabiles und intensives Selbstwertgefühl ist die Basis für eine elektrisierende Ausstrahlung.

Menschen mit Präsenz sind so mutig und entspannt, dass sie ihr

Inneres nach außen kehren, es für ihr Umfeld wahrnehmbar machen. Das Verrückte dabei: Sie tun nichts, was nicht jeder von uns auch für sich umsetzen könnte. Eine präsente Persönlichkeit riskiert es ganz bewusst, auch mal falsch zu liegen. Sie weiß beileibe nicht immer, wohin ihr Weg sie führt.

Wir haben schon viel gewonnen, wenn wir offen zu dem stehen, was und wer wir wirklich sind. Wenn wir uns konzentrieren, ganz bei uns bleiben und alle Eindrücke um uns herum förmlich aufsaugen – sei es nun das Stakkato des Presslufthammers oder das Singen der Vögel –, dann ist das der sichere Weg zu mehr Präsenz und mehr Ausstrahlung. Ich bin da, gegenwärtig – in direkter Verbindung mit dem Leben. Den eigenen Mustern, Vorurteilen, Zwängen zu entsagen, sich dem eigenen Konstrukt zu entledigen, dazu gehört Mut.

Wie ein Fallschirmspringer, der nie ganz sicher sein kann, dass sich sein Schirm auch öffnet, wissen wir nicht, was als Nächstes passiert. Das Leben ist immer das Hier und Jetzt. Der gegenwärtige Moment ist alles, was existiert und zählt. Präsent sein bedeutet, dass ich mir in jeder Sekunde bewusst bin, was das Leben mir in genau diesem Moment anbietet.

Respekt in einer egoistischen Gesellschaft

Geldgier und Rücksichtslosigkeit in der Finanzwelt, Machterhalt in der Politik, Selbstdarstellung in den Medien, Sex und Kommerz im Alltag. Es ist nicht von der Hand zu weisen: Menschen werden zunehmend öffentlich belogen und benutzt, gedemütigt und getäuscht. Mehr und mehr bleiben Mitmenschlichkeit, Mitgefühl und soziale Verantwortung auf der Strecke.

Was noch vor wenigen Jahren vielen Menschen die Röte ins Gesicht getrieben hätte, wird heute hemmungslos öffentlich zelebriert: »Unsere Kultur befindet sich in einer Abwärtsspirale der Schamlosigkeit. Es ist eine Kultur der Selbstdarstellung und Selbstinszenierung, des Egoismus und der Rücksichtslosigkeit.« Was dabei auf der

Strecke bleibt, sind Achtung, Respekt und soziale Verantwortung. Um diese unheilvolle Entwicklung aufzuhalten, brauchen wir »eine emotionale Bildung, in deren Mittelpunkt wieder die sozialen Beziehungen der Menschen stehen.«[45] Mit anderen Worten: Wir müssen wieder einen respektvollen Umgang miteinander erlernen.

In Zeiten, in denen Wirtschaftsmanager Hartz-IV-Empfänger als Wohlstandsmüll bezeichnen, wird klar, dass es im Zuge des um sich greifenden ökonomischen Denkens weniger darum geht, den Menschen als solchen in seiner ganzen Werthaltigkeit zu beurteilen, sondern vor allem darum, ihn nach seiner wirtschaftlichen Nützlichkeit einzuordnen. So kommt es, dass heute gerade Sozialhilfeempfänger verhöhnt werden und eine wachsende Angst grassiert: »Bloß nicht Hartz IV! Dann bin ich nichts mehr wert!« Materiell verarmt wird gleichgesetzt mit gesellschaftlich nutzlos. Viele von ihnen empfinden außerdem die Behandlung durch die Mitarbeiter der Jobcenter als demütigend und menschenverachtend.[46]

Und wenn der frühere Berliner Finanzsenator und Bundesbank-Vorstand Thilo Sarrazin Hartz-IV-Empfänger zur Zielscheibe diskriminierender Äußerungen machte (»Die Frage ist: ›Wie kann ich es schaffen, dass nur diejenigen Kinder bekommen, die damit fertig werden?‹« oder »Schon für 3,76 Euro am Tag gibt es drei volle Mahlzeiten« oder »Kaltduschen ist doch eh gesünder«), dann mag er in manchem sachlich wohl recht, ja sogar Gutes damit im Sinn haben. Wir wollen hier mit gutem Beispiel vorangehen und Sarrazin respektieren. Er selbst begeht jedoch durch seine Formulierung den Fehler, respektlos zu sein.

Sarrazins Verhalten war schamlos. Denn Schamlosigkeit entsteht, wenn nicht mehr die Menschen gesehen werden, sondern nur noch die eigenen Interessen zählen und rücksichtslos durchgesetzt werden. Schamlosigkeit ist nicht nur der Verlust der Scham, sondern eine komplexe Machtdemonstration inklusive unsozialer Eigenarten wie Provokation, Respektlosigkeit, Rücksichtslosigkeit oder Trotz. Es wäre an der Zeit, der eigenen Herzensbildung wieder mehr Platz einzuräumen.[47]

Natürlich sollte in unserem Leben auch Raum sein für einen gesunden Egoismus. Selbstliebe ist wichtig, um erkennen zu können, dass andere uns lieben. Aber eben maßvoll – im besten Falle endet unser eigener Egoismus dort, wo der Egoismus unseres Mitmenschen anfängt. Doch ständig Rücksicht nehmen, immer schon vorausschauen, immer vorsichtig sein – das kann uns auch hemmen, raubt uns womöglich Kraft. Gerade in einer Welt, die nur noch aus einem einzigen Überlebenskampf zu bestehen scheint, ist es wichtig, dass wir uns Gedanken machen. Vor allem auch über uns selbst. Es gilt, einen eigenen Weg zu finden, der mich heilt und andere nicht verletzt.

Einsamkeit als Folge eines zu großen Egos

»Alle Verhaltensweisen, mit denen wir uns von anderen absetzen, erwachsen aus unserem Wunsch, irgendwie als etwas Besonderes zu gelten. Wenn wir uns aber von anderen absetzen, werden wir einsam«, warnt der Psychotherapeut Chuck Spezzano vor einem allzu großen Ego. Einsamkeit werde als hart und bitter empfunden, und doch sei es uns lieber, etwas Besonderes zu sein, als mit anderen Menschen in unserer Umgebung Kontakt aufzunehmen.[48]

Ichbezogenheit bedeutet, dass das eigene Ego im Mittelpunkt steht: Das will ich, das will ich nicht! Wie kann ich aus einer bestimmten Situation das Beste für mich herausholen? Wovor muss ich mich unbedingt schützen? So ist heute fast jeder überwiegend mit sich selbst beschäftigt – mit seiner Karriere, seinem Aussehen, aktiver Freizeitgestaltung, Selbstfindung oder Selbstverwirklichung. Wenn wir in Augenblicken der Trauer, der Leere und des Innehaltens dann einmal jemanden zum Reden brauchen, ist keiner da. Niemand hat Zeit. Partner, Freunde, Bekannte – alle machen sie ihr eigenes Ding, haben genug mit sich selbst zu tun. Auf schmerzhafte Weise wird uns bewusst, wie einsam wir in Wirklichkeit sind. Wir sind aufgefordert, im Umgang mit uns selbst und anderen umzudenken. Wir sind aufgefordert, achtsamer zu werden, wieder mehr aufeinander zuzugehen und mehr Zeit mit unseren Mitmenschen zu verbringen.

Es gilt, Respekt zu zeigen. Halten wir es dabei doch mit Dan Millman: »Wir sind hier, um durch Erweiterung unseres Bewusstseins der Welt und unserer selbst zu lernen. Was wir über die Welt lernen, sichert unseren Erfolg. Was wir über uns selbst lernen, fördert unsere Entwicklung.«[49]

Von Ellbogen und Fußtritten

Wir alle kennen den Begriff der Ellbogengesellschaft. Wir alle spüren täglich neu am eigenen Leib, was es heißt, in ihr zu leben! Auch ich fühle mich ein ums andere Mal ungerecht behandelt, muss feststellen, dass sich jemand auf meine Kosten einen persönlichen Vorteil verschafft hat und dafür im übertragenen Wortsinne seine Ellbogen eingesetzt hat.

Überall dort, wo der Einzelne in erster Linie auf sein Wohl, auf sein Bestes bedacht ist, findet das Ellenbogendenken statt. Es ist unerfreulicher Teil unserer Gesellschaft geworden. Einer Gesellschaft, in der die Zukunft eines Kindes davon abzuhängen scheint, ob es nach der vierten Klasse den Sprung aufs Gymnasium schafft oder nicht. Einer Gesellschaft, die vom Leistungsprinzip bestimmt wird. Einer Gesellschaft, in der Egoismus, Konkurrenz, Rücksichtslosigkeit und Eigennutz dominieren. Einer Gesellschaft, in der Jugendliche in München einen Mann mit Tritten traktieren und zu Tode prügeln, weil er sich zuvor in der S-Bahn schützend vor vier Schüler gestellt hatte.

Was können wir besser machen, in Zeiten der Ellbogen, in Zeiten der Krise? Was erwartet uns in der Zukunft? Und wie bereiten wir uns am besten auf sie vor? Die beiden Mentoren Martin Sage und Sonja Becker konstatieren, dass sich Deutschland auf dem Weg von der Angestelltenkultur und des staatlich regulierten Arbeitsmarkts hin zur selbstbestimmten Wirtschaft und selbstbestimmten Akteuren befindet. »Deshalb muss man sich vom tradierten deutschen Glauben auf eine Veränderung ›von oben‹ schnellstens lösen. Dabei müssen sich sowohl Individuen als auch Unternehmen zum Teil umstrukturieren. Wer auf das Anziehen der nächsten Konjunktur wartet, um dann zu handeln, hat nicht verstanden. Die Konjunktur zieht nur an, wenn man jetzt handelt.«[50]

Gar nicht so einfach, wenn man bedenkt, dass die Wirtschaftskrise immer mehr Selbständige zu Hartz-IV-Empfängern macht, die als »Aufstocker« auf Leistungen der Bundesagentur für Arbeit (BA) zurückgreifen. Am Jahresende 2008 bezogen nach BA-Angaben rund 114 000 Selbständige die sogenannte Grundsicherung. Mehr als die Hälfte der Betroffenen hatte wegen Auftragsmangels Einkünfte von weniger als 400 Euro monatlich.

Der umgekehrte Trend zeigt, dass die Menschen ihr Schicksal selbst bestimmen wollen und handeln: In der Krise entscheiden sich Hartz-IV-Empfänger immer häufiger für die Selbständigkeit, um beruflich wieder Fuß zu fassen. Laut Bundesanstalt für Arbeit war 2008 nur jeder zehnte geförderte Selbständige aus dem Kreis der Hartz-IV-Betroffenen ein halbes Jahr später wieder arbeitslos.

Immer mehr Menschen erwachen aus ihrer Lethargie und bewegen sich. Nicht wenige versuchen es inzwischen mit mehreren Jobs gleichzeitig. Sie sind dabei, ihr Leben in die Hand zu nehmen und den Wandel bewusst mitzugestalten.

Respekt als kleinster gemeinsamer Nenner

In der pluralisierten Welt von heute fällt es uns schwer, jeden und alles zu verstehen. Aber es sollte uns zumindest gelingen, das Unverstandene zu respektieren – einen authentischen Respekt zu üben, der die Würde des Menschen achtet, unabhängig davon, ob er Mann oder Frau ist, ob seine Familie einst aus der Türkei oder aus den USA nach Deutschland gezogen ist, ob er Toiletten putzt oder ein millionenschweres Unternehmen leitet, ob er nun Anhänger des christlichen oder des jüdischen Glaubens ist.

Es geht darum, die Individualität in allen Facetten anzuerkennen. Leider machen viele Menschen die Erfahrung, dass sie in ihrer Eigenart nicht respektiert werden. Warum ist das so, und wie können sie sich den Respekt verschaffen, der ihnen zusteht?

Wenn sich Menschen aus unterschiedlichen Kulturen begegnen, kann es zu Missverständnissen kommen. Jeder sieht die Welt durch seine Brille. »Das äußere Zusammenführen der Menschen geht schnell, es ist ein politisch-bürokratischer Akt. Das innere Zusammenfinden ist oft ein langer, schwieriger Prozess in der Seele. Die Integration der Kulturen findet entweder in den Herzen der Menschen statt oder sie findet gar nicht statt.«[51]

Das Problem mangelnder Akzeptanz besteht jedoch nicht nur zwischen Menschen unterschiedlicher Kulturen. Jeder von uns hat in seinem ganz normalen Alltag damit zu kämpfen, von seinen Mitmenschen akzeptiert zu werden, und versucht, sich auf seine ganz spezielle Art Respekt zu verschaffen. Nehmen wir zum Beispiel den jungen Mann, der frühmorgens müde am Schreibtisch sitzt und sich gleich einer spitzen Bemerkung des Kollegen ausgesetzt sieht: »Na, ist es gestern Abend in der Kneipe mal wieder richtig spät geworden, oder haben Sie den Wecker nicht gefunden und verpennt?«

Was nun? Respekt verschaffen, aber auch Respekt ausdrücken. Trotz allem. Der junge Mann blickt freundlich zu seinem Kollegen hinüber und sagt: »Das nächste Mal kommen Sie mit, ja?«

Es sind also glücklicherweise nicht immer Lügen, Angebereien, Imponiergehabe, Rüpeleien oder auffälliges Verhalten nötig bzw. nützlich, um Eindruck zu machen. Und wenn wir genau darüber nachdenken, fahren wir damit sogar wesentlich besser – nicht nur mit Blick auf unsere eigenen Ziele, sondern vor allem auch mit Blick auf das große Ganze, auf die Gemeinschaft.

In der besten aller Welten, wenn sich alle Menschen gegenseitig mit Respekt behandeln, jeder angenommen und akzeptiert wird, dann gibt es für niemanden mehr einen Anlass, um Anerkennung zu kämpfen – zum Beispiel mit Aggression und Gewalt.

Und doch gibt's gegenläufige Beispiele genug: etwa den 14-jährigen Jungen, der wegen seiner Kleinwüchsigkeit in der Schule so lange gehänselt wird, bis er einen Selbstverteidigungskurs belegt und bei nächster Gelegenheit einen seiner Mitschüler verprügelt. Oder den 17-jährigen jungen Mann, der die Story mit den beiden Mädels in der Hütte erfindet, nur um nicht mehr von seinen Kumpels wegen seiner

Jungfräulichkeit gehänselt zu werden. Oder das 15-jährige Mädchen, dem die Eltern keine Aufmerksamkeit schenken und das sich bei Skinheads ein neues Zuhause sucht.

Die Episoden ähneln sich: Ihre Protagonisten fühlen sich nicht angenommen, nicht akzeptiert. Und weil man ihnen selbst keinen Respekt entgegenbringt, finden sie auch nicht den richtigen Weg, um sich eben diesen zu holen. Die Teufelsspirale dreht sich und zeigt uns vor allem eines: »Vielleicht ist Respekt der kleinste gemeinsame Nenner für das Wohlbefinden der Menschen.«[52]

Die Medien – Katalysator von Respekt und Verachtung

Nach dem sogenannten »Spiegel-Urteil« des Bundesverfassungsgerichts aus dem Jahr 1966 haben die Medien einen öffentlichen Auftrag zu erfüllen. Eine freie, unabhängige Presse sei für die moderne Demokratie unentbehrlich, da sie den Bürger durch umfassende Information in die Lage versetze, politische Entscheidungen zu treffen. Die Medien besitzen also eine hohe Verantwortung hinsichtlich der Integration einer Gesellschaft. Indem sie relevante Themen erörtern, halten sie den Diskurs unter den gesellschaftlichen Gruppen in Gang, so dass sich ein Konsens über Werte und Regeln in einer freiheitlichen Demokratie bilden kann.

Ist dem aber tatsächlich so? Erfüllen die Medien auch heute noch die in den sechziger Jahren formulierte Aufgabe? Schließlich hat sich die deutsche Medienlandschaft seit Einführung des privaten Rundfunks 1984 grundlegend gewandelt: Kommerzielle Fernsehsender rücken den Öffentlich-Rechtlichen immer mehr auf den Pelz und sind in der Gunst der werberelevanten Hauptzielgruppe der 14- bis 49-Jährigen inzwischen Spitzenreiter. Im Programm setzen sich verstärkt Reality-TV-Formate durch. Zur Hauptsendezeit und am Vorabend gibt's vorwiegend Boulevard-Magazine, Soaps und Krimis zu sehen – Politik und Information sind auf dem Rückzug.

Anstatt sich zu unterscheiden, es mit dem Journalismus und dem öffentlichen Auftrag ernster zu nehmen und eben nicht nur ein paar sehr gut gemachte Krimis zu bauen, kopieren ARD und ZDF zunehmend die private Konkurrenz – und die Stars der Szene wechseln munter zwischen den Systemen hin und her. Zudem schreitet das Zeitungssterben voran – in der Hälfte der kreisfreien Städte und Landkreise gibt es nur noch eine einzige Zeitung.[53] Und das Internet sowie die digitale Verbreitungskanäle verändern die Mediennutzung nachhaltig.

Können die Medien ihren Auftrag zur Integration unserer Gesellschaft unter diesen Umständen noch leisten und so Werte wie Respekt transportieren?

Wie öffentliche Wahrnehmung entsteht

Wenn heute von öffentlicher Meinung gesprochen wird, dann heißt das in der Regel, dass »die Leute« so denken, wie es in der Zeitung steht, wie es im Fernsehen berichtet wird, wie sie es im Radio gehört oder im Internet »gegoogelt« haben. Es handelt sich um ein soziales und gesellschaftliches Phänomen: Will man sich als Einzelner nicht ab- und ausgrenzen, ist es notwendig, sich dieser Meinung anzuschließen, sie dient als Orientierungshilfe und ist eine Art Rückversicherung.

Dabei haben die Mitglieder einer Gesellschaft nur zu wenigen Fragestellungen die gleiche Ansicht; zu jeder Frage gibt es unterschiedliche Positionen. Unsere Wahrnehmung, welche Meinungen gegenwärtig vorherrschend sind, wird durch die Berichterstattung der Medien geprägt, also durch die veröffentlichte Meinung.

So ordnen wir uns der Partei oder der gesellschaftlichen Gruppe zu, mit deren Position wir uns identifizieren können. Innerhalb der Parteien und Verbände wiederum sind interne Diskussionen notwendig, um zu einem bestimmten Problem auch einen Konsens zu finden, einen gemeinsamen Standpunkt zu entwickeln. Öffentlichkeit ist also stets ein Prozess, der von Rede und Gegenrede sowie von Entscheidungsritualen bestimmt wird.

Nur wenige Themen werden nicht kontrovers diskutiert – sei es in der Familie, am Stammtisch oder im Beruf. Öffentlichkeit ist der allen zugängliche Raum, in dem jeder Einzelne seine Meinungsäußerung zu Gehör bringen kann. Ein Raum, der durch Kommunikation der Beteiligten strukturiert und ausgefüllt wird. Wie präsent ein bestimmtes Individuum oder eine bestimmte Gruppe im Raum der Öffentlichkeit ist, hängt davon ab, wie aktiv der Beteiligte kommuniziert. Schweigt er, übernimmt er für andere die Rolle des Beobachters und Rezipienten.

Die Massenmedien bestimmen, was aus der Flut an Informationen tatsächlich auf die Tagesordnung gesetzt wird; sie entscheiden auch, ob und wie ein heißes Eisen angefasst wird, bei welchen Themen sich womöglich die Schweigespirale dreht. Da viele Menschen ihr Wissen aus den Medien beziehen, wird das dort nicht Wahrgenommene kaum Chancen haben, Gegenstand der öffentlichen Meinung zu werden.[54]

Personen oder Gruppen, die am Rand stehen und wenig Gehör finden, ziehen sich noch mehr zurück. Die Folge ist eine Art sich selbst erfüllende Prophezeiung: Diese Menschen kommen in der Öffentlichkeit kaum vor, und wenn doch, dann treten schlechte Nachrichten oder Skandale in den Vordergrund.

Wer respektiert wird, entscheidet der Redakteur

Das traurige Beispiel Loveparade lässt noch eine ganz andere Problematik in den Fokus rücken: Im In- und Ausland wurde über die Katastrophe berichtet, überall waren Fotos zu sehen – solche Tragödien steigern die Auflage, bringen Klicks und Quote. Das Drama von Duisburg war Teil des Zeitgeschehens, die Menschen wollten alles über die Hintergründe und menschlichen Schicksale erfahren. Aber war es wirklich nötig, dass *Bild Online* zwei Tage nach dem Unglück eine Bildergalerie mit 107 Fotos zeigte? Oder war es wirklich nötig, dass die Druckausgabe ein Foto veröffentlichte, das, über die ganze erste Seite gestreckt, den Ort des Grauens zeigte – mit zugedeckten

Toten, mit völlig verängstigten Menschen, die offenkundig um ihr Leben fürchteten? Ganz klar: nein. Es gibt ethische Grenzen für die Berichterstattung.

Die Grenzen des Respekts und der Menschenwürde wurden hier überschritten, beim Deutschen Presserat gingen 140 Beschwerden ein, die meisten galten den Fotos bei *Bild Online*, die Bildberichterstattung wurde als »unangemessen sensationsgierig« und »pietätlos« empfunden, einige sahen auch das Persönlichkeitsrecht der Abgebildeten verletzt: Die Opfer seien teilweise erkennbar und klar zu identifizieren.

Der Deutsche Journalisten-Verband (DJV) betonte zwar, dass der überwiegende Teil der deutschen Medien angemessen über die Loveparade-Katastrophe berichtet hatte, die stellvertretende DJV-Vorsitzende Ulrike Kaiser erinnerte die Boulevardzeitungen trotzdem daran, dass publizistische Grundsätze für jedes Presseorgan gelten. Auf eine unangemessen sensationelle Darstellung von Gewalt, Brutalität und Leid müsse deswegen verzichtet werden.[55]

Wie nahe muss der Journalist ran ans Geschehen, wann fügt er den Opfern und deren Angehörigen weiteres Leid zu? Wenn das private Verhalten öffentliche Interessen berührt, muss die Presse ihrer Chronistenpflicht nachkommen. In welcher Form sie das tut, darüber kann man jedoch geteilter Meinung sein.

Auch um die Berichterstattung über den Amoklauf von Winnenden im März 2009 rankten sich einige Diskussionen. Die Redaktion von *Spiegel TV* fand offenbar, dass das öffentliche Interesse überwog, als sie sich entschied, Videos vom Selbstmord des Amokläufers zu senden und Fotos von der am Boden liegenden Leiche des Jungen zu zeigen. Hätte man dem Toten und dessen Angehörigen nicht deutlich mehr Respekt bekunden müssen? Ich meine: ja.

Die Quintessenz: Die Regeln der Pressefreiheit stehen für wertvolle genauso wie für sinnfreie Artikel, decken auflagenheischende genauso ab wie wirklich wichtige Berichterstattung. Deshalb sollte sich jeder Journalist selbst fragen, wo respektvoller Umgang aufhört und die unzulässige Bloßstellung und Schädigung des anderen beginnen.

Kollektive Respektlosigkeiten und wie sie entstehen

Wo fangen Respektlosigkeiten an, und wo hören sie auf? Wann wird aus Respektlosigkeiten (noch) mehr, ab wann müssen wir gar von Verachtung, Ächtung, Demütigung oder Diskriminierung sprechen? Die Grenzen verlaufen fließend – und wie so oft im Leben sind es die vermeintlich kleinen Sticheleien, die den Anfang markieren und oft genug dazu führen, dass sich ganze Gruppen kollektiv respektlos verhalten – nicht selten gegenüber Einzelpersonen.

Tatort Schule. Manuel (13) hat bedingt durch einen genetischen Defekt mit großem Überwicht zu kämpfen und wird von seinen Mitschülern schon seit längerem nur »der Dicke« genannt.

Seit Leonie in der Klasse ist, eskaliert das Ganze, sie ist schlank und hübsch, zieht ständig über Manuel her. Leonie ist sehr beliebt bei ihren Mitschülern; es bildet sich eine Clique, die mit ihren Kommentaren deutlicher und verletzender wird. Manuel findet immer öfter kleine Zettel in seiner Schultasche: »Du bist so fett, dass dein Abschlussfoto an der Schule aus der Luft aufgenommen werden muss!« oder »Du bist wie eine Wolke: Wenn du dich verziehst, kann's noch ein schöner Tag werden!« oder »Mit einem Loch im Hinterkopf könntest du wenigstens noch als Nistkasten dienen!«

Manuel weiß nicht, was er tun soll. Es ist ihm peinlich, seinen Eltern oder einem Lehrer von den Anfeindungen zu erzählen, er hasst sich doch selbst wegen seines Übergewichts, er fühlt sich mit jedem Tag minderwertiger. Man kann sich sehr gut vorstellen, wie es in Manuel aussieht, welche Kämpfe er mit sich austrägt, wie einsam er sich fühlt und wie aussichtslos er seine Lage einschätzt.

Was bei Manuels Geschichte eine entscheidende Rolle spielt, ist der Gruppenzwang. Mitmachen ist leichter als Ausscheren. Die meisten Mitschüler hänseln Manuel, weil es alle anderen auch machen und weil man sich der Mehrheit anpasst, um ihr anzugehören. Aktuelle Zahlen zeigen, dass an weiterführenden Schulen fast jeder dritte Schüler (31,2 Prozent) schon einmal von Klassenkameraden schikaniert worden ist. Opfer körperlicher Gewalt im Schulumfeld wurde beinahe jeder zehnte Schüler (9,7 Prozent). Als

Mobbing-Täter sehen sich demnach 37,2 Prozent der Kinder und Jugendlichen.[56]

Gruppenzwang ist ein allgegenwärtiges Phänomen – nicht nur unter Jugendlichen. Auch Erwachsene schließen sich bestimmten Meinungen und Handlungen an, weil die Mehrheit Druck auf unschlüssige oder »abtrünnige« Gruppenmitglieder ausübt – da trinkt man im geselligen Kreis schnell mal ein paar Schnäpse mit, obwohl man nicht so recht will, oder redet jemandem nach dem Mund, nur um seine Ruhe zu haben. Gruppenzwang kann gefährlich sein. Vor allem dann, wenn unsinnige oder riskante Pläne die Runde machen, ohne dass auch nur einer der Beteiligten aufbegehrt und sein Veto einlegt.

Aber wie kann man solch unheilvollen Entwicklungen entgegentreten? Erinnern Sie sich noch an *Die Welle* – jenes Buch von Morton Rhue, das 2008 in Deutschland mit Jürgen Vogel als Lehrer verfilmt wurde? Es gehört zur Pflichtlektüre an deutschen Schulen, weil es mit dem weitverbreiteten Vorurteil aufräumt, dass der Nationalsozialismus ein historisches Phänomen war, das nicht wiederkommen kann. Und es beruht auf einer wahren Begebenheit.

Der Lehrer Ron Jones, dessen Geschichte in dem Buch erzählt wird, sagte einmal: »Ich glaube, irgendjemand hätte, gleich als ich mit der Welle begann, aufstehen sollen und sagen: ›Mr. Jones, ich folge Ihnen nicht, ich sage Ihnen, das ist schlecht, was Sie da machen.‹ Dann hätten wir anfangen können, darüber zu reden. Aber während des ganzen Experiments hat sich niemand dagegen gewehrt. Kein Schüler, kein Lehrer, von den Eltern niemand und niemand von den Geistlichen – und das ist es, was mich erschreckt.«[57]

Was mit kleineren Seitenhieben und Respektlosigkeiten seinen Anfang nimmt, kann in einer unkontrollierbaren Massenbewegung enden. Oder mündet – nicht minder grausam – in Amokläufen.

»Columbine« ist nicht nur in den USA zu einem Symbol für Amokläufe an Schulen und für die Diskussion um schärfere Waffengesetze geworden: Zwei Schüler – bewaffnet mit halbautomatischen Waffen, Schrotflinten, über 900 Schuss Munition und mehreren Bomben – richteten am 20. April 1999 an der Columbine High

School in Littleton/Colorado ein Blutbad an; sie töteten zwölf Schüler, eine Lehrkraft und schließlich sich selbst, 23 Menschen wurden verletzt.

Auch in Deutschland gehören Amokläufe zur grausamen Realität: Die schrecklichen Szenen, die sich 2009 in der Albertville-Realschule in Winnenden und 2002 in einem Gymnasium in Erfurt abspielten und insgesamt 33 Menschenleben forderten, sind unvergessen.

Was auch immer Schüler zu solch entsetzlichen Taten treibt, es ist zu einer weltweiten Geißel geworden. Der Psychologe Jens Hoffmann untersucht Amokläufe an Schulen und kommt zu dem Schluss, dass »eine Mischung aus kalter Wut, Minderwertigkeitsgefühlen, Depressionen und dem Wunsch, unsterblich zu werden«, diese Eskalation der Gewalt auslöst. Dazu komme noch ein Nachahmer-Effekt – die Jugendlichen identifizierten sich mit anderen Amokläufern.[58]

Diese Identifikationsfalle steht in aller Regel jedoch nicht am Anfang der Entwicklung. Kollektiven Respektlosigkeiten können wir vorbeugen, wenn Respekt ein integraler Bestandteil von Erziehung ist. Wer seine Kraft erfahren hat, ist mental stärker und weiß mit moralischen Zwickmühlen wie dem Gruppenzwang souveräner umzugehen. Nicht zufällig gibt es in vielen Fällen von Jugendgewalt eine familiäre Vorgeschichte; ein zerrüttetes familiäres Umfeld etwa – oder gar gewalttätige Eltern. Wer unter solchen Umständen aufwächst, hat meist nicht Respekt, sondern ein falsches Verständnis von Autorität gelernt.

In ihrer statistischen Beschaffenheit ist Jugendgewalt ein besonders deutliches Indiz dafür, dass Respekt erlernbar und vermittelbar ist: »Gesellschaftliche Regelverletzungen, Zukunftsängste in der Familie, Leistungsdruck sowie Perspektivlosigkeit, verbunden mit der Erfahrung, keine Lehrstelle oder erfüllende Arbeit zu finden und damit kaum soziale Anerkennung zu erhalten, lösen bei vielen [...] Resignation aus«, wurde Jürg Frick, Psychologe und Dozent an der Pädagogischen Hochschule in Zürich in der *Neuen Zürcher Zeitung* zitiert.[59]

Dass auch die Medien ihren Teil zu diesem Dilemma beitragen, ist inzwischen ein Allgemeinplatz. Jugendliche mit problematischen

Lebensumständen sind empfänglich für falsche Lehren, die einen einfachen Weg zur Anerkennung suggerieren. Wer es nicht besser weiß und täglich verfolgt, wie sich im Dschungelcamp zerstrittene C-Prominente für ihren Platz im Rampenlicht gegenseitig die Augen auskratzen, kann leicht den Eindruck bekommen, dass ein solches Gerangel um die Rangfolge geeignet ist, um sich Anerkennung in der Gruppe zu sichern und zu verteidigen.

Dafür zu sorgen, dass junge Menschen lernen, Empathie zu empfinden und sich in Konfliktsituationen angemessener Mittel zu bedienen, ist eine Aufgabe von Erziehung. Respekt als kollektiven Wert zu vermitteln ist jedoch auch Bestandteil der Verantwortung der Medien. Leider hat die Darstellung kollektiver Respektlosigkeiten jedoch Unterhaltungswert – und macht Quote.

Wir haben schon festgestellt: Respekt folgt der Erkenntnis von Gleichwertigkeit, er muss erlernt werden, und er muss in beide Richtungen ausstrahlen. Wer also kann sich noch wundern, wenn Jugendliche, die nie Respekt erfahren haben, ihn nicht zu geben imstande sind?

WARUM IST ES MANCHMAL SO SCHWER, RESPEKTVOLL ZU SEIN?

Die Menschen sind verschieden

Respekt besitzt eine tiefe gesellschaftliche Bedeutung. Er geht in unserer säkularisierten Welt von der Achtung der Menschenwürde aus. Sie ist der Kern der Wertschätzung, die jeder dem anderen in der Gesellschaft zollen muss. So wird der Anspruch auf ein Zusammenleben zwischen gleichberechtigten Individuen erhoben und auch realisiert – wenn wir respektvoll miteinander umgehen.

Die Respektierung der Menschenwürde ist in Artikel 1 des Grundgesetzes der Bundesrepublik Deutschland auch juristisch fixiert und sanktionierbar: Dadurch trägt der Respekt, den wir dem anderen unabhängig von seiner gesellschaftlichen oder wirtschaftlichen Stellung zollen, dazu bei, dass der soziale Frieden erhalten bleibt. Respekt hat das Ziel, die Autonomie des Individuums in einem möglichst hohen Maße zu ermöglichen, ohne wiederum das Gegenüber in irgendeiner Form einzugrenzen. Die eigene Identität wird gestärkt, das Selbstwertgefühl wächst, und wir sind zufriedener.

Die Bindung an eine soziale Gruppe geht wesentlich auf die gegenseitige Anerkennung ihrer Mitglieder zurück. Auf diese Weise entsteht eine Basis für erfolgreiches, zielorientiertes Handeln. Und damit verlaufen die Grenzen vom horizontalen in den vertikalen Respekt fließend. Denn Erfolg bringt gemeinhin soziale Anerkennung, die unter anderem durch Statussymbole, Status oder ökonomische Abgeltung zu einem sozialen Aufstieg beitragen kann. Damit beinhaltet Respekt das Recht jedes Menschen auf Freiheit und Wohlstand. Respekt trägt außerdem zum Frieden bei, weil er Diskriminierungen jeglicher Art ausschließt: sei es in puncto Hautfarbe, Geschlecht oder religiöser Zugehörigkeit.

Im persönlichen Miteinander garantiert der Faktor Respekt zudem eine gewisse Vorhersagbarkeit menschlichen Verhaltens. Respekt ist als elementare und kodifizierte Höflichkeit wesentlich für Regeln des Umgangs miteinander in sozialen Gruppen.

Wenn das alles so ist, wenn die Menschen alle nur das eine wollen, nämlich Respekt – warum ist es dann so schwer, durchgängig Respekt zu erweisen bzw. zu erhalten? Die Antwort ist einfach, ihre Folgen kompliziert: Menschen sind verschieden. In welchem Verhalten sich Respekt zeigt, ist schon von Kultur zu Kultur verschieden. So wie Eskimos zur Begrüßung die Nasen aneinanderreiben, statt sich wie die Europäer die Hände zu schütteln, so sind die Menschen grundsätzlich verschieden, weil sie unterschiedliche Ideale und Ideen haben, die zum großen Teil von den unterschiedlichen Religionen herrühren. Der Glaube gibt vielen Menschen auf der Welt die Gesetze des täglichen Lebens vor. Und natürlich wächst jeder Mensch anders auf, macht andere Erfahrungen, lernt andere Regeln, bekommt eine andere Ausbildung. Kein Mensch hat dieselben Voraussetzungen und Lebensumstände wie der andere.

Beispiel Berufsleben: Bei nationenübergreifenden Projekten kommt es sogar schon zu Meinungsverschiedenheiten, wenn die beteiligten Strategen allesamt aus westlichen Kulturen stammen – sagen wir aus Spanien, Italien, Deutschland, den USA. Dabei sollte das Miteinander doch funktionieren, schließlich haben die westlichen Industrienationen viele gemeinsame Wurzeln. Und doch wird es im Detail am Ende schwierig, hört man Pauschalurteile wie »Die Spanier kommen immer zu spät ...« oder »Die Amerikaner sind mal wieder beim Essen ...«.

Viele Probleme ließen sich schon vermeiden, wenn man die Projekte besser und anders vorbereitete: die möglichen Knackpunkte ausmacht, die Mitarbeiter gezielt auf die Zusammenarbeit vorbereitet, mehr Zeit in die Phase vor dem eigentlichen Projekt investiert – auch wenn die Partner keine Chinesen oder Araber sein sollten. Personalentwickler Helmut Langhoff empfiehlt daher, den anderen als Individuum – so, wie er eben ist – zu respektieren, und hat spezielle Workshops erarbeitet. »Das zentrale Ziel solcher Workshops ist, dass sich die Teilnehmer am Schluss als Personen wechselseitig wertschätzen. Dies ist wichtig, weil immer wieder Missverständnisse und

Irritationen entstehen, wenn Personen gemeinsam eine Aufgabe erfüllen müssen. [...] In welchem Verhalten sich Respekt zeigt, ist jedoch von Kultur zu Kultur wiederum verschieden.«[60]

Einblicke in die Gehirnforschung

Jeder Mensch denkt, fühlt und handelt anders als sein Mitmensch. Keiner ist wie Sie! Wir alle neigen gerne dazu, zu glauben, andere sähen die Welt ein kleines bisschen wie wir – dem ist aber nicht so. Das gilt nicht nur für Männer und Frauen, von denen wir ja schon längst wissen, dass die einen vom Mars und die anderen von der Venus kommen.

Irgendwie scheint das für uns alle zu gelten: Wie oft wundern wir uns, wenn wir eine klare Meinung zu einem Thema äußern, und unser Gesprächspartner ist längst schon auf einem ganz anderen Dampfer unterwegs? Klar, so wie jedes Gesicht und jeder Körper unterschiedlich aussehen, sich unterschiedlich anfühlen, so ist auch das Gehirn bei jedem Individuum anders strukturiert. Sehr hilfreich ist es, wenn wir versuchen, uns in die Gedankenwelt, in die Lage des Gegenübers hineinzuversetzen.

Dass das alles andere als einfach ist, weiß der Neurophysiologe Wolf Singer. Seiner Meinung nach beruhen etwa die ethnischen Konflikte »nicht zuletzt auf der Unfähigkeit, sich in die kognitiven Schemata der jeweils anderen hineinzuversetzen: Das gleiche Ereignis wird von den Kontrahenten unterschiedlich wahrgenommen, und so fühlt sich jeder im Recht – ein eindrucksvolles Beispiel für die kulturelle Prägung von kognitiven Funktionen.«[61]

Singers Kollege Gerhard Roth versucht die von Singer beschriebene Problematik in den Alltag zu übertragen. Er befasst sich mit Fragen, die uns allen unter den Nägeln brennen: Wie soll ich mich entscheiden? Soll ich meinem Verstand oder meinen Gefühlen folgen? Wie schaffe ich es, dass andere das tun, was ich von ihnen will? Wie schaffe ich es, mich selbst zu ändern?

Auf der Grundlage neuer psychologischer und neurobiologischer

Kenntnisse zeigt Roth, wie innerhalb der Individualentwicklung die Persönlichkeit auf unterschiedlichen unbewusst-bewussten und emotional-rationalen Ebenen des Gehirns entsteht: »Im Zentrum [...] steht ein neurobiologisch fundiertes Modell der Persönlichkeit. Persönlichkeit ist danach von vier großen Determinanten bestimmt, nämlich von der individuellen genetischen Ausrüstung, den Eigenheiten der individuellen (vornehmlich vorgeburtlichen und frühen nachgeburtlichen) Hirnentwicklung, den vorgeburtlichen und frühen nachgeburtlichen Erfahrungen, besonders den frühkindlichen Bindungserfahrungen, und schließlich von den psychosozialen Einflüssen während des Kindes- und Jugendalters.«[62]

Da die größten Persönlichkeitsveränderungen im Kindes- und Jugendalter stattfinden, können wir davon ausgehen, dass Erwachsene, wenn sich nicht größere Schicksalsschläge ereignen, eine relativ gefestigte und stabile Persönlichkeitsstruktur haben. Das führt allerdings auch dazu, dass wir alle jeden Tag aufs Neue daran scheitern, kleinere und größere Vorsätze in die Tat umzusetzen – zum Beispiel, wenn es darum geht, häufiger zu joggen, weniger zu rauchen oder endlich mal wieder länger Urlaub zu machen.

Immer wieder spielt mir meine eigene Inkonsequenz einen Streich, treten Verstand, Emotion und unbewusster Antrieb gegeneinander an. Meist siegt der unbewusste Antrieb: Ich setze mich wieder vor den Fernseher, statt die Laufschuhe zu suchen; zünde mir genussvoll eine Zigarette an, statt endlich mal einen Entwöhnungskurs zu belegen; plane schon die nächste Fortbildungsmaßnahme, statt mal in den Urlaubsprospekten zu blättern.

Wenn das in unserem Inneren so abläuft, dann geht's unseren Mitmenschen nicht anders. Auch da spielt sich sehr viel im Unbewussten ab. Und so ist es auch logisch, dass in einem Gespräch letztlich der Empfänger der Botschaft über den Wert der Kommunikation entscheidet.

Wenn ich mir nicht wenigstens ein kleines bisschen Mühe gebe, mein Gegenüber einzuschätzen, einzuordnen – sein Anderssein und -denken zu respektieren –, dann habe ich mitunter das Gefühl, eine Sprache zu sprechen, die niemand sonst auf der Welt versteht.

Das eigene Eskalationspotential erkennen

Selbst dann, wenn wir uns auf den anderen einstellen und uns mit ihm/ihr verständigen wollen, gehen wir immer mit einem Selbstbild, einem Selbstkonzept in die Kommunikation hinein: Es umfasst die Wahrnehmung und das Wissen um die eigene Person, wie das Wissen über persönliche Eigenschaften, Fähigkeiten, Vorlieben, Gefühle und Verhalten.

Der Entwicklungspsychologe Jean Piaget sprach in diesem Zusammenhang vom »egozentrischen Denken«, nach dem beispielsweise kleine Kinder bis zum Alter von etwa neun Jahren sich selbst im Zentrum des gesamten Weltbildes sehen. Aber auch Erwachsenen ist es so gut wie unmöglich, »ein Ereignis aus der Sicht des anderen wahrzunehmen.«[63]

Das Ego und die Rolle

Wie entsteht das eigene Selbstbild, wie entsteht das jedem Menschen eigene Ego, das so entscheidend für den Umgang mit den Mitmenschen ist? »Jede Person nimmt sich fortlaufend wahr, empfindet und macht Erfahrungen. Ein Teil dieser Wahrnehmungen betrifft die eigene Person, ihre Fähigkeiten und Eigenschaften. So erfährt sich eine Person als leicht ermüdbar, als unternehmungslustig, als zu oft mutlos, als gut kontaktfähig zu anderen. Die fortlaufende Erfahrungen [...] verdichten sich zum ›Ich‹, zum ›Selbst‹, zum Konzept oder Schema der eigenen Person, zum Selbstkonzept«, heißt es bei den Psychologen Anne-Marie und Reinhard Tausch.[64]

Das Bild von sich selbst wird heute als entscheidende Größe für die Entwicklung der Persönlichkeit und für die seelische Gesundheit angesehen. Denn es ist ja nicht zu bestreiten: Das unantastbare Gefühl von Sicherheit und Wohlbefinden können wir nur an einem einzigen Ort suchen: tief drinnen in uns selbst. Die Antwort, die wir da finden, sollte uns eigentlich gefallen: »Ich bin wertvoll – weil es mich gibt.«

Aber um diese Antwort registrieren zu können, müssen wir unsere Perspektive ändern, dürfen den Fokus nicht mehr nur nach außen richten. Verschwenden Sie Ihre seelische Energie nicht länger, scheren Sie ganz bewusst aus dem Pulk der Rivalen, Nebenbuhler und Geltungssüchtigen aus, konzentrieren Sie sich auf Ihre innere Freiheit, jenseits von Kriterien wie Lob, Kritik oder Leistungsdruck.

Sozialpsychologen glauben, dass unser Verhalten vor allem davon abhängt, in welcher Situation wir uns gerade befinden. Als Erstes fällt mir hierzu das Schlagwort der »sozialen Kontrolle« ein. Dessen Grundlage bildet in vielen Fällen der Klatsch des Kollegen oder der Nachbarin – beziehungsweise die Furcht davor, wie wohl die Reaktion auf den neuen Wagen vor der Haustür oder die Trennung vom Partner ausfällt, wie sich die Leute das Maul zerreißen. Es kann aber auch um die soziale Kontrolle gehen, die der Staat (durch Überwachungskameras) oder auch die Konsumgesellschaft (zum Beispiel mit multifunktionalen Chipkarten) auf uns ausüben.

Je nachdem, wo wir uns gerade bewegen, übernehmen wir im täglichen Leben mehr oder weniger freiwillig bestimmte soziale Rollen: Zu Hause sind Sie »Mutter«, im Beruf »Chef«, in der Uni »Studierende«, daheim »Bruder«, in der Disco »beste/r Freund/in« und später beim Partner der/die »Geliebte«. Wichtig sind in diesem Zusammenhang auch Regeln, die im täglichen Zusammenleben zur Orientierung dienen, sei es ganz direkt (»Bitte den Rasen nicht betreten«) oder über Generationen überliefert (Händeschütteln zur Begrüßung).

In seinem berühmten Stanford-Prison-Experiment untersuchte der Verhaltensforscher Philip Zimbardo die Auswirkungen einer außergewöhnlichen Situation auf den Menschen. Es zeigt eindrücklich, wie stark Gruppenprozesse das individuelle Verhalten beeinflussen, welches Rollenverhalten die Menschen in ihren Handlungen bestimmt und wie Regeln darauf Einfluss nehmen. Das Experiment wurde 1971 an der Universität Stanford in einem dort simulierten Gefängnis durchgeführt. Vorher ausgewählte Studenten wurden in zwei Gruppen eingeteilt. Die einen mimten die Wärter, die anderen die Inhaftierten. Obwohl der Spielcharakter allen Teilnehmern bekannt war, geriet das Experiment sehr schnell außer Kontrolle. So zeigten einige Wärter schon sehr bald sadistische Verhaltensweisen –

speziell nachts, wenn sie vermuteten, dass die angebrachten Kameras nicht liefen. Die Versuchsleiter stellten fest, dass sie selbst ihre Objektivität verloren, ins Experiment hineingezogen wurden und gegen den Aufstand der Gefangenen agierten. Die Gruppe der Gefangenen fiel auseinander, jeder kämpfte für sich allein ums Überleben. Der Versuch sollte zwei Wochen dauern, musste aber nach sechs Tagen abgebrochen werden. Innerhalb kürzester Zeit hatten sich Verhaltensstandards etabliert, die gängige moralische Maßstäbe sprengten. Fast alle Gefangenen ertrugen ihre Leiden aber bis zum Schluss – obwohl sie jederzeit hätten aussteigen können.[65]

Die Untersuchung in den Kellerräumen des Psychologie-Departments in Stanford zeigte, dass jeder Mensch in der Lage ist, andere zu erniedrigen und zu quälen, wenn nur die Bedingungen stimmen.

In einem Interview mit der *Frankfurter Rundschau* erklärte Zimbardo 2008: »Wer wir sind, und wer wir glauben, dass wir sind, ist geformt von Gewohnheiten, von Situationen, die wir kennen. Gleiche Freunde, gleiches Essen, gleiche Orte: Das gibt uns das Gefühl von Kontrolle. Das Böse entsteht fast immer dann, wenn jemand in eine ungewohnte, neue Situation kommt, wo die alten Gewohnheiten nicht funktionieren. Automatisch versucht man herauszufinden, was dort die akzeptierte Form des Verhaltens ist. Wenn das Rassismus und Misshandlung sind, ist die Gefahr groß, dass man mitmacht.«[66]

Ob wir Respekt zeigen oder nicht, hängt von der jeweiligen Situation ab. Je ungewöhnlicher und gefährlicher sie ist, desto eher sind wir bereit, unsere Interessen auf Kosten der anderen durchzusetzen.

Gerade weil das Experiment im simulierten Uni-Gefängnis aus dem Ruder gelaufen ist, zeigt es, wie wichtig es ist, Rollen mit den dazugehörigen Regeln anzunehmen, um den Zusammenhalt einer Gesellschaft zu garantieren. Je flexibler wir mit und in unseren Rollen aufgehen, je sozial kompetenter wir sie nutzen, umso positiver läuft unsere Kommunikation mit anderen. Wenn wir in der Lage sind, verschiedene – wechselnde – Rollen zu »spielen«, bedeutet das nicht zwingend, dass wir weniger authentisch sind oder in Widerspruch zu unserem Selbstkonzept auftreten.

Rollen sind in unserem Alltag auf unterschiedliche Weise verankert – wie zum Beispiel die Beziehungen zwischen Kapitän und Matrose auf einem Schiff (hierarchisch), von Arbeitern in einer Fabrik (funktional auf gleicher Ebene) oder von Trainer und Spieler (funktional und hierarchisch). Das Verhältnis zwischen zwei Menschen oder Gruppen ist dabei nicht immer unveränderbar. Wenn Eltern zum Beispiel sehr autoritär auftreten, wird aus dem funktionalen sehr schnell ein hierarchisches Rollenkonzept.

Wie flexibel wir in unseren Rollen wechseln, zeigt das Beispiel des Fußball-Trainers, der sich zum Beispiel von seinem eigenen Trainer Tipps in Sachen Fitnessübungen geben lässt – an dem eigentlichen hierarchischen Verhältnis, das ihn mit seinen Spielern verbindet, ändert sich dadurch nichts. Bedenken Sie: Je authentischer Sie zu verschiedenen Zeiten verschiedene Anteile Ihrer Persönlichkeit ausdrücken können, umso besser kommen Sie an. Zeigen Sie denjenigen Teil von sich selbst, den Sie in der jeweiligen Rolle brauchen.

Voller Respekt streiten

Es liegt auf der Hand, dass wir in unseren verschiedenen Lebenssituationen auch in wechselnde Konfliktsituationen geraten. Man kann grob zwischen sozialen Konflikten und Inhaltskonflikten unterscheiden. Zu der ersten Gruppe zählen zum Beispiel Interessenskonflikte (unterschiedliche Ziele prallen aufeinander) und Beziehungskonflikte (das Bedürfnis der Parteien nach sozialen Beziehungen und Anerkennung wird nicht erfüllt). Zu den Inhaltskonflikten zählen unter anderem Zielkonflikte (eine Partei muss sich zwischen zwei Alternativen entscheiden) oder Wertekonflikte (die Aufgaben einer Partei stehen im Widerspruch zu deren ethischen Vorstellungen).[67]

Egal, in welchem Typ von Konflikt Sie sich letztlich befinden: Oft verfolgen beide Seiten ähnliche Ziele, wollen aber unterschiedliche Wege dahin einschlagen. In solchen Konfliktsituationen werden dann häufig geradezu absurde Absichten in die Motive des anderen projiziert. Erkennen wir stattdessen, dass eigentlich beide Seiten den gleichen Wert, das gleiche Ziel verfolgen, können wir gegensätzliche

Vorstellungen von der Zielerreichung leichter akzeptieren – und auf höherem, konstruktivem Niveau streiten. Die Suche nach einem gemeinsamen Nenner ist in solchen Situationen fast immer der beste Weg zum Kompromiss, wenn nicht sogar zur Einigung.

Wann auch immer Sie streiten, achten Sie darauf, dass bei der Auseinandersetzung stets der gegenseitige Respekt gewahrt bleibt. Gehen Sie Konflikten nicht aus dem Weg, sondern begegnen Sie ihnen mutig und gefasst. Verstellen Sie sich nicht. Machen Sie sich keine Sorgen, was passiert, wenn Sie so sind, wie Sie nun einmal sind. Verleugnen Sie die eigenen Schwächen nicht, nehmen Sie diese aber auch nicht resignierend hin.

»In einer Gesellschaft, in der das Bild so große Bedeutung bekommen hat, können wir gar nicht mehr anders, als an uns zu denken. Ergebnis: Unser Ego ist tatsächlich aufgebläht, omnipräsent und mit schlechter Kost zugestopft, von der es abhängig geworden ist. [...] Es gibt Bulimien des Selbst, Aufblähungen des Ego, bei denen man sich selbst voll stopft und dann sich selbst auskotzt. Oft folgen darauf Anorexien des Selbst, bei denen man sich in Askese und Versagung flüchtet«, findet der französische Psychologe Christophe André treffende Beschreibungen für unsere missliche Lage.[68]

Wir müssen deshalb nicht aufhören, uns selbst wichtig zu nehmen. Wir müssen auch nicht weniger an uns selbst denken. Wir müssen es schaffen, auf andere Weise mit unserem Ego zu kommunizieren, es anders zu ernähren – so dass es gesund lebt und gedeiht.

Eine beliebte Falle für das eigene Ego ist die Projektion. Dabei werden eigene Vorstellungen und Eigenschaften unbewusst auf Mitmenschen übertragen, um von sich selbst und eigenen Fehlern abzulenken.

Wir alle tapsen mehr oder weniger oft, mehr oder weniger schmerzhaft in diese psychologische Falle hinein. Beispiel Beziehung. Gemütlicher Sonntagskaffee bei Beate und Matthias. Harmonie pur. Beate erzählt Freunden gerade vom ersten Schultag ihres gemeinsamen Sohnes. Bis es plötzlich ungemütlich wird: »Kannst du mich nicht einmal zu Ende erzählen lassen?«, unterbricht sie Matthias, als der gerade etwas einwerfen will.

Matthias setzt sich zur Wehr: »Das musst ausgerechnet du sagen! Du lässt doch nie jemanden zu Wort kommen!« Kommt Ihnen das bekannt vor? Diese kleine Episode zeigt die Tendenz, im anderen eine Eigenschaft zu erkennen und zu kritisieren, die wir an uns selbst nicht mögen. Eben deshalb übersehen wir diese Eigenschaft bei uns selbst geflissentlich und registrieren sie umso genauer bei unserem Partner.

Das Paradoxe daran: Genau das Urteil, das Beate über Matthias fällt, ist das Urteil, das sie über sich selbst fällen würde – wenn sie denn in der Lage wäre, ihre Projektion zu erkennen. Wenn Sie also merken, dass sich der Ärger über Ihren Partner Raum schaffen will, atmen Sie kurz durch – und überlegen Sie, ob Sie nicht vielleicht gerade deshalb besonders impulsiv reagieren, weil Sie Ihr Partner genau an den Teil in Ihnen erinnert hat, den Sie überhaupt nicht mögen. Üben Sie Geduld im Umgang mit Ihrem Partner – denken Sie lieber einmal zu viel über die Ursache Ihres Ärgers nach, und verzichten Sie auf vorschnelle Urteile.

Vier Grundtypen: das Riemann-Thomann-Modell

Um einander besser zu verstehen, um uns Orientierungsmuster für Entscheidungen zu schaffen, neigen wir dazu, Menschen in Kategorien einzuteilen und sie nach Typen zu ordnen. Aus dem hohlen Bauch heraus katalogisieren wir unsere Bekannten und Kollegen – da haben wir dann zum Beispiel die Sensible, den Hypochonder, den Macher oder die Intrigantin. Auch die analytische Psychologie präsentiert uns verschiedene Typenlehren. Das Riemann-Thomann-Modell zeigt, wie wir mit Menschen umgehen, die anders als wir ticken.

Menschen sind verschieden: Das offenbart sich zum einen in der Art, wie sie sich nach außen hin geben und den Kontakt zu ihren Mitmenschen halten, zum anderen darin, was tief in ihrem Inneren geschieht. Was brauchen Menschen, damit sie sich im Gespräch und im zwischenmenschlichen Miteinander wirklich wohl fühlen?

Mit dieser Frage beschäftigt sich das Riemann-Thomann-Modell. Es setzt sich zusammen aus den von Fritz Riemann beschriebenen Basisängsten der menschlichen Existenz und ihren vier »Grundstrebungen« sowie den darauf aufbauenden Erweiterungen von Christoph Thomann.

Grundformen der Angst, das berühmteste Buch von Fritz Riemann, erschien bereits 1961. Darin formuliert der Psychoanalytiker ein wunderschönes Gleichnis, bei dem er aus den Bewegungen der Erde vier Forderungen ableitete, die wir Menschen als sich widersprechende und auch als sich ergänzende »Strebungen« in uns finden. Die Erde gehorche demnach vier Grundimpulsen: der Bewegung um die Sonne (Revolution), der Eigendrehung (Rotation), der Schwerkraft und der Fliehkraft.[69] Für Riemann liegt es nahe, die vier Impulse auch im Menschen zu verorten, der, so nimmt er hypothetisch an, denselben Gesetzmäßigkeiten unterworfen ist wie der Planet, auf dem er lebt.

Mit seinem Konzept will Riemann dem Einzelnen Wege aufzeigen, durch die er mehr Verständnis für sich selbst und für andere aufbringen kann. Dabei hofft er, dass wir Menschen wieder den Sinn für die großen Zusammenhänge entdecken. Denn wenn wir uns klarmachen, dass der Mensch nicht der Weisheit letzter Schluss ist, können wir Wesentliches dazulernen: zum Beispiel Demut, Bescheidenheit, Leben im Jetzt und Respekt.

Die erste Riemann'sche Forderung – wir erinnern uns an die Rotation der Erde – lautet also, ein einmaliges, sich selbst bejahendes Individuum zu werden, das sich gegen andere abgrenzt. Daraus resultiert die erste Grundform der Angst: die Angst vor der Selbsthingabe. Sie wird als Ich-Verlust und Abhängigkeit erlebt. Die zweite

Forderung – die Revolution – ist die, dass wir uns der Welt, dem Leben und den Mitmenschen vertrauend öffnen. Daraus entsteht die Angst vor der Selbstwerdung. Sie wird vor allem als Isolierung erlebt. Die dritte Forderung – die Schwerkraft – ist die, dass wir Dauerhaftes anstreben sollen. Damit geht die dritte Angst einher, die Angst vor der Wandlung. Eine Angst, die man im Gefühl der Unsicherheit erlebt. Die vierte Forderung – die Fliehkraft – lautet, dass wir immer bereit sein sollen, uns zu verändern. Daraus entsteht die vierte Grundform der Angst, die Angst vor der Notwendigkeit; erlebt als Endgültigkeit und Unfreiheit.[70]

Aus diesen vier Ängsten leitet Riemann vier Grundpersönlichkeiten ab. Dabei greift er auf Begriffe der Neurosenlehre zurück (schizoid, depressiv, zwanghaft, hysterisch). Allerdings nicht, weil er mit ihnen Krankheitsbilder beschreiben will, sondern weil sie so geläufig sind. Diese vier Typen werden alle in ihrer Beziehung zur Liebe, zur Aggression und mit Blick auf den lebensgeschichtlichen Hintergrund diskutiert.

So versucht zum Beispiel »der schizoide Mensch, die größtmögliche Unabhängigkeit zu erreichen« – als Schutz gegen seine Angst vor Nähe. Der depressive Mensch macht dagegen die Erfahrung, »dass die anderen viel unbefangen-egoistischer sind und damit sogar mehr erreichen« – und fühlt sich allein und ausgenutzt. Der zwanghafte Mensch, dessen Perfektionismus »zu lebensfernen und lebensfeindlichen Haltungen führen« kann, strebt hartnäckig danach, dem Leben und den Menschen Vorschriften zu machen, während der hysterische Mensch in einer Pseudorealität lebt, so dass man den Eindruck bekommt, er müsse Feinde erfinden »zur Entlastung von eigener Schuld«.[71] Mit anderen Worten: Der hysterische Mensch ist so von Schuld erfüllt, dass ihm scheinbar kein anderes Ventil bleibt, als seine selbstempfundene Schuld auf andere zu projizieren.

Mit Fritz Riemann sollte uns allen bewusst sein, dass es unmöglich ist, als perfekter Mensch über diese Erde zu wandeln. Als einer, der andere Menschen ohne Furcht an sich heranlässt, ohne Angst vor Nähe. Als einer, der ganz nebenbei seine individuelle Freiheit in vollen Zügen genießt, ohne Angst, womöglich nie richtig angekommen und geborgen zu sein. Als einer, der sein Leben im Hier und Jetzt gestaltet, ohne Angst, dass es plötzlich vorbei sein könnte. Als einer, der Regeln und Ordnungssysteme akzeptiert, ohne Angst, dass seine Freiheit durch sie beschnitten wird. Wenn wir schon nicht so sein können, wie gerade beschrieben, so sollten wir alle diesen Idealtypus doch zum Leitmotiv für uns machen, diese menschliche Reife als vorbildlich für unser Ich erkennen.

Wir wissen, dass Menschen unterschiedlich sind. Unter dieser Voraussetzung können wir die Argumentation flexibler gestalten, um unser Gegenüber auch wirklich zu erreichen. Je mehr man Riemanns Gedanken und Ideen durchdringt, desto klarer wird einem, was der Mitmensch braucht. Auf dieser Basis lassen sich Beziehungen einfacher gestalten.

Vier Grundtypen und ihre Bedürfnisse

Um menschliche Unterschiede und ihre Auswirkungen auf Kommunikation und Beziehungen zu verstehen, hilft uns das Riemann-Thomann-Modell mit seiner Persönlichkeits-, Beziehungs- und Entwicklungslehre. Klärungshelfer Christoph Thomann hat es auf Basis der gerade dargelegten »Grundformen der Angst« entwickelt und die vier Grundtendenzen Nähe (zwischenmenschlicher Kontakt, Harmonie, Geborgenheit), Distanz (Unabhängigkeit, Ruhe, Individualität), Dauer (Ordnung, Routine, Kontrolle) und Wechsel (Spontaneität, Kreativität, Abwechslung) beschrieben. Sie treffen demnach für die meisten Menschen mehr oder weniger zu, sie können in jedem Menschen selbst und nebeneinander aktiviert werden. Die vier Einzelgrundstrebungen sind wie ein Fadenkreuz mit einem Nullpunkt angeordnet: Von dort laufen die Grundstrebungen der persönlichen Vorlieben in vier Richtungen. Die beiden Polaritäten Dauer und Wechsel, Nähe und Distanz werden einander gegenübergestellt; als Zeitachse und als Raumachse, die im rechten Winkel zueinander stehen. Je stärker eine Strebung ausgeprägt ist, desto weiter liegt sie vom Kreuzungspunkt entfernt.[72]

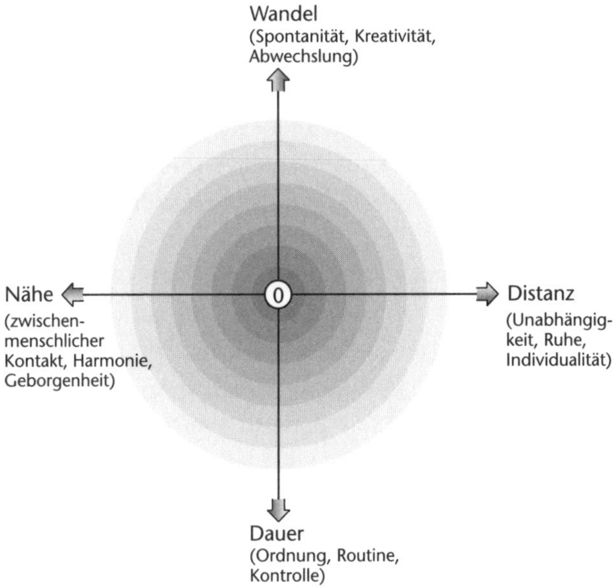

Die vier menschlichen Grundtypen nach dem Riemann-Thomann-Modell

So selbstverständlich wir erleben, dass sich Menschen grundsätzlich voneinander unterscheiden, so selbstverständlich stimmen wir auch in unserem gemeinsamen Ziel überein, einen anderen Menschen genauso zu akzeptieren, wie er eben ist. Der Alltag und viele hier dargelegte Beispiele zeigen aber, dass es bei dieser gutgemeinten Absicht bleibt. Schlimmer noch: Wir wenden uns allzu oft von dem anderen ab. Das angestrebte Miteinander entpuppt sich als komplettes Gegeneinander.

Was tun? Grundsätzlich kennen wir alle vier Grundstrebungen in uns, aber es fällt auf, dass wir in bestimmten Situationen – vor allem, wenn wir gestresst sind und uns unter Druck setzen – nur eine, maximal zwei, nutzen. Thomanns Modell charakterisiert die dominierende Grundstrebung als das »Heimatgebiet«. Es ist so etwas wie ein aktueller »Standort«. In dem Maße, wie ich seine Grenzen verschiebe, eröffnet es mir Chancen zur (Weiter-)Entwicklung.[73]

Stellen wir uns beispielsweise einen Menschen auf dem unteren

Ende der »Dauer«-Skala vor und einen anderen auf dem oberen Ende der »Wandel«-Linie – die sogenannten Heimatgebiete der beiden liegen also Welten voneinander entfernt. Während Kollege »Günther Dauer« darum bemüht ist, alles unter Kontrolle zu haben und die Arbeitsabläufe strikt zu regulieren, improvisiert Kollege »Gerd Wandel« viel lieber. Unser »Duo infernale« ist also durch entgegengesetzt liegende Qualitäten geprägt, die der jeweils andere nicht zu bieten hat. »Günther Dauer« fühlt sich im angeblichen Chaos von »Gerd Wandel« nicht zu Hause, »Gerd Wandel« kommt sich in »Dauers« Welt des strukturierten Denkens wie ein Außerirdischer vor. Die Situation scheint aussichtslos.

Warum also reden oder streiten wir so oft aneinander vorbei, obwohl wir die Argumente des anderen im Prinzip verstehen? Weil viele Begründungen uns nicht erreichen. Unterschiedliche Typen brauchen unterschiedliche Arten von Argumenten, denn je nach Persönlichkeit bevorzugen wir bestimmte Tendenzen: Nähe oder Distanz, Dauer oder Wandel.

Wer Nähe bevorzugt, setzt auf persönliche Erfahrung: Er hört sich Empfehlungen an, erkundigt sich nach Erfahrungen, die andere gemacht haben, beispielsweise in Amazon-Rezensionen oder Berichten eines Verkäufers.

Der Distanz-Mensch liebt Zahlen, Daten und Fakten. Er orientiert sich am liebsten an Leistungstabellen, Statistiken, Analysen und Studien. Wenn ihm ein Verkäufer von seinen Erfahrungen berichtet, ist er skeptisch. Wer garantiert ihm denn, dass der die Wahrheit spricht? Auch auf Kundenrezensionen vertraut er wenig.

Der Mensch, der die Dauer liebt, mag Traditionen, Normen und verlässliche Werte. Wer dagegen den Wandel liebt, setzt eher auf Innovationen und neuste Trends. Für ihn ist das Wort »neu« positiv behaftet, bildet einen Anreiz – während es für den Traditionalisten ein Gräuel ist. Der Wandel-Typ interessiert sich für das neue Modell eines Automobilherstellers, der Dauer-Typ sagt: »Warten wir ab und lassen erst einmal die Kinderkrankheiten auswachsen.« Der Wandel-Typ kauft das neue iPad sofort, der Dauer-Typ vielleicht irgendwann, aber erst viel später, nach sorgfältiger Prüfung von Ausstattung und Preis.

Unterschiedliche Menschen leben in unterschiedlichen Wertesystemen. Wenn wir also aneinander vorbeireden, unsere Argumente nicht ankommen, muss das kein Mangel an Respekt sein. Vielleicht treffen wir den anderen einfach nicht in seinem Wertesystem. Wir gehen von der fatalen Fehlannahme aus, dass etwas, das uns selbst überzeugt, auch den anderen überzeugen müsse. Das funktioniert aber überhaupt nicht.

Wenn Sie überzeugend wirken und Respekt zeigen wollen, nehmen Sie Rücksicht auf die verschiedenen Typen und Wertesysteme und mischen Sie die Argumente. Entwickeln Sie ein Gespür dafür, was beim anderen ankommt und was nicht. Zeigen Sie Verständnis für die Andersartigkeit des Gegenübers und seien Sie sich dieser Andersartigkeit immer bewusst. Jeder reagiert auf andere Argumente. Deshalb möchte ich Ihnen hier die drei Grundtypen der Argumentation kurz vorstellen.

Der Distanz-Typ braucht das faktenbezogene Argument: Statistiken und Studien überzeugen ihn. So werden beim Argumentieren für das Rauchverbot Studien über das gesundheitsgefährdende Passivrauchen ins Feld geführt; die Diskussion über die Mehrwertsteuer wird mit Diagrammen unterstützt, die den Steuersatz im Vergleich zu anderen Staaten zeigen. Diese Art der Argumentation mit Zahlen, Instituts-Veröffentlichungen und Vergleichsdarstellungen ist besonders im politischen Diskurs allgegenwärtig. Doch auch wenn man mit dieser Aufzählung von Fakten Kompetenz und Glaubwürdigkeit vermittelt, erreicht man damit noch längst nicht jeden Gesprächspartner.

Der Nähe-Typ braucht vielmehr den persönlichen Bezug zu einem Thema. Eine persönliche Erfahrung – etwa, dass der Euro alles teurer gemacht hat – wird meist als sehr authentisch und echt erlebt. Diese Form der Argumentation ist eng an die jeweilige Person gebunden, deshalb ist es dabei ausschlaggebend, dass der Redner als Persönlichkeit glaubwürdig, besser noch mit einem gewissen Charisma ausgestattet ist, damit er selbst mit sehr subjektiven Eindrücken noch überzeugen kann.

Eine dritte Argumentationsform möchte ich noch nennen. Der Traditionalist vertraut gerne auf die Aussagen von Experten und Autoritäten. Wissenschaftler, Wirtschaftsweisen, Experten und Kenner werden zitiert, um die Stichhaltigkeit der eigenen Thesen zu belegen. Eine solche Argumentation kommt besonders gut an, wenn die zitierten Sachverständigen über ein hohes Ansehen verfügen und allgemein als Fachleute für das entsprechende Thema gelten.

Überzeugende Menschen nehmen Rücksicht auf diese verschiedenen Typen und mischen ihre Argumente. Sie sind sensibel dafür, was beim anderen ankommt und was nicht. Dazu müssen wir keine Hobby-Psychologen werden und die anderen Menschen in ein Raster zwängen. Aber bei einer respektvollen Haltung anderen gegenüber sollte es ein Verständnis für deren Andersartigkeit geben. Und ein Verständnis dafür, dass unterschiedliche Menschentypen unterschiedliche Argumentationsweisen brauchen.

»Günther Dauer« und »Gerd Wandel« müssen sich also bewusst werden, dass das Verhalten des Kollegen keine Provokation, sondern eben Ausdruck seiner Grundstrebung ist. Wir Menschen brauchen den offenen Austausch darüber, was unsere Unterschiede ausmacht, um uns gegenseitig Respekt zu erweisen. Und den Mut, die eigenen Ansichten in Frage zu stellen und gegebenenfalls sogar zu verändern.

Was müssen die einzelnen Typen lernen?

Wenn wir uns auf die Suche machen, was die auf dem Riemann-Thomann-Modell basierenden Grundstrebungen uns an Hindernissen und Aufgaben mitgeben, dann müssen wir vorab unbedingt bedenken, dass zu jeder Strebung eben auch die Angst vor der Gegenstrebung gehört. Wenn es einem Menschen also gelänge, die vier Grundimpulse Nähe, Distanz, Dauer und Wandel ausgewogen zu leben, dann würde das im Umkehrschluss bedeuten, dass er sich intensiv mit den vier Grundformen der Angst befasst hat. Das Leben ist ein einziger Lernprozess – seinen eigenen Ängsten zu begegnen ist dabei eine ganz besondere Herausforderung.

Der *Nähe-Typ* erlebt die Angst vor der Selbstwerdung, fühlt sich nicht geborgen und im schlimmsten Falle sogar gänzlich isoliert. Er dreht sich um andere Menschen, so wie sich in Riemanns Gleichnis die Erde um die Sonne dreht. Sein vorrangiges Ziel im Leben ist es, zu lieben und geliebt zu werden.

Um dieses Ziel zu erreichen, stellt er seine eigenen Bedürfnisse, Wünsche und Werte zurück. Er will sich in die Gemeinschaft integrieren, seine Erlebnisse und Erfahrungen mit anderen Menschen teilen. Selbstaufgabe ist das prägende Element im Leben des Nähe-Typs.

Wie kann er ausgleichend entgegensteuern? Da der Wunsch nach Liebe und Nähe oftmals dazu führt, dass er sich selbst vernachlässigt und dabei sämtliche Hobbys der Partnerschaft unterordnet, sollte der Nähe-Typ auch mal »nein« sagen und nicht immer nur einfach alles für den Partner und die Beziehung tun. Hilfreich ist es, wenn er sich ab und zu mal vor dem Spiegel aufbaut und sich laut ins Gesicht sagt: »Ich bin auch wichtig!« Denn dieser Typ Mensch ist derart geübt im Leiden und Ertragen, dass sein Verhalten bisweilen schon an Masochismus grenzt. Er kann lernen, dass Distanz nicht gleich Liebesentzug bedeutet, dass sie keine Bedrohung ist, sondern die Beziehung im besten Falle sogar bereichert. Das bedeutet für den Alltag: Es wäre wichtig, auch mal alleine auszugehen, sich ein eigenes Hobby zu suchen und eben nicht immer am anderen dranzuhängen und ständig alles mit dem Partner zusammen zu machen.

Es ist ja lobenswert, dass der Nähe-Typ lange Partnerschaften anstrebt, und oft gelingt es ihm, beständige Beziehungen aufzubauen. Allerdings neigt er dazu, auch dann noch eine Partnerschaft zu leben, die längst nicht mehr funktioniert. Er will diese harten Wahrheiten nicht sehen und leidet still weiter, bis der andere den Schlussstrich zieht.

Menschen mit ausgeprägter Nähe-Tendenz »neigen dazu, andere Menschen zu idealisieren, deren Fehler zu verharmlosen und Schwächen zu entschuldigen.«[74] Der Nähe-Typ tut gut daran, sein Gegenüber nicht ständig auf einen Sockel zu stellen, sondern auch mal einen realistischen Blick auf dessen negative Seiten zu riskieren. Zudem könnte er zur Abwechslung auch mal die Aktivität des anderen einfordern.

Überlegen Sie selbst einmal: Wie viel oder wie wenig Nähe wollen Sie im Job? Wie viel Nähe können Sie sich erlauben – mit Kollegen, in Ihrer Funktion, im Rahmen Ihrer Aufgaben? Ist Ihnen Nähe unangenehm? Vielleicht sogar peinlich? Gilt das im Allgemeinen oder nur für einen ganz bestimmten Kollegen? Diese Fragen sind gar nicht so leicht zu beantworten.

Den *Distanz-Typ* zeichnet dagegen die Angst vor der Selbsthingabe aus – er befürchtet, dass er sich und sein Ego komplett negiert, wenn er sich auch nur ansatzweise in eine wie auch immer geartete Abhängigkeit begibt. So wie sich die Welt um die eigene Achse dreht, so dreht sich bei diesem Typus alles im Leben um seine Person und Persönlichkeit.

Vor diesem Hintergrund geht es dem den eigenen Intellekt liebenden Distanz-Typ einzig und allein darum, eigene Ideen und Projekte zu realisieren. Er lebt seine Träume, so gut es geht, will einzigartig sein und legt auch Wert auf einen individuellen Stil – er will auffallen um jeden Preis. Wirkt kühl und unbarmherzig.

Was wäre für den Distanz-Typ wichtig? Auf jeden Fall könnte er sich der Tatsache bewusst werden, dass sich nicht alles im Leben um ihn drehen kann, dass er eben nicht der wichtigste Mensch auf diesem Planeten ist. Es gibt auch in seinem Leben Situationen, die er nicht allein meistern kann – er darf ruhig auch mal Hilfe annehmen. Sonst endet er als einsamer Wolf.

Auch der Distanz-Typ sollte mit seinem Ego nicht »über Leichen gehen«: Es gilt die Wünsche und Grenzen seiner Mitmenschen zu respektieren und zu achten. Im Umgang mit seinen Mitmenschen würde ihm ein deutliches Plus an Empathie sehr guttun, auf diese Weise kommt er dann sicher auf der zwischenmenschlichen Ebene ein gutes Stück voran.

Ganz wichtig: Da er sich ja insgeheim nach Nähe sehnt, darf er sie auch zulassen. Die Herausforderung für ihn besteht also vor allem darin, Hingabe und Vertrauen zu lernen.

Distanz-Typen werden sehr schnell als beziehungsunfähig abgestempelt. Das kann man sicher nicht verallgemeinern – denn es kommt ja immer auch darauf an, was der Partner will und braucht. Im besten Fall ergänzen sich beide. Dennoch ist es sicher hilfreich, wenn der Distanz-Typ ab und zu mal einlenkt: Pläne mit dem Partner macht, Verabredungen einhält und sich regelmäßiger meldet. Für diesen Typ Mensch wäre es wichtig, dass er nicht länger alles, was er draußen wahrnimmt, in Beziehung zu seinem Selbst setzt. Es gilt, der Gefahr einer kompletten Isolation entgegenzutreten.

Dem Dritten im Bunde, dem *Dauer-Typ*, ist alles suspekt, was mit Veränderung und Wandlung zu tun hat. Es macht ihn unsicher, wenn er die Dinge nicht im Griff hat, wenn er nicht weiß, wohin sein Weg ihn gerade führt. Dieser Typ Mensch entspricht in Riemanns Gleichnis der Schwerkraft – ohne die würde die Erde zerfallen.

Er plant, er ist vorsichtig, er kontrolliert: Er braucht einen sicheren Ort, an dem er sich aufgehoben fühlt, wo er alles an seinem Platz weiß, wo er keine (unliebsamen) Überraschungen zu erwarten hat. Er orientiert sich für sein Leben gern an Normen, Regeln und Werten – ohne sie groß zu hinterfragen. Er macht mit Vorliebe die Steuererklärung, kennt das Bürgerliche Gesetzbuch wie seine Westentasche und weiß genau, welche Briefmarke auf welchen Brief gehört. Er begegnet »Unbekanntem mit Vorurteilen (›neumodischer Kram‹)« und »neigt zum Konservatismus, Dogmatismus, zur Prinzipienreiterei«, ja manchmal gar »zum Fanatismus und zur Machtgier.«[75]

So beständig er auch ist, so loyal er zu seinem Partner oder seinem Arbeitgeber auch steht, seine Engstirnigkeit kann ihm leicht zum Verhängnis werden. Er wird akzeptieren müssen, dass die Welt nun einmal ein einziges großes Chaos ist, dass das Leben ein (spannendes) Auf und Ab bietet. Täler müssen durchlitten, Höhenflüge genossen und tiefe Stürze erlebt werden. Nur so wird er sich jeden Tag seiner Existenz wirklich bewusst.

Eine wichtige Lektion für den Dauer-Typ ist deswegen, dass er die Dinge nicht immer steuern kann. Besser, er lehnt sich auch mal zurück, lässt den Dingen ihren Lauf und erfreut sich an Erlebnissen und Erfahrungen, mit denen er so nicht gerechnet hätte. Je mehr er daran festhält, alles zu kontrollieren, damit sich nichts verändert, umso größer wird seine Angst, dass er rein gar nichts bewahren kann. Alles im Leben ist eben vergänglich.

Für den vierten Typ, den *Wandel-Typ*, ist nichts so beständig wie der Wandel. Für ihn ist jeder Tag eine einzige Offenbarung. Ein Abenteuer, in das man sich ohne Wenn und Aber hineinstürzen muss. Sein Leben lebt er im freien Fall – unterstützt von der Fliehkraft der Erde, ohne die die Erde erstarren würde. Die Angst, die seine Existenz bedroht, ist die Angst vor dem Notwendigen, vor der Entscheidung. Sie schnürt ihm die Luft ab, nimmt ihm die Freiheit.

Nichts hasst der Wandel-Typ mehr als das Endgültige. Mit seiner unbändigen Begeisterung reißt er andere immer wieder mit, lernt leicht neue Menschen kennen. Weil er mit offenen Augen durch die Welt geht und immer neugierig ist, was hinter der nächsten Straßenkreuzung passiert.

Diese Menschen sind ständig auf der Überholspur, betrachten das Leben als ein Spiel und denken immer positiv. Selbst dann noch, wenn alle anderen längst den Kopf in den Sand gesteckt haben.

Der Wandel-Typ sollte lernen, seinen Wunsch nach Freiheit und Selbstverwirklichung in gesunde Bahnen zu lenken und eben nicht bei jeder Gelegenheit das volle Risiko zu gehen. Menschen dieses Schlages kümmern sich nicht darum, welche Folgen ihr Handeln hat – sie basteln sich ihre eigene Wahrheit. Regeln und Konventionen sind ihnen zuwider. Ideen haben sie viele, halten aber ständig nach Leuten Ausschau, die sie für sie umsetzen. Das Umsetzen langweilt sie nämlich schon wieder, und sie suchen sich die nächste Bühne, wo sie ihre Personality-Show abziehen und im Mittelpunkt stehen können. Doch das Leben ist nicht nur »cool, geil und einfach super«. Auch Wandel-Typen haben die Verantwortung mindestens für ihr eigenes Handeln zu tragen.

Wenn es jedoch um die Konsequenzen ihres Tuns geht, »finden sie irgendein Hintertürchen zum Fliehen. Sie haben wenig Ich-Kontinuität und neigen dazu, gleich einem Chamäleon die Rolle einer Situationsmarionette zu spielen. Sie neigen zu Narzissmus, zur Hysterie und zu Illusionen, sind launenhaft, leicht verstimmt und unzufrieden und immer auf der Suche nach Bestätigung.«[76]

Sosehr sich dieser Typ Mensch innerlich nach Beständigkeit sehnt, so wenig hält er sie letzten Endes aus.

Steigern Sie Ihre Konfliktfähigkeit

Um den anderen in seinen individuellen Bedürfnissen wahrzunehmen, muss man von sich selbst abstrahieren können. Man muss die eigenen Ansichten in Frage stellen. Aber wie gelingt einem diese zugegebenermaßen schwere Aufgabe? Am besten fangen wir damit an, zu lernen, wie man ein Konfliktgespräch führt und dabei den Respekt für den anderen aufrechterhält. Bleiben wir noch einen Moment bei unserem obigen Beispiel von »Günther Dauer« und »Gerd Wandel«. Beide sind in ihrer Unterschiedlichkeit aufeinandergeprallt. Die Betroffenen spüren, dass sie jetzt mit offenen Karten spielen und sich artikulieren müssen. Sie wissen, dass sie unbedingt ein paar klare Worte miteinander reden müssen, und zwar schnell. Denn ein weiteres Aufschieben dieses Gesprächs würde in weitere Schwierigkeiten münden.

Wenn es ganz schlecht läuft, verfallen beide Parteien in totale Agonie – Schweigen und zunehmende Aggression. Wenn es ein bisschen besser läuft, aber immer noch schlecht, dann äußern sich die beiden – leider nur gegenüber ihren Vorgesetzten. Und wenn es gut läuft, ziehen sich die beiden zu einem Gespräch zurück. Damit wäre dann der erste Schritt zum »heilsamen Konflikt« in gegenseitigem Respekt getan.

Seit über zwei Jahrzehnten forscht Kerry Patterson mit seinem Team zu diesem Thema. Die Mitgründer einer Beratungsfirma betonen, dass Dialogfähigkeit als Ausdruck gegenseitigen Respekts der Schlüssel schlechthin für beruflichen und persönlichen Erfolg ist: »Ein Konfliktgespräch heilsam führen heißt, einen Mitmenschen, der Sie enttäuscht hat, unter vier Augen zur Rede zu stellen. Richtig angepackt wird das Problem gelöst und die Beziehung stabilisiert sich. [...] Kurz: Wenn Sie die Kunst des Konfliktgesprächs beherrschen, werden Sie nie mehr aus Angst vor Ihren eigenen Ängsten einem Problem aus dem Weg gehen.«[77]

In sieben Schritten zum respektvollen Dialog

Jeder Dialog sollte von einer Grundhaltung gegenseitigen Respekts geprägt sein. Nur dann ist jeder der Gesprächspartner bereit, zuzuhören und sich zu öffnen, wodurch der Dialog zu einem guten Ergebnis führt. Patterson und Co. haben eine Sieben-Punkte-Strategie für den ergiebigen Dialog erarbeitet und dazu noch sechs Einflussgrößen benannt. Diese sollen uns helfen, die eingefahrenen Straßen unserer immer gleichen Reaktion zu verlassen, und zeigen, wie wir besser wahrnehmen können, was tatsächlich hinter dem scheinbar merkwürdigen, nervigen, absolut unerklärlichen Verhalten unseres Gegenübers steckt. Kurz: Sie versetzen uns in die Lage, unser Gegenüber auch in schwierigen Konflikten respektvoll zu behandeln und ein Gespräch erfolgreich zu führen. Ich fasse im Folgenden die Sieben-Punkte-Strategie zusammen und widme mich dann den sechs Einflussgrößen.

Erster Schritt: Konzentrieren Sie sich auf das, was Sie im Gespräch wirklich wollen. Wir sollten vor einer Konfrontation klären, »worum es im Kern wirklich geht und ob wir das Problem überhaupt aufs Tapet bringen sollen.«[78] Wenn Sie sich nicht vergaloppieren wollen, dann müssen Sie genau wissen, wohin die Reise geht. Woran liegt Ihnen am meisten? Wie soll das Endergebnis des Vier-Augen-Gesprächs aussehen? Bringen Sie Ihrem Gesprächspartner Respekt entgegen, indem Sie ihm Ihr Gesprächsziel offen mitteilen.

Zweiter Schritt: Achten Sie auf Ihren eigenen Stil unter Stress. Und machen Sie sich klar: Nur wer »über längere Zeit seinen Ärger hinuntergeschluckt hat«, wird »emotional explodieren«.[79] Als Führungsperson – egal, ob als Vater oder Vorgesetzter oder Lehrer – haben Sie die Aufgabe, zu motivieren und einer etwaigen Eskalation vorzubeugen. Zeigen Sie Respekt und leben Sie vor, was Sie von Ihrem Gegenüber erwarten: Gelassenheit, ein offenes Ohr und ehrliche Worte.

Dritter Schritt: Zeigen Sie Ihre Fakten. Überlegen Sie, ob Sie wirklich über das eigentliche Thema sprechen. Wenn »Sie eine sichere Atmosphäre schaffen, können Sie mit fast jedem über fast alles sprechen – sogar über uneingelöste Versprechen.«[80] Spielen Sie mit offenen Karten, präsentieren Sie Zug um Zug Ihre Argumente, formulieren Sie ganz klar Ihre Wünsche und Forderungen. Nur wer offen und transparent ist, behandelt sein Gegenüber mit Respekt.

Vierter Schritt: Entschuldigen Sie sich, wenn es angebracht ist. »Fühlt sich der andere missachtet? Nimmt er an, seine und Ihre Wünsche seien unvereinbar? [...] Dann müssen Sie einen Weg finden, Ihrem Gegenüber das Gefühl zu vermitteln, dass sowohl seine Person als auch seine Bedürfnisse respektiert werden.«[81] Wenn wir in unserem Gegenüber den Menschen sehen und nicht den »Sünder«, dann fällt es uns leichter, eigene Fehler zuzugeben. So überstehen Sie die Konfrontation nicht nur, sondern leiten sie geschickt und in einer Atmosphäre gegenseitigen Respekts.

Fünfter Schritt: Verfolgen Sie den Pfad zum Handeln zurück: Was hat Sie oder Ihren Gesprächspartner aus der Fassung gebracht? Beispiel: »Sie sprechen ein nicht eingelöstes Versprechen an und der Betroffene bekommt Angst, er zieht sich zurück oder geht in die Offensive. Beide Reaktionen verhindern eine offene Auseinandersetzung.«[82] Angenommen, Ihr Gegenüber wird wütend und rastet aus. Jetzt wird es richtig schwierig: Warten Sie, bis sich Ihr Gesprächspartner wieder im Griff hat – und rollen Sie das Thema in ruhigen Worten neu auf. Wer den anderen mit Respekt behandelt, wirkt Angst oder Wut entgegen und entschärft die Situation.

Sechster Schritt: Fragen Sie Ihren Gesprächspartner; versuchen Sie zu verstehen, wie er zu seiner Haltung kommt. »Wir sehen nie, was im Kopf anderer Menschen vorgeht, und deswegen ist es wichtig, ihre Gedanken und Gefühle aufzudecken.«[83] Es gibt diese Situationen, da sehen Sie Ihrem Gegenüber sozusagen an der Nasenspitze an, dass etwas nicht stimmt – aber von seiner Seite kommt rein gar nichts. Sie fragen also ganz direkt nach, was mit ihm los ist, und bitten ihn zum persönlichen Gespräch.

Siebter Schritt: Dokumentieren Sie die Entscheidung und die Umsetzung. »Legen Sie gemeinsam mit Ihrem Gesprächspartner fest, wer was bis wann erledigt haben soll, und haken Sie zu diesen Terminen unbedingt nach.«[84] Ein solches Vorgehen respektiert beide Seiten – das Besprochene ist gut nachzuvollziehen, und Sicherheit im Handeln ist gegeben.

Die sechs Einflussgrößen

Was tun wir aber, wenn der Gesprächspartner, statt an der Lösungssuche mitzuwirken, neue Probleme aufwirft, in Tränen ausbricht oder aggressiv wird? Menschen reagieren oft unerwartet und verhindern so ein ergiebiges Gespräch. Die sechs von Kerry Patterson und seinen Kollegen beschriebenen Einflussgrößen zeigen, dass Menschen viele Gründe für ihr Handeln in einer bestimmten Situation haben können. Wenn wir diese Stellschrauben kennen – sie in uns selbst immer wieder nachziehen und uns bewusst machen, dass auch unsere Mitmenschen diese Schrauben ständig verstellen –, dann können wir auch in schwierigen Gesprächssituationen den Respekt anderen gegenüber aufrechterhalten und heilsame Lösungen finden.

1. »Andere tun, was sie tun, weil sie es als angenehm bzw. das eigentlich geforderte Verhalten als unangenehm empfinden.«[85] Dieser Satz beschreibt die erste Einflussgröße. Sie befasst sich mit Vorlieben und Abneigungen der Menschen, also mit dem, was sie wollen: Wer sich tagtäglich mit Situationen und Herausforderungen konfrontiert sieht, die nicht seinen Wünschen entsprechen oder gegen die er sogar innere Widerstände hegt, dessen Verhalten wird durch diese Widerstände enorm beeinflusst. Die innere Abwehr wird sich früher oder später durchsetzen; zunächst durch mangelnde Motivation oder Lustlosigkeit, später durch aktive Abwehr oder sogar Sabotage. Wir können und dürfen nicht dauerhaft ignorieren, wer wir sind.

Unsere Vorlieben und Abneigungen haben zum Beispiel großen Einfluss darauf, wie wir unseren Job machen. Ein Aspekt unserer Arbeitsmoral ist, wie wir uns in unser (Arbeits-)Umfeld integriert sehen. Fühlt sich der Sachbearbeiter in der Versicherungsagentur am Ende des Tages ausgelastet oder würde er gern neue Aufgaben übernehmen? Ist die Aufgabe der Kunstlehrerin, einen Speckstein zu bearbeiten, für die Schülerin der achten Klasse monoton oder erfüllend? Widmet sie sich vielleicht schon seit vier Schulstunden nur deshalb so ausgiebig ihren Skizzen zum Werkstück, weil sie am liebsten erst gar nicht anfangen würde?

2. »Anderen fehlt das Wissen oder die Fertigkeit, um die gefor-

derte Tätigkeit auszuüben. Sie fühlen sich anderen Aufgaben besser gewachsen.«[86] Bei dieser zweiten Einflussgröße dreht sich alles um Stärken und Schwächen, also um das, was Menschen können: Es geht darum, dass die betreffende Person nicht den Job macht, für den sie eingestellt bzw. für den sie vorgesehen ist. Wenn der Vorgesetzte den frisch von der Uni gekommenen Kreativen schon nach kurzer Zeit zum Art Director der Werbeagentur ernennen will, muss er sich fragen, ob der junge Mann der Aufgabe intellektuell und persönlich gewachsen ist.

3. »Andere Menschen im Umfeld (Freunde, Angehörige, Kollegen, Vorgesetzte) bestrafen das richtige und belohnen das falsche Verhalten.«[87] Bei dieser dritten Einflussgröße geht es um Zustimmung und Ablehnung, also um den Einfluss anderer auf die streitendende Person: Diese Einflussgröße ist besonders tückisch, denn sie begegnet uns von Kindesbeinen an immer dann, wenn irgendeine Form von Kollektiv im Spiel ist. Bestimmt erinnern Sie sich an einen Klassenkameraden aus der Schulzeit, der als Streber galt und dafür gehänselt wurde. Natürlich hat er gut daran getan, sich in der Schule anzustrengen; vermutlich hat er als Erwachsener mehr erreicht als viele derer, die ihn damals verspottet haben. Vom Kollektiv Schulklasse jedoch wurden seine guten Leistungen als »Fehlverhalten« bestraft und machten ihn zum Außenseiter. Kam es zum Konflikt zwischen ihm und einem der fauleren Mitschüler, wenn er sich beispielsweise an einem Streich gegen die Lehrerin nicht beteiligen wollte, mag er sich häufig dem Einfluss der Gruppe gebeugt und klein beigegeben haben, um Anschluss zu bekommen – obwohl er aus Sicht der gesamten Klasse betrachtet natürlich völlig recht damit hatte, dass es keine gute Idee war, den Stuhl der Lehrerin mit Sekundenkleber zu präparieren.

4. »Dritte erschweren oder verhindern das richtige Verhalten und erleichtern oder ermöglichen das falsche Verhalten.«[88] Bei dieser vierten Einflussgröße in Sachen Unterstützung und Behinderung landen wir sehr schnell beim Thema Mobbing. Beispiel: Sie haben sich in Ihrem ersten Jahr in der Redaktion einen Namen als guter Schreiber gemacht, der Chefredakteur will immer öfter Ihre Kolumnen und Ihre Kommentare im Blatt sehen. Ihre Kollegen – bis dato

war ihre Stimmungskanone im Team die »spitze Feder« – enthalten Ihnen neuerdings wichtige Informationen vor oder nennen Ihnen bei Redaktionskonferenzen die falsche Anfangszeit.

5. »Das Anreizsystem des Unternehmens (oder der Familie) fördert das falsche Verhalten.«[89] Bei dieser fünften Einflussgröße handelt es sich um das Prinzip »Zuckerbrot und Peitsche«: In einem großen Software-Unternehmen erhalten die Mitarbeiter zum Beispiel Anerkennung in Form von monatlichen Preisverleihungen, jährlichen Festessen und Betriebsjubiläen. Ein Anreizsystem, das jedoch nicht zu den erwünschten Leistungen und Einstellungen bei den Mitarbeitern führt. Die Kollegen machen sich schon darüber lustig, wer wohl als Nächstes »Mitarbeiter des Monats« wird; sie fragen sich ironisch, in welchem Restaurant diesmal schlecht gegessen wird und ob die Kosten für die Getränke ausnahmsweise von der Firma übernommen werden. Wenn Lob wie eine Pflichtübung rüberkommt, dann ernten die Chefs nur bitteren Zynismus. Dabei wollten und sollten sie ihren Mitarbeitern zeigen, dass sie diese respektieren.

6. »Umwelt, Strukturen, Richtlinien, Abläufe, Regeln und alle anderen ›Dinge‹ erschweren oder verhindern das richtige Verhalten und erleichtern das falsche Verhalten.«[90] Bei dieser sechsten Einflussgröße geht es um Brücken und Barrieren: Es stellt sich etwa die Frage, ob die Regeln und Vorschriften am Arbeitsplatz noch »up to date« sind, also die gegenwärtigen Bedingungen und Abläufe im Betrieb abdecken. Wenn Mitarbeiter in einer Kunststofffabrik an einer Maschine arbeiten müssen, die sie laut ihrer Arbeitsplatzbeschreibung nicht bedienen, kann das schwerwiegende Folgen haben – nicht nur versicherungstechnisch. Das Unfallrisiko steigt, und die Mitarbeiter sind sehr bald unzufrieden, wenn sie nicht sicher sein können, wie und wo sie im Betrieb eingesetzt werden.

Machen Sie sich die sechs Einflussgrößen zunutze: Sie sind immer dann von Bedeutung, wenn es die Motive unseres Gegenübers zu überprüfen gilt. Das ist geboten, wenn jemand sich Ihnen gegenüber respektlos verhält. Sehr oft entspringen solche Verhaltensweisen wie Ärger, Zorn und Wut nämlich nicht dem Wunsch nach Konfrontation und Streit. Wir neigen jedoch dazu, das zu vermuten. Wenn jemand verbal über uns herfällt oder sich anderweitig irrational verhält, unterstellen wir ihm automatisch eine Absicht: Der oder die will doch jetzt streiten, das ist reine Boshaftigkeit! In den seltensten Fällen entspricht das der Wahrheit. Tatsächlich gibt es fast immer einen Grund für die Respektlosigkeit, der nichts mit Streitlust zu tun hat. Und die meisten dieser Gründe lassen sich mit einer der oben beschriebenen Einflussgrößen erklären.

Wenn Sie sich also das nächste Mal so richtig über jemanden aufregen, reagieren Sie nicht mit einer spontanen Respektlosigkeit im Gegenzug, sondern schauen Sie erst einmal genauer hin: Steckt nicht vielleicht eine der Einflussgrößen dahinter, die Ihre Absichtsunterstellung verpuffen lässt? Wenn Sie fündig werden – was sehr wahrscheinlich ist –, sind Sie nicht nur Herr der Situation, sondern können diesen Menschen mit seinen Motiven und Emotionen insgesamt und auch in Zukunft viel besser einschätzen. Damit ist ein großer Schritt zu einer respektvolleren Kommunikation mit dieser Person getan.

Raus aus der Sackgasse

Es ist wichtig, sich so zu verhalten, dass Ihr Gegenüber die von Ihnen gewünschten Verhaltensweisen oder Ergebnisse so leicht wie möglich erreichen kann. Im Dialog mit unserem Mitmenschen ist es darum hilfreich, herauszufinden, wo sich die Gräben auftun, wo die Hürden im Weg stehen. Am besten ersticken Sie sich anbahnende Konflikte bereits im Keim, indem Sie ständig miteinander reden, und zwar so, dass alle Beteiligten immer auf dem aktuellen Stand sind und genau wissen, wo gerade der Haken ist, was gerade sehr gut läuft. Da dies aber nun einmal nur in der besten aller Welten der Fall ist, sollten wir lernen, die auftretenden Konflikte respektvoll zu führen, so dass sie heilen. So dass wir alle aus unseren ganz persönlichen Sackgassen herausfinden. So dass wir im Fluss von gegenseitigem Respekt und im Wissen um gegenseitige Anerkennung Konflikte entschärfen und effektiv lösen.

Wie sich Männer und Frauen mit Respekt begegnen

»Ich habe einen Kurs besucht,
und jetzt kann ich Frauen endlich verstehen.
Der Kurs ist ziemlich ausgebucht,
aber es lohnt sich sehr dort hinzugehen.
[...]
Frauen fühlen sich oft missverstanden,
und die Liebe ist für sie kein Spiel,
weil Frauen die Kommunikation erfanden
und wir Männer nur das Fahrradventil.«

Diesen Text singt Farin Urlaub in seinem Song *Frauenflüsterer.* Sie lachen? Warum? Wenn Sie ein Mann sind, stellen Sie sich wahrscheinlich gerade vor, wie Ihre Kollegin, Frau, Freundin, Bekannte, Mutter mit Ihnen diskutiert und dabei so viele Worte macht, dass Ihnen schon ganz schwindlig wird.

Wenn Sie eine Frau sind, stellen Sie sich vermutlich gerade vor, wie Ihr Kollege, Mann, Freund, Bekannter, Vater von ganz allein auf die Idee kommt, ein Drei-Tage-Seminar zu besuchen, das ihm zeigt, wie Frauen so ticken.

»Männer und Frauen werden einander nie verstehen«, heißt es. Weil Männer und Frauen die Dinge eben anders angehen, ihre Gehirne anders strukturiert sind, weil Frauen schon erwachsen auf die Welt kommen und Männer nie erwachsen werden. Weil wir es eben mit »wilden« Jungen und »braven« Mädchen zu tun haben. Immer noch ist das Verhältnis zwischen Männern und Frauen durch Vorurteile und Rollenstereotype belastet. Es steht aber auch außer Frage, dass Männer und Frauen einander in Konflikten viel zu selten mit Respekt begegnen.

Während Frauen in der Kommunikation und gerade im Konflikt mit Männern oft das Gefühl haben, überfahren zu werden oder gar zu versagen, sehen Männer im Konflikt sehr schnell nur noch sich selbst und versuchen, aus dem Ganzen als »Sieger« hervorzugehen.

Typisch Mann, typisch Frau

Die amerikanische Linguistin Deborah Tannen hat zwei typische Verhaltensweisen ausgemacht, mit denen die Männer und Frauen der Welt einander begegnen. Männer sehen sich demnach in erster Linie als Individuum in einer hierarchisch sozialen Ordnung, in der sie entweder unter- oder überlegen sind. Frauen hingegen betrachten sich hauptsächlich als Individuum in einem Netzwerk zwischenmenschlicher Bindungen. In der Welt des Mannes sei das Leben ein Wettkampf, es gehe darum, Niederlagen zu vermeiden, die eigene Unabhängigkeit zu bewahren. In der Welt der Frau gäbe es vor allem »Verhandlungen über Nähe, bei denen man Bestätigung und Unterstützung geben und erhalten möchte und Übereinstimmung erzielen will. Man will sich davor schützen, von anderen weggestoßen zu werden.«[91]

Tannen spricht hier einen entscheidenden Unterschied zwischen den Geschlechtern an, denn im Allgemeinen haben Frauen einen besseren Zugang zu Gefühlen und können auch besser darüber sprechen. Männer hingegen bemühen sich betont um Sachlichkeit, weil sie ein ambivalentes Verhältnis zu ihren Emotionen haben – und nicht so gerne artikulieren, was sie gerade empfinden.

Gegenseitiger Respekt zwischen Männern und Frauen bedeutet hier, dass beide Seiten sich bemühen sollten, die eigene geschlechtsspezifische Streitmethode als solche wahrzunehmen und die des Gegenübers anzunehmen. Frauen sollten die Kunst, ihre Gefühle in Worte zu fassen, weiter ausleben, gleichzeitig aber versuchen, in kritischen Situationen eine gewisse emotionale Distanz zu den rational argumentierenden Männern aufzubauen. Männer wiederum sollten durchaus weiter allzu heftigen zwischenmenschlichen Diskussionen ausweichen, aber dennoch bemüht sein, sich für Emotionen im Gespräch zu öffnen.

Seien Sie neugierig auf das, was im Konflikt zwischen Mann und Frau so alles passieren kann. Solange einer den anderen respektiert, wird sich nur Positives entwickeln.

Eine harmonische Beziehung zu führen ist eine große Herausforderung und hat schon viele Menschen zur Verzweiflung getrieben. Im Laufe der Zeit ergeben sich in den meisten Partnerschaften zahlreiche Probleme. Missverständnisse, Meinungsverschiedenheiten oder schwierige Kommunikationssituationen gehören zu einer Beziehung nun einmal dazu: Gehen Sie ihnen nicht aus dem Weg, sondern stellen Sie sich ihnen. Lernen Sie, stets den Respekt vor dem Partner zu wahren, damit Sie einen Konflikt für Ihr persönliches Wachstum und das Wachstum der Beziehung nutzen können. Viele Paare versuchen um jeden Preis, Streit zu vermeiden – zum einen, um ihre romantische Vorstellung von Liebe am Leben zu erhalten, zum anderen, um nicht verletzt zu werden.

Der grundsätzliche Unterschied in der Art, wie Männer und Frauen sprechen, liegt in der Zielorientierung der Kommunikation. Männer reden eher »lösungsorientiert«, Frauen diskutieren häufiger »beziehungsorientiert«. Dieser unterschiedliche Kommunikationsstil führt zu Missverständnissen. Vor allem, wenn man den anderen nicht in seiner besonderen Eigenart sieht und so respektlos wird. Wir neigen dazu, unseren Partner für den Schuldigen zu halten. Statt die Schuld auch bei uns selbst zu suchen und selbst Verantwortung zu übernehmen, sehen wir im Partner den alleinigen Auslöser für solche Konflikte und erwarten, dass er sein Verhalten korrigiert, dass er sich ändert.

Ungelöste Konflikte schaffen in vielen Ehen ein Gefühl der Hoffnungslosigkeit. Was können Männer und Frauen tun, dass es erst gar nicht so weit kommt? Was müssen sie am anderen Geschlecht verstehen und akzeptieren (lernen)?

Unterschiede zwischen Mann und Frau können verbinden: Michael kocht gerne, Julia nicht. Sie räumt gerne den Tisch ab, er nicht. Das hilft schon einmal, wenn es um den reibungslosen Ablauf rund ums gemeinsame Essen geht. Unterschiede zwischen Mann und Frau können aber auch trennen.

Ein Beispiel. Es ist Wochenende: Matthias freut sich schon auf sein neues iPad. Sobald er Freitagabend zu Hause ist, räkelt er sich mit dem Gerät gemütlich auf dem Sofa. Das macht er fast immer, wenn er Feierabend hat. Seine Freundin Carola macht ein langes Gesicht und fängt an zu stänkern: »Spielzeug für Erwachsene, da sieht man's mal wieder: Männer sind einfach nur große Kinder.« Er: »Das macht mir eben Spaß.« Sie: »Jaja, das macht vor allem denen Spaß, die sonst nichts auf die Reihe kriegen.« Er: »So? Ich kriege also nichts auf die Reihe? Wer arbeitet denn die ganze Woche von früh bis spät? Gönn mir doch diese kleine Pause!« Sie: »Sicher arbeitest du – das tu ich auch. Aber muss sich denn am Wochenende immer alles um dein Technik-Spielzeug drehen? Deine ganze Freizeit verbringst du vor dem PC! Nie nimmst du dir Zeit für uns!« Carola kommen die Tränen, sie flüchtet aus dem Wohnzimmer. Matthias ist bedient, findet keine Worte, macht frustriert das iPad aus. Der Abend ist gelaufen.

Das Positive an diesem Streitgespräch ist die Tatsache, dass das Problem endlich auf den Tisch kommt. Matthias' Computersucht nervte Carola schon länger, diesmal aber platzt ihr der Kragen, sie hat ihren Ärger zu lange runtergeschluckt. Und das Wetter ist so schön, sie will mit Matthias raus in die Natur! Matthias wiederum sitzt wie schon an vielen Wochenenden vor dem Computer, nie hat Carola auch nur einen Ton dazu gesagt. So plötzlich damit anzufangen ist doch ziemlich unfair. Er denkt: »Warum hat sie sich nicht schon längst beschwert, wenn sie das stört?« Sie denkt: »Ihm ist das blöde Geklicke wichtiger als unsere gemeinsame Zeit. Wichtiger als unsere Beziehung.«

»Eines der größten Probleme im Umgang mit Konflikten ist nach meinen Erfahrungen das Leugnen. Gerade Frauen neigen dazu, Konflikte zunächst unter den Teppich zu kehren. [...] Um sich wohl zu fühlen, sorgen sie für Harmonie – zumindest in ihrer näheren Umgebung«, schreibt die Diplom-Pädagogin Barbara Berckhan.[92] Und scheint damit tatsächlich »unsere Carola« zu meinen.

Während Carola schon bei ihrer Einstiegsfrage eine tiefe Verletztheit spürt, ist sich Matthias keiner Schuld bewusst. Er hat die kleinen Zeichen in den letzten Monaten nicht erkannt beziehungsweise nicht sehen wollen – wie oft zog sich Carola in letzter Zeit zurück, wenn er sich vor den Bildschirm setzte, wann hat sie sich das letzte Mal dafür interessiert, was er da macht? Carola wiederum wartet seit Wochen vergeblich darauf, dass Matthias irgendwann mal freiwillig auf seinen Computer verzichtet und stattdessen vielleicht mal vorschlägt, mit den Rädern ins Grüne zu fahren. Beide haben es nicht geschafft, sich in ihren Partner hineinzuversetzen. Während Carola dann im Streitgespräch sehr schnell die Fassung verliert, beharrt Matthias auf seinem »Recht«.

Wenn die beiden einander mehr beachtet und respektiert hätten, wäre ihnen einiges erspart geblieben: Mit ein bisschen Intuition und Gespür für das Problem hätte Carola ihren Mann besser zu einem anderen Zeitpunkt auf ihren Wunsch nach mehr Zweisamkeit hingewiesen; vielleicht unter der Woche beim Abendessen. Mit ein bisschen Flexibilität und dem Blick für die Lage seiner Frau hätte Matthias ein Licht aufgehen können; wie viel wertvolle Zeit geht da drauf, wenn er jedes Wochenende vor dem Computer verbringt!

Wenn beide das Problem klug analysieren, sich dem Partner taktvoll und mit entsprechendem Respekt nähern, ist es nicht mehr weit zum Kompromiss: Einen Samstag Computer, das Wochenende darauf eine gemeinsame Unternehmung – vielleicht gestattet ihm Carola mal zwei Computer-Samstage hintereinander, vielleicht pfeift Matthias mal öfters auf die High-Tech-Spielereien. Der Kompromiss ist oft näher, als man denkt.

Respektvoller Umgang im Beruf

Mit ein bisschen Phantasie und Übung schärfen wir unser Bewusstsein für die Unterschiede zwischen Männern und Frauen respektive für ihre unterschiedliche Art, miteinander zu kommunizieren. »Haben wir einmal unsere Wahrnehmung geschult und gelernt, Männern und Frauen mit gleichem Respekt zu begegnen, dann brauchen wir uns nicht mehr zu verteidigen, wenn wir einen Fehler gemacht haben, sondern wissen, wie wir aus diesem Fehler lernen und unser Verhalten anpassen können«,[93] stellt der bekannte Paartherapeut

John Gray fest und vergisst dabei nicht den Hinweis, dass jeder Mensch eine Mischung aus weiblichen und männlichen Eigenschaften in sich trägt. Und dass die persönliche Mischung selbstverständlich immer die richtige ist.

Obwohl es keine Studien gibt, die dies valide bestätigen, gilt es in der öffentlichen Wahrnehmung als ausgemacht, dass Frauen besonders redselig sind und Männer lieber schweigen. Eine auf den Arbeitsplatz bezogene Untersuchung hat jedoch ergeben, dass Männer in etwa genauso viel reden wie ihre weiblichen Kollegen. Im Rahmen dieser Studie haben Forscher mit Hilfe von Mikrofonen 396 Studenten in den USA und Mexiko über einen Zeitraum von zwei bis zehn Tagen beobachtet. Das Resultat: Im Verlaufe eines Tages äußerten die Frauen 16 215 Wörter, während es bei den Männern nur unverhältnismäßig weniger waren (15 669).[94]

Auch die Soziolinguistin Deborah Tannen findet in ihrer täglichen Arbeit keine Anhaltspunkte dafür, dass Frauen das »geschwätzigere« Geschlecht sind. Sie unterscheidet vielmehr eindeutig die Situationen, in denen Kommunikation stattfindet und was Kommunikation für Mann und Frau bedeutet. Während es Frauen in erster Linie darum gehe, die Metaebene eines Gespräches zu erfassen und zu erleben (»Ich weiß, wie du dich fühlst«), komme es für den Mann in seiner Rolle als Problemlöser viel eher darauf an, die konkrete Information zu verstehen. Daraus ergeben sich »Asymmetrien«: Gespräche unter Frauen zielen darauf ab, Verständnis füreinander zu zeigen und ein Gefühl der Gemeinschaft zu erzeugen. In Gesprächen unter Männern hört man sich zwar genau zu, spielt aber die Probleme des jeweils anderen herunter. Auf das Gespräch der Geschlechter untereinander bezogen bedeutet das: Wenn ein Mann auf die ihm eigene Art versucht, eine Frau seelisch aufzubauen, kommt das nicht bei ihr an – sie beschleicht vielmehr das ungute Gefühl, nicht ernst genommen zu werden.[95]

Die Missverständnisse sind vorprogrammiert: So schrillt bei Männern häufig die Alarmglocke, wenn sie sich von Frauen bevormundet fühlen. Sobald Frauen Sätze mit Formulierungen wie »Wollen wir nicht« oder »Lasst uns« beginnen, fassen Männer sie gleich als ultimativen Befehl auf. Sie fühlen sich in ihrer Freiheit und Unabhängigkeit beeinträchtigt. Der Frau wiederum war es nur darum gegangen, ihr Gegenüber mit einzubeziehen. Umgekehrt möchten Männer, die das Gespräch an sich reißen, die Frau nicht wirklich mundtot machen (auch wenn sie das so wahrnimmt) – sie gehen vielmehr davon aus, dass das Recht, jederzeit zu unterbrechen, jedem Gesprächsteilnehmer zusteht.

John Gray bringt Mars und Venus am Arbeitsplatz zusammen, um ein neues Gleichgewicht herzustellen: »Durch kleine, aber bedeutsame Veränderungen haben Frauen bereits damit begonnen, sich den Respekt von Männern zu verschaffen, ohne ihre venusianische beziehungsorientierte Natur unterdrücken zu müssen. Je mehr Achtung die Männer wiederum Frauen entgegenbringen, desto eher verändert sich das Arbeitsklima in einer Weise, dass auch das wachsende Bedürfnis von Männern, beziehungsorientierter zu leben und dieses Leben auch zu genießen, befriedigt wird.«[96]

So weit will Deborah Tannen gar nicht gehen: Sie trennt deutlich zwischen »privatem Sprechen/Beziehungssprache« und »öffentlichem Sprechen/Berichtssprache« und arbeitet so die signifikanten Unterschiede zwischen weiblicher und männlicher Kommunikation heraus. Für Männer sei Sprache ein Mittel, um die eigene Unabhängigkeit unter Beweis zu stellen, um den eigenen Status in einer hierarchischen Ordnung auszuhandeln. Männer fühlen sich demnach wohl, wenn sie im Zentrum der Aufmerksamkeit stehen und ihre Berichtssprache anwenden – das heißt, sie teilen sich mit Vorliebe in größeren Gruppen mit, in denen sie kaum jemanden kennen und in denen ein großer Statusunterschied herrscht. Für Frauen hingegen sei es wichtig, in der Konversation Bindungen zu knüpfen, auf einen gemeinsamen Nenner zu kommen – sie unterhalten sich lieber in kleineren Gruppen mit ihnen bekannten Leuten, die praktisch keine Statusunterschiede trennen. Während der in der Öffentlichkeit wortreiche Mann sich darauf freue und es als sein gutes Recht ansehe, sich zu Hause kaum bis gar nichtmitzuteilen, genieße es die in der Öffentlichkeit schweigsame Frau, zu Hause genau über die Dinge zu reden, die sie zum Beispiel im Job nicht anspreche.[97]

Diese Überlegungen unterstreichen vor allem eines: Frauen und Männer reden häufig aneinander vorbei. Frauen üben sich oft in vorsichtiger Zurückhaltung und zeigen dies auch durch die Wahl ihrer sprachlichen Mittel. »Ich würde meinen ...« oder »Ich könnte mir vorstellen ...« sind häufig verwendete Konjunktive. Die Frau beweist damit zwar ihre Empathie, ihr Kollege oder Vorgesetzter deutet dies aber als Unsicherheit. Frauen haben dagegen im Gespräch mit Männern häufig den Eindruck, dass diese sich vor ihnen aufplustern, denn Männer markieren gerne den Oberlehrer, haben dafür aber kein offenes Ohr für Zwischenmenschliches.

Im Allgemeinen heißt es, dass Frauen deutlich mehr Fragen stellen als Männer: Nicht, weil sie so wenig wissen, sondern weil sie versuchen, einen für alle Beteiligten angenehmen Kontakt herzustellen – das ist eine Form der Integration ihres Gesprächspartners, sie fordert eine Reaktion heraus und gibt dem Mann ein Gefühl der Kompetenz. Auch wenn der sich geschmeichelt fühlt, ist er doch irritiert. Er mag klare Ansagen, einfach formuliert und geradeheraus. Die weiblichen Nuancen in der Intonation und die das Gesagte betonende Körpersprache gehen ihm mitunter gegen den Strich: »Kann sie denn nicht direkt sagen, dass sie jetzt gerne einen Tee hätte? Statt erst lange herumzureden, zu fragen, ob ich einen Tee will und ob eine Pause uns nicht allen ganz guttun würde ... das hält doch nur auf!«

Ein schwieriges Thema für Mann und Frau am Arbeitsplatz sind Gefühle und der Umgang damit. Folgt man John Gray, teilen Männern nur ihre positiven Gefühle mit, weil das eben Vertrauen und Achtung hervorruft. Frauen aber sprechen auch über ihre negativen Emotionen – das fördert ihrer Meinung nach das Miteinander, das gegenseitige Verständnis. Und: »Wenn ein Mann negative Gefühle ausdrückt, dann tut er dies instinktiv auf eine unpersönliche Weise. [...] Die meisten Männer blenden automatisch ihre persönlichen Empfindungen aus, während sie nichtpersönliche ohne weiteres äußern.«[98]

So bieten Männer weniger Angriffsfläche, sind nicht unbedingt auf Harmonie aus, können mit Kritik und Gegenwind gut leben. Frauen nehmen Widerspruch gerne persönlich, sie vermeiden offene Rivalität und sorgen sich um das soziale Klima.

Männer sollten sich bewusst machen, dass die Herausforderung für Frauen im Job ungleich größer ist als für sie. Sie sollten sich einen Ruck geben und die zurückhaltende Art der Frauen schätzen lernen. Und zum Beispiel auch mal Hilfe annehmen, ohne gleich Angst zu haben, dass sie damit Inkompetenz eingestehen. Die Arbeit im Team wird besser, wenn sich Männer und Frauen von der Andersartigkeit des jeweils anderen etwas abschauen. Aber es ist ein steiniger Weg dahin.

Größtmögliche Flexibilität von beiden Geschlechtern ist gefordert, um die Dynamik der Beziehungen zwischen Männern und Frauen im privaten wie im öffentlichen Leben in ein gesundes Gleichgewicht zu bringen. Die Gegensätze zwischen Mann und Frau sind nicht unversöhnlich. Wer sich anpassungsfähig zeigt, ist bereit, die Interessen des anderen anzuerkennen. Im festen Glauben an eine Welt reifer Beziehungsstränge.

Schuld sind also nicht der einzelne Mann oder die einzelne Frau, sondern allein die Kluft zwischen weiblichem und männlichem Gesprächsverhalten. Deborah Tannen: »Wie auf so vielen Gebieten ist die Zusicherung von Gleichheit noch lange keine Garantie für wirklich gleiche Chancen, wenn man nicht daran gewöhnt ist, das Spiel so zu spielen wie die anderen. Wenn man bei einem Tanz mitmachen darf, garantiert das noch lange nicht die Teilnahme von jemandem, der ganz anders zu tanzen gelernt hat.«[99]

WIE SIE RESPEKTLOSIGKEITEN VERMEIDEN

Die Gefahr respektloser Kommunikation. Beispiel Politik

Das Wort »Respekt« hat bei allem Durst danach einen leicht angestaubten Klang. Ähnlich wie das Wort Disziplin. Dennoch hört man allerorten, dass Respekt wichtig sei und vermisst würde. Wie kommt das eigentlich? In erster Linie verhalten wir uns respektlos aus einem sehr profanen Grund: Unachtsamkeit. Meist bemerken wir es gar nicht einmal, wenn wir uns anderen ohne Respekt nähern. Hinzu kommen unzählige weitere mögliche Gründe.

So wird Respekt gegenüber anderen als Zeichen von Schwäche und Unterordnung interpretiert. Bei der Entstehung und Verbreitung dieser Interpretation spielt die 68er-Bewegung eine nicht ganz unwichtige Rolle. Denn die weitreichende Wirkung der Bewegung bestand auch in der Ablehnung von Autoritäten. Das bewusste Nicht-Respektieren kam in Mode und wurde cool.

Falsche Vorbilder haben Respektlosigkeit zusätzlich salonfähig gemacht. Dieter Bohlen etwa zerpflückt vor laufenden Kameras und offenen Mikrofonen junge Menschen mit fragiler Persönlichkeit. Er macht sie fertig, bringt sie zu Wutausbrüchen, zum Schreien, zum Weinen, ja er sorgt sogar dafür, dass junge Menschen sich vor Aufregung in die Hosen machen. Die Kamera hält bei all dem voll drauf, und am nächsten Morgen schreibt die *Bild*-Zeitung vom »Pippi-Skandal« bei DSDS.

Auch das Internet mit all seinen Vorzügen, Vorteilen und wunderbaren Seiten bringt Facetten mit sich, die nicht unbedingt einen achtsamen Umgang lehren. Im Internet kann man Rufmord betreiben und darf das »Feedback« nennen. In einer anonymisierten Parallelwelt ist kein Kommentar zu derbe, keine Amazon-Rezension zu unsachlich. In einer überbordenden Anzahl von Blogs werden Politiker, Manager, Beamte oder wer sonst gerade als Prügelknabe taugt in einer unfassbaren Art und Weise niedergeschrieben, kritisiert, diffamiert. Wer sich wehrt, bekommt die doppelte Dosis an Geringschätzung zur Antwort. Wir gewöhnen uns so nach und nach an ein gewisses Maß an Respektlosigkeit.

So einfach und verbreitet Respektlosigkeiten jedoch auch sind: Wer erfolgreich sein will – ob in der Beziehung zum Partner oder zum Kollegen, ob in der Gehaltsverhandlung oder im Streit mit dem Nachbarn –, muss die Regeln der respektvollen Kommunikation beherrschen.

Es gibt zahlreiche prominente Beispiele, in denen Unachtsamkeit zum Verhängnis wurde. Der frühere britische Premierminister Gordon Brown beispielsweise musste schmerzhaft erfahren, wie entscheidend Respekt ist. Die Wähler erwarten nun einmal auch und vor allem soziale Intelligenz vom politischen Führungspersonal. Die fachliche Kompetenz setzen wir voraus, oder wir verlassen uns darauf, dass das Spitzenpersonal ohnehin gute Berater und kundige Leute im Hintergrund hat. Wenn der Wirtschaftsminister von heute auf morgen überraschend Verteidigungsminister wird, dann wundern wir uns nur kurz, schütteln uns und verlassen uns auf die kompetenten Beamten im Ministerium. Ungeachtet dessen, dass wir vom politischen Spitzenpersonal nicht unbedingt fachliche Kompetenz erwarten, setzen wir doch sicher umso mehr methodische und soziale Kompetenzen voraus. Und gerade in schwierigen Zeiten achten wir noch mehr auf die Umgangsformen als sonst. Denn Respekt ist universell. Respektiert der Politiker einen bestimmten Wähler nicht, wieso sollte er dann die anderen (und mich) respektieren?

Gordon Brown wurde öffentlich mit einer frustrierten Wählerin konfrontiert und unter anderem gefragt, woher eigentlich die ganzen Osteuropäer kämen, die das Land überschwemmten. Im Anschluss an das Interview – man war augenscheinlich freundlich auseinandergegangen – vergaß Brown, dass sein Mikrofon noch angeschaltet war, und lästerte über die »intolerante, bigotte Frau«. Die *Frankfurter Allgemeine Sonntagszeitung* bescheinigte diesem Fauxpas eine »verheerende Wirkung«,[100] und es gibt nicht wenige Experten, die den desaströsen Wahlausgang auch auf diese Respektlosigkeit zurückführen.

Verliert man die Beherrschung, reagiert man schon einmal respektlos. Davon weiß auch Gerhard Schröder ein Lied zu singen. In der Elefantenrunde nach der verlorenen Bundestagswahl 2005 ging er überheblich und pauschal auf alles los, was irgendwie in seiner Nähe war. Merkel, Westerwelle, aber auch und vor allen Dingen die Medien mussten sich warm anziehen. Im Nachgang stellte man viele Spekulationen über sein Verhalten an, seine Frau Doris Schröder-Köpf drängte sogar zu einer Entschuldigung. Geholfen hat ihm sein Verhalten in jedem Fall nicht.

Wie sehr respektvolle Kommunikation sich dagegen in der Politik auszahlt, zeigte sich zum Beispiel beim letzten Rededuell zwischen den amerikanischen Präsidentschaftskandidaten Barack Obama und John McCain im Oktober 2008. Während McCain Obama unentwegt im rauen Ton angriff, bewahrte Obama stets die Ruhe, widersprach seinem Konkurrenten sachlich und höflich, um anschließend seinen eigenen Standpunkt zu erläutern. Die Folge: Obama konnte auch dieses Fernsehduell gewinnen. Seine Sympathie-Werte wuchsen noch stärker an.

Zum Erfolg trägt nicht nur eine sachliche, sondern auch eine empathische Kommunikation bei. Vor einiger Zeit wurde ein deutscher Spitzenpolitiker in einer Talkshow von der Moderatorin damit konfrontiert, dass die Forderung seiner Partei, die Mehrwertsteuer anzuheben, von ca. 80 Prozent der Bevölkerung abgelehnt würde. Er entgegnete darauf, kurz und trocken, dass das der richtige Weg sei, da die Schaffung von Arbeitsplätzen Vorrang hätte. Was immer man inhaltlich davon halten mag, kommunikationsmethodisch ist eine solche Antwort bedenklich. Denn hier wird deutlich: Der Mann denkt nicht daran, sich auf das Empfinden von 80 Prozent der Bevölkerung einzulassen. Selbst wenn das Unpopuläre (das ja oftmals auch das Richtige sein kann) getan werden muss, kommt es auf einen empathischen Kommunikationsstil an.

Wie kommunizieren wir empathisch? Indem wir auf die Bedürfnisse unserer Zuhörer achten. Diese zu erkunden, sie zu erkennen und in unseren Redebeiträgen zu berücksichtigen, darauf kommt es an, hier trennt sich bei den Kommunikationsexperten die Spreu vom

Weizen. Interessanterweise geht es den meisten Politikern ja genau darum. Sie schaffen politische Konzepte, in denen sie die Bedürfnisse der Bevölkerung antizipieren und berücksichtigen – das ist schließlich ihre Aufgabe, nur kommunizieren sie das nicht.

Wie läuft es also besser? Eine denkbare Antwort zum oben genannten Beispiel der Mehrwertsteuererhöhung wäre etwa: »Dass 8 von 10 Menschen eine Steuererhöhung ablehnen, zeigt doch, wie groß die Sorge vor Mehrbelastung ist, wenn man um seinen Arbeitsplatz fürchten muss oder ihn gar schon verloren hat. Daher möchten wir den Bürgern die Sicherheit zurückgeben, indem wir neue Investitionsanreize schaffen.« Die Aussage bleibt dieselbe, nur dass sich hier die Bedürfnisse der Wähler spiegeln. Es wird klar, dass keine Politik über das Volk hinweg veranstaltet werden soll, sondern die Politik für das Volk arbeitet.

Was man von Politikern auch sehr häufig hört, sind Beschuldigungen à la: »Sie hatten 16 Jahre Zeit, die Missstände zu beheben.« Oder: »Was Ihre Partei zu leisten imstande ist, sieht man ja in dem Bundesland XY.« Man wirft sich quasi gewohnheitsmäßig Führungsschwäche, Ideenlosigkeit und einige andere Evergreens vor. Das erinnert uns Zuschauer zuweilen an diese lästigen Sandkasten-Auseinandersetzungen. Dieses Verhalten ist anstrengend und demonstriert nur die Hilflosigkeit der Akteure. Beschuldigungen einfach einmal wegzulassen wäre darum eine durchaus vertrauensbildende Maßnahme. Denn zornigen Menschen möchten wir unsere Zukunft nicht anvertrauen.

Es ist übrigens gleichgültig, ob Sie Politiker, Führungskraft oder Lehrerin sind: Wenn Sie sachlich und besonnen mit Ihren Gesprächspartnern umgehen, die Beweggründe Ihrer Entscheidungen genau darlegen und dem Wähler, dem Mitarbeiter oder dem Schüler dadurch zeigen, dass Sie seine Bedürfnisse verstehen und bei Ihrer Entscheidung berücksichtigt haben, werden Sie mehr Akzeptanz erreichen.

Es sind die Kleinigkeiten: respektlose Verhaltensweisen

In der Kommunikation gibt es zahlreiche Minenfelder, auf die man unversehens treten kann. Und nicht selten gibt es auch Dinge, die uns wirklich reizen, aufregen oder empfindlich treffen. Fest steht: Wann immer wir das Gefühl haben, nicht respektiert zu werden, wird ein Gespräch sehr schwierig. Ich möchte noch weiter gehen: Ein Gespräch wird nicht erfolgreich verlaufen können, wenn der nötige Respekt fehlt. Im Folgenden möchte ich darum einmal auf so allerlei Respektlosigkeiten hinweisen, die im Alltag sehr relevant erscheinen, auch (oder gerade) wenn uns das oftmals gar nicht so bewusst ist. Alle eventuellen Respektlosigkeiten aus dem Sprechen zu verdammen ist jedoch nicht das Ziel. Das ist auch überhaupt nicht möglich. Das gelingt selbst den Leuten nicht, die sich jeden Tag mit dem gesprochenen Wort beschäftigen. Böse Zungen (zum Beispiel die meiner Frau) behaupten sogar: Gerade denen gelänge es nicht.

Im Ernst: Niemand wird sein Sprechen so kontrollieren können, dass er keine Fehler mehr macht oder niemandem mehr zu nahe tritt und alles immer harmonisch abläuft. Das würde das Leben wohl auch ziemlich langweilig aussehen lassen. Allerdings kann man mit etwas Wachsamkeit für die eigene Kommunikation an der einen oder anderen Stelle verstehen lernen, warum unser Gegenüber plötzlich komisch reagiert. Denn der Erfolg der Kommunikation wird nun einmal vom Empfänger der Botschaft bestimmt. Und wenn uns so manche Respektlosigkeit, die von uns ausgeht, bewusst wird, können wir sie relativieren oder uns dafür entschuldigen. Mit ein bisschen Übung wird unsere Kommunikation dann insgesamt bewusster und respektvoller. Das wäre kein schlechtes Ziel. Also schauen wir uns doch einfach einmal im Folgenden ein bisschen aufs »Maul«. Dabei soll sich der Blick vor allem auf ein paar subtile Kleinigkeiten richten – Kleinigkeiten, die manchmal nur wenig oder kaum respektlos erscheinen und doch dafür sorgen, dass der andere sich nicht gerade wohl mit uns fühlt.

Etwas, womit wir leben und klarkommen müssen und das uns ständig umgibt, sind sogenannte Etikettierungen. Sie können ärgerlich und noch dazu sehr mächtig sein. Als Gerhard Schröder für den äußerst klugen Juristen Paul Kirchhof das Etikett »Der Herr Professor aus Heidelberg« erfand, gelang ihm fast ein Geniestreich. Denn die CDU, die Kirchhof im Fall der gewonnenen Bundestagswahl zum Finanzminister machen wollte, bekam dadurch ein Problem mit ihrem Superstar. »Ein massives Problem«, wie es der *Spiegel* nannte. Was war passiert? Auf einem SPD-Parteitag war der Kanzler den Juristen frontal angegangen: »›Wenn er sagt, die Rente könne behandelt werden wie die Kfz-Versicherung, dann ist das ein Menschenbild, das wir bekämpfen müssen. Menschen sind keine Sachen‹, rief Gerhard Schröder in den Saal. Dieser ›Professor aus Heidelberg‹ sei eine ›merkwürdige Gestalt‹, ein ›Mann der Kälte‹, der die Deutschen zu seinen ›Versuchskaninchen‹ machen wolle. Kurz darauf ließ die SPD neue Plakate drucken: ›Merkel/Kirchhof: radikal unsozial‹«.[101] Damit hat Schröder Kirchhof in den Elfenbeinturm verbannt. So eindrucksvoll übrigens, dass Angela Merkel den guten Mann aus ihrem Schattenkabinett herausgenommen hat.

Mit einem einzigen Wort also, mit einer einzigen Zuschreibung, können wir relativ viel Schaden anrichten. Eine besondere Bemerkung verdient hier aus meiner Sicht das Wort »Jammern«. Ich weiß nicht, wie es in Ihrer Welt aussieht, in meiner Welt wird dieses Verb inflationär verwendet. Ständig soll irgendjemand »jammern«, und das auch noch auf hohem Niveau. Und wer jammert angeblich am liebsten? Der Deutsche. »Jammern« wertet sehr stark. Es zeigt besonders gut »die suggestive Kraft von Worten«. Der Protest wird banalisiert und die Person, die den Protest hervorbringt, abgewertet.[102]

Etikettierungen dieser oder ähnlicher Couleur sind eine geschickte und mitunter fiese Art, jemanden komplett in Frage zu stellen. Auf den ersten Blick scheint es elegant, wenn jemand als »Oberlehrer« oder »feiner Herr« bezeichnet wird. Auf den zweiten Blick wirken diese Begriffe nicht weniger destruktiv als ein direkter Angriff unterhalb der Gürtellinie. Sie sind nichts anderes als Zuschreibungen und Interpretationen, die sehr verletzend sein und das Selbstwertgefühl der bewerteten Person bedrohen können.

Und eines sollte uns dabei klar sein: Jede Zuschreibung, jede Unterstellung kann den anderen auf die Palme bringen. Das schaffen schon Kleinigkeiten wie: »Da haben Sie mich falsch verstanden!« Woher nehmen wir eigentlich immer die Gewissheit, dass der andere falsch verstanden hätte? Wenig besser ist die Mogelpackung: »Da haben wir uns falsch verstanden!« Wer war denn für das Verstehen zuständig? Souveräne, respektvolle Menschen verwenden daher gern die Formulierung: »Da habe ich mich falsch ausgedrückt. Ich versuche es noch mal …«

Eine Person mit jemand anderem zu vergleichen, ist ebenfalls respektlos. Erinnern wir uns noch einmal an die Definition von Respekt: Das lateinische Wort »respicere« bedeutet wörtlich »zurückblicken«, »noch mal hinsehen«, also im kommunikativen Kontext: »den Blick des anderen erwidern«. Der Vergleich mit anderen ist also so ziemlich das Gegenteil von dem, was Respekt ausmacht.

Sich mit anderen Menschen zu vergleichen, gerade wenn es um Leistungen geht, kann schnell zu Selbstzweifeln und Frust führen. Denn es wird immer jemanden geben, der besser ist, man muss nur lange genug suchen. Der Vergleich hilft darum nicht, er blockiert und verärgert. Manche Eltern können ihren Kindern auf diese Weise großen Schaden zufügen: beispielsweise wenn die Tochter eine Zwei im Diktat nach Hause bringt und die Mutter sofort nach denen fragt, die eine Eins bekommen haben. Wer so etwas erlebt, fühlt sich nicht angeblickt, nicht anerkannt im wahrsten Wortsinn. Auch zwischen Erwachsenen ist der Vergleich ein beliebtes Spiel. Bei der Aussage: »Ich war zwei Wochen auf Sizilien im Urlaub!«, bekommt man dann gern ein: »Schön. Wir waren drei Wochen in Orlando!« zu hören. Und wer stolz erzählt: »Ich habe schon 5000 Exemplare meines neuen Buches verkauft«, will bestimmt nicht folgende Antwort bekommen: »Ein toller Anfang. Stell dir vor – die Bekannte meines Nachbarn ist auch Autorin; sie hat schon 100 000 Exemplare verkauft!«

Auch der negative Vergleich – dass es also jemandem schlechtergeht als einem selbst – ist respektlos. Wer sich den Knöchel verstaucht hat, möchte nicht gesagt bekommen, dass ein entfernter Verwandte sich gerade den Fuß gebrochen hat. Schmerzen, Leid und Missgeschicke des Gegenübers sehen so relativ klein aus. Beim Obst weiß der Volksmund längst, dass man die eine Frucht nicht mit der anderen vergleichen sollte. Bei Menschen scheint uns das leider nicht immer klar zu sein. Achten Sie das nächste Mal darauf, was in Ihnen vorgeht, wenn sich Ihr Gesprächspartner so verhält. Dann lassen Sie das Gefühl sehr stark werden und fragen Sie sich, wie Sie selbst am liebsten behandelt werden möchten.

Der Kampf zwischen Unabhängigkeit und Verbundenheit

Seit ich an diesem Buch arbeite, beobachte ich an mir genau, wann ich etwas als respektlos empfinde oder mich selbst offensichtlich respektlos verhalte. So gab es in meiner Familie zum Beispiel vor einiger Zeit folgenden Vorfall: Meine Frau und ich sind mitten in den Hochzeitsvorbereitungen, da klingelt das Telefon: meine Mutter. Sie möchte wissen, wie weit wir mit der Organisation sind, hat schon einmal ein paar Lieder für den Traugottesdienst ausgesucht und auch sonst viele Ideen, die sie nun zu gern einbringen möchte. Ich habe das Gefühl, dass sie sich unberechtigterweise einmischt, bin genervt und reagiere recht unfreundlich. Das verletzt sie wiederum stark, sie fühlt sich abgewiesen. Schließlich hat sie es ja nur gut gemeint.

Wahrscheinlich kennen Sie solche oder zumindest ähnliche Situationen auch. Beide Parteien mögen oder lieben sich, sind Freunde, Paare, ziehen an einem Lebensstrang. Und doch gibt es unzählige solcher Situationen, in denen man sich nicht respektiert vorkommt. Meist enden diese Situationen unschön, traurig, enttäuschend oder vielleicht sogar laut. Was ist da los?

Wie wir im zweiten Kapitel schon gesehen haben, gibt es ein deutliches Spannungsverhältnis zwischen Distanz- und Nähebedürfnis, respektive zwischen Unabhängigkeit und Verbundenheit. Sie durchdringt unser Leben massiv und ist Quell vieler Konflikte und Respektlosigkeiten. Ist die für uns persönlich richtige Balance zwischen Nähe und Distanz gestört, empfinden wir das als Respektlosigkeit. Der Philosoph Arthur Schopenhauer hat für das Dilemma das schöne Gleichnis von den Stachelschweinen erdacht: Ein Gruppe mehrerer Stachelschweine muss durch einen harten Winter kommen. Sie rücken ganz dicht zusammen, um sich gegenseitig zu wärmen. Durch die Nähe allerdings verletzen sie sich mit ihren Stacheln gegenseitig und rücken schnell voneinander ab. Jetzt frieren sie wieder und rücken erneut näher zusammen. Sie müssen Nähe und Distanz ständig austarieren.

So wie die Stachelschweine brauchen wir die Nähe von Menschen, die uns wichtig sind. Wahrscheinlich kann man ihr gar nicht genug Bedeutung beimessen. Beziehungen entscheiden maßgeblich darüber, ob wir glücklich durchs Leben gehen oder nicht. Das ist nicht mehr als eine Binsenweisheit. Allein – wir brauchen auch unsere Unabhängigkeit, um unsere Identität zu bewahren und nicht völlig von anderen vereinnahmt zu werden. Das Problem: Je mehr wir von dem einen realisieren, desto weniger kommt der andere Pol zum Tragen. Da kann einem schon einmal heiß und kalt werden. Wer zum Beispiel im Begriff ist, ein Kind in die Welt zu setzen, zahlt sehr viel auf das »Verbundenheits«-Konto ein. Der Preis ist allerdings ein gutes Stück Unabhängigkeit. Das Gleiche gilt für eine Hochzeit. Deshalb versetzen diese Dinge die Menschen gleichermaßen in Verzückung und ins Grübeln. Wir denken über Monate, manchmal über Jahre oder Jahrzehnte über solche Verträge nach. Meist entscheiden wir uns dafür und zahlen anschließend den Preis. Unser ganzes Leben ist von dieser Dualität geprägt. Deborah Tannen bringt es einmal mehr auf den Punkt: »Wir brauchen die anderen zum Überleben, aber wir wollen als Individuen überleben.«[103]

Richtig interessant für unser Thema wird es, wenn andere Menschen ihre Karten auf den Tisch legen. Denn »Nähe bedroht unsere Individualität, und das, was uns tatsächlich von anderen Menschen unterscheidet, bedroht unser Bedürfnis nach menschlicher Verbundenheit.«[104] Das erklärt sehr gut, warum uns Menschen, die uns ganz sicher achten, manchmal so unachtsam vorkommen. Nehmen wir das Beispiel meiner Mutter, die sich in unsere Hochzeitsvorbereitungen einmischt. Aus ihrer Sicht ist das ein Zeichen von Nähe. Weil sie in Gedanken bei ihren Kindern ist, weil sie zeigen möchte, dass ihr die Kinder am Herzen liegen, unterbreitet sie Vorschläge und gute Ratschläge. Das Kind sieht aber seine Unabhängigkeit angegriffen und hört letztlich bloß den Vorwurf: »Du bist noch so unerfahren, man muss dir sagen, wie das Leben funktioniert.« Am Ende wirken beide respektlos aufeinander.

Das Problem, wenn sich diese Dualität zwischenmenschlich materialisiert: Die beiden Pole befeuern sich gegenseitig, die eine Rolle beflügelt die andere. Wir können den beiden Protagonisten auch die Rollenbezeichnungen »Verfolger« (Mutter – mit dem Durst nach Nähe) und »Distanzierer« (Kind – mit dem Durst nach Distanz oder Unabhängigkeit) geben. Dann wird klar: Je mehr der Verfolger verfolgt, desto mehr distanziert sich der Distanzierer. Je mehr der Distanzierer auf Distanz geht, desto mehr verfolgt der Verfolger. Schließlich wird das jeweilige Bedürfnis der Personen nicht erfüllt, also verstärken sie das Bemühen. Das führt nicht selten zu einem Wagenburg-Effekt: Je mehr die Mutter sich bemüht, Einfluss zu nehmen, desto vehementer wehrt sich das Kind, diesen zu unterbinden.

Solche Situationen sind wirklich ein Dilemma, denn alles, was wir tun oder sagen, um unsere Nähe zu anderen zu zeigen oder zu fördern, bedroht grundsätzlich den Wunsch nach Unabhängigkeit. Alle Bemühungen, eine Distanz herzustellen, stellen gleichzeitig die Verbundenheit in Frage. Deborah Tannen nennt das eine »double bind-Situation«, weil alles, was wir tun, um das eine Bedürfnis zu erfüllen, zwangsläufig das andere verletzt. Es bleibt uns nichts anderes übrig, als die Balance kontinuierlich zu kalibrieren. Dieser Prozess dauert ständig an und hat immer das Gleichgewicht zwischen Nähe und Distanz, zwischen Unabhängigkeit und Verbundenheit, zwischen Freiheit und Sicherheit zum Ziel. Prüfen Sie sehr genau, was Ihnen unfreundlich oder sogar respektlos vorkommt, beruflich wie privat. Ich bin sicher: Fast immer werden Sie den Grund innerhalb dieses Spannungsverhältnisses finden.

Neue Kommunikationsmedien erfordern neue Kommunikationsmethoden

»Hallo, bist du noch dran? ... HALLO?«, tönt es aus dem Headset meines Telefons. »Oh. Ja, bin ich«, entgegne ich und fühle mich ertappt. Denn als mein Gesprächspartner kurz dachte, die Leitung wäre unterbrochen, lag er gar nicht so falsch. Ich war zwar noch in der Leitung, aber gerade nicht bei der Sache, weil ich nebenbei eine kurze Antwort auf eine neue E-Mail getippt habe.

Nun mag es vereinzelt Menschen geben, die wahre Meister darin sind, drei Sachen gleichzeitig zu erledigen und trotzdem aufmerksam und rege am Telefongespräch teilzunehmen. Doch wer kann das wirklich von sich behaupten? Ich offensichtlich nicht.

Und da diese Headsets ganz einfach zum Multitasking auf Kosten der Gesprächsqualität verführen, lasse ich meins jetzt immer abgeschaltet. Ich bin sogar dazu übergegangen, im Büro mit dem Rücken zum Computerbildschirm zu telefonieren. Probieren Sie es selbst mal aus.

Doch Headset oder nicht, das gute alte Handy braucht gar keine Extra-Ausrüstung, um zur gestörten Kommunikation zu verleiten.

Damit keine Missverständnisse entstehen: Natürlich leistet mir mein Mobiltelefon jeden Tag gute Dienste, und ich frage mich manchmal, wie ich Anfang der 1990er ohne Handy mit Menschen in Kontakt bleiben konnte. Doch es gibt etliche Situationen, in denen Sie lieber nicht rangehen sollten, wenn es klingelt, um alle Beteiligten vor einem enttäuschenden Kommunikationserlebnis zu schützen: wenn Sie sich mit dem Auto zum Beispiel kurz vor einem Tunnel befinden, der das Gespräch sowieso gleich unterbrechen würde. Wenn Sie gerade vor einer Baustelle stehen oder die S-Bahn einfährt und Sie ohnehin keinen Ton verstünden. Oder wenn Ihr Akku gleich am Ende ist. Denn glauben Sie mir: Sollten Sie wochenlang verschollen gewesen sein, geht ein »Bei mir piept's, ich glaube, der Akku ist gleich leer« vielleicht als willkommenes Lebenszeichen durch. In allen anderen Situationen können Sie sich getrost später zurückmelden.

Wenn Sie Ihrem Anrufer die Mailbox nicht zumuten möchten,

empfehle ich Ihnen die kurze und knappe Ansage, dass Sie in fünf Minuten zurückrufen, oder am nächsten Tag. Und ob ein Tunnel oder ein leerer Akku für die Verzögerung verantwortlich ist, interessiert Ihren Anrufer in der Regel weniger, als Sie denken.

Noch ein kleiner Tipp: Da viele Leute selbst während der widrigsten Umstände an ihr Handy gehen, habe ich mir angewöhnt, nicht gleich loszuplaudern, sondern erst nachzufragen, ob der Anruf gerade passt. Nennen Sie mich altmodisch, aber ich rufe lieber in fünf Minuten noch einmal an, als jemanden auf dem stillen Örtchen zu erwischen. Und ich hoffe jedes Mal, dass da jemand nur seine Mailbox abhört, wenn wieder einer mit dem Handy am Ohr nach der Toilettentür greift.

Auch die schriftliche Kommunikation über die neuen Medien hat ihre Tücken. Wer beispielsweise noch nie eine SMS minutenlang bearbeitet hat, damit der Inhalt die 154 Zeichen nicht überschreitet, der werfe den ersten Stein.

Dieser Drang, komplexe Informationen in eine SMS zu packen, hat zu einem Abkürzungswahn geführt, der die tollsten Stilblüten treibt und die Kommunikation vortrefflich verhindern kann: »CU @ Chez Maurice @ 8. LG :-)«

Ja, wenn man es weiß, dann ist einem natürlich sonnenklar, dass hier auf knappstem Raum vermittelt wird, dass sich jemand sehr freut, einen anderen um acht Uhr im Restaurant »Chez Maurice« zu sehen. Doch wer so eine Botschaft zum ersten Mal bekommt, für den sieht das Ganze eher nach einem Geheimcode aus. Und so falsch ist die Vermutung ja nicht … Denn bevor einem die ganzen Kürzel von HTH, LOL, IMO bis CUL8R in Fleisch und Blut übergegangen sind, dauert es eine Weile.

Was ich an SMS und E-Mails wirklich schätze: Sie sorgen dafür, dass Nachrichten blitzschnell beim Empfänger landen, und geben dem Empfänger gleichzeitig die Möglichkeit, sich den Inhalt ganz nach Lust, Laune und Zeit zu Gemüte zu führen und zu reagieren. Denn jeder hat das Recht, eine E-Mail auch mal ein paar Stunden oder länger ungeöffnet im Posteingang liegen zu lassen.

Heutzutage läuft ein großer Teil der Kommunikation zwischen

Freunden genauso wie zwischen Geschäftspartnern über E-Mail ab. Die E-Mail ist das Medium, über das Ideen präsentiert und Verhandlungen geführt, Streitereien angezettelt und Versöhnungen zelebriert werden. Wie ich über E-Mail kommuniziere, hat deswegen Auswirkungen darauf, wie meine Qualitäten als Mensch, Freund oder Geschäftspartner wahrgenommen werden.

Ein Beispiel: Eine Bekannte arbeitet für ein Unternehmen, das seine Kunden über die eigene Online-Präsenz findet. Dort wurde statistisch errechnet, dass Kunden, die beim ersten E-Mail-Kontakt nur Kleinschreibung verwenden, überdurchschnittlich oft wiederholt zur Begleichung ihrer Rechnung aufgefordert werden müssen. Das Unternehmen hat daraus den Rückschluss gezogen, dass Kunden, die sich nicht an die Gepflogenheiten der deutschen Schriftsprache halten, sich auch nicht an die Gepflogenheiten der Geschäftswelt gebunden fühlen. Seitdem arbeiten sie für diese Pappenheimer nur noch gegen Vorauskasse.

Wir sollten uns genau überlegen, wie wir per E-Mail kommunizieren. Denn der Kommunikationsstil beeinflusst das, was andere von uns denken. Ich kann Sie nur ermuntern, sehr viel Wertschätzung in die Bearbeitung Ihres elektronischen Schriftverkehrs zu legen. Auch wenn es bei jedem von Zeit zu Zeit zu Unachtsamkeiten kommt, legen Sie grundsätzlich viel Wert auf ordentliche und respektvolle E-Mail-Kommunikation. Das bringt zudem wahnsinnig viel positives Feedback ein. Das weiß ich aus eigener Erfahrung. Ich bin zwar nicht der Schnellste in Sachen Beantwortung meiner elektronischen Post, dafür haben die meisten Menschen aber ein gutes Gefühl, wenn Sie solche von mir bekommen. Kaum zu glauben, aber wahr: Hier können Sie wirklich auf schnelle und einfache Weise sehr angenehm auffallen.

Das wird schon wieder – gewalttätige Bagatellisierungen

Der eigentlichen Definition von Respekt wird auch eine Unart in keiner Weise gerecht, die sich leider mehr und mehr im alltäglichen Sprachgebrauch breitmacht: die Bagatellisierung. Sie wirkt ähnlich wie die Etikettierung oder der Vergleich und lässt die Empfindung des Gegenübers nicht selten als inakzeptabel oder falsch erscheinen. Dabei steckt meist eine gute Absicht hinter ihr. In der Wirkung erreicht sie jedoch nur selten etwas Gutes. Eine typische Bagatellisierung könnte ungefähr so aussehen: Eine Mitarbeiterin sagt: »Oh mein Gott, ich weiß gar nicht, wie ich das alles bis morgen schaffen soll.« Worauf die Führungskraft antwortet: »Ach, kommen Sie. Sie haben doch schon ganz andere Dinge geschafft. Das wird schon.« Oder: Ein magersüchtiges Mädchen sagt zu seinem Vater: »Ich bin zu dick. Egal, was ich mache, ich nehme unwahrscheinlich schnell zu.« Und der Vater erwidert: »Nein. Du bist nicht zu dick. Du bist wunderschön.«

Beide Antworten sind gut gemeint. Aber nicht selten ist gut gemeint eben das Gegenteil von gut. Empathie, Anteilnahme, wirkliches Zurückblicken sieht etwas anders aus. Wo ist der Sinn für das Gefühl oder für das Bedürfnis? Bagatellisierungen banalisieren das Problem wieder, wischen es einfach weg. Die eventuell existierende Sorge des Vaters oder das Verständnis des Chefs kommen nicht beim anderen an. Die beiden Frauen bleiben alleine mit den Antworten zurück und laufen zudem Gefahr, die Aussagen ihres Gegenübers fehlzuinterpretieren.

Eine schöne, respektlose Spitze: die »Warum?«-Frage

Auch die beliebte Warum-Frage befindet sich an der Schwelle zur Respektlosigkeit. Beispiel: »Lass uns heute Abend zum Bowlen gehen.« – »Warum?« – »Schon gut, dann machen wir eben etwas anderes.« In der Frage scheint irgendwie Zündstoff zu stecken. Gerade eben hat der Sprecher durch sie beispielsweise ein Legitimations-Defizit unterstellt. Sie kann aber auch einen Vorwurf verpacken. Ungefähr so: »Warst du beim Einkaufen?« – »Ja.« – »Warum hast du die leeren Flaschen denn nicht mitgenommen?«

Normalerweise dient eine Frage dazu, Informationen einzuholen. Ob diese Aufgabe der Sinn der obigen Fragen war, bezweifle ich allerdings. Hier werden vielmehr unliebsame Gesprächssituationen maskiert. Im ersten Beispiel verhüllt die Warum-Frage den Wunsch, besser nicht zum Bowlen zu gehen. Der Vorschlag wird also im eigentlichen und im übertragenen Sinn in Frage gestellt. Im zweiten Beispiel kaschiert die Frage eine Kritik. Doch Sie dürfen sicher sein: In beiden Fällen ist das keine schöne Sache für den Gesprächspartner. Was soll er antworten? Er wird mit der Frage an die Wand gefahren und dementsprechend reagieren. Sagen Sie ihm lieber ganz offen, dass Sie gerade kein großes Bedürfnis zum Bowlen verspüren, oder bitten Sie ihn, die leeren Flaschen beim nächsten Einkauf mitzunehmen.

Wir provozieren den Gesichtsverlust: die Sache mit der Konsistenz

Der Mensch strebt nach Konsistenz. Wir lieben es, ein einheitliches Bild von uns abzugeben, uns nicht selbst zu widersprechen. Das käme einem Gesichtsverlust gleich. Ein Beispiel: Stellen Sie sich vor, Kurt Obermayer sitzt für die Grünen im Stadtrat von Pfaffenhofen. Er engagiert sich für den Umweltschutz und plant gerade eine Großdemonstration gegen den Klimawandel. Er ist Ehrenmitglied bei Greenpeace und im Landesvorstand des Naturschutzbundes. Ganz sicher wird gerade Herr Obermayer keinen großen, PS-starken Geländewagen fahren, und wenn er durch Deutschland reist, sind Inlands-Flüge nicht unbedingt seine erste Wahl. Das ist Konsistenz.

Der Psychologe Robert B. Cialdini sieht für das starke Bedürfnis von Menschen, in ihren Worten, Überzeugungen und Taten konsistent zu sein, drei verschiedene Quellen: 1. Der Konsistenz wird seitens der Gesellschaft ein hoher Wert beigemessen. Das lässt sich gut anhand der *Bild*-Zeitung nachvollziehen. Menschen, die sich inkonsistent verhalten haben, werden hier gerne heftig angegriffen. Wenn der Linken-Parteivorsitzende einen Porsche fährt, dann wird das zum Beispiel sehr stark kritisiert. 2. Konsistentes Verhalten ist nichts anderes als Verlässlichkeit und hat sich im Alltag bestens bewährt. 3. Konsistentes Verhalten erleichtert den Umgang mit dem inzwischen doch sehr komplexen Leben. Dazu Cialdini: »Indem man in Einklang mit früheren Entscheidungen handelt, entledigt man sich der Notwendigkeit, stets alle relevanten Informationen zu prüfen; stattdessen braucht man sich nur an die einmal getroffene Entscheidung zu erinnern und in Einklang mit ihr [...] zu reagieren.«[105]

Wenn den Menschen die Konsistenz wichtig ist, heißt das natürlich auch, dass es hart ist, wenn sie vom Gegenüber in Frage gestellt wird. Und genau das passiert sehr oft. Achten Sie einmal auf solche Sätze wie: »Aber du hast doch gesagt, du kümmerst dich darum.« oder »Du hast es versprochen!« oder »Hatten Sie nicht gesagt, Sie nehmen 30 Einheiten zu den besprochenen Konditionen?«

Solche Sätze bringen den anderen in wirkliche Schwierigkeiten. Sie untergraben seine Glaubwürdigkeit und demaskieren ihn als jemanden, der vermeintlich die Unwahrheit sagt oder es zumindest nicht so genau nimmt mit Absprachen und Verbindlichkeiten. Das ist hart. Kein Wunder, dass der andere darauf meist etwas irrational reagiert. Selbst wenn es Ihnen sicher scheint – es ist besser, den anderen nicht unbedingt auf solche scheinbaren Ungereimtheiten hinzuweisen.

In meinen Trainings werde ich oft nach Alternativen gefragt. Im Grunde genommen ist es in so einem Fall gar nicht so schwer, bei sich zu bleiben. Zum Beispiel durch Sätze wie: »Ach so – und ich dachte, du kümmerst dich darum.« Oder: »Ach so – und ich hatte verstanden, Sie nähmen 30 Einheiten ...« Einer meiner liebsten Kollegen, Josef W. Seifert, erzählte mir einmal von einem Dialog, den er wohl von Loriot das erste Mal gehört hatte. Er bringt meine Intention in diesem Aspekt sehr schön auf den Punkt. Zwei Männer treffen sich, und dann geht es wie folgt:

»Du bist zu spät!«

»Du hast gesagt um 11 Uhr!«

»Ich hab gesagt um 10 Uhr!«

»Ach so – und ich hatte 11 Uhr verstanden ...«

»Ach so – und ich dachte, ich hätte 10 Uhr gesagt ...«

Kritik – das Minenfeld für Respektlosigkeiten

Im fünften Kapitel widme ich einen größeren Abschnitt der Frage, wie man Menschen respektvoll auf Verhaltensweisen anspricht, die man gern geändert sähe. Das ist ein Klassiker der zwischenmenschlichen Kommunikation – die Kritik. Und sie ist einer der sensibelsten Bereiche überhaupt im täglichen Miteinander. Manche Menschen haben Angst vor Kritik, beißen wild um sich, wenn sie kritisiert werden, oder meiden schon von vornherein Situationen, in denen sie kritisiert werden könnten, wie der Teufel das Weihwasser. Ein Grund dafür: Nicht selten mischen sich in die Kritik auch kleine Respektlosigkeiten. Ein paar Klassiker möchte ich hier einmal nennen:

Ein guter Wille, allerdings auch schlechte Logik haben dazu geführt, dass viele Führungskräfte eine Kritik in Form der sogenannten Sandwich-Methode darreichen. Die Führungskraft möchte ehrlich und freundlich zugleich sein, daher sagt man zuerst etwas Nettes, dann spricht man das Problem an, und zum Schluss kommt noch einmal etwas Nettes, etwa ein Kompliment. Ein Beispiel:

»Liebe Frau Schneider, ich finde es großartig, wie Sie Powerpoint-Folien gestalten können. Ach übrigens, wie Sie mit Frau Ritzkowski umgehen, finde ich nicht in Ordnung. Hier überschreiten Sie bei weitem Ihre Kompetenz. Aber ein ganz tolles Kostüm haben Sie da an …«

Okay, ich übertreibe jetzt etwas. Doch im Kern wird nicht selten genau diese Vorgehensweise empfohlen. Liebe Wellness-Kommunikationstrainer, bevor Sie mich jetzt alle anschreiben und wüst beschimpfen, sprechen Sie doch einmal mit Ihren Seminarteilnehmern. Die meisten Menschen verachten diese indirekten Methoden.

Wer ehrliche und konstruktive Kritik anbringen will, sollte das fair und geradeheraus machen. Was sind Komplimente wert, die in einen derartigen strategischen Dienst gestellt werden? Ich finde diese indirekten Methoden äußerst unaufrichtig und letztlich sogar beleidigend.

Nicht nur besonders respektlos, sondern auch gänzlich unklug ist es, über Dritte zu tratschen oder zu lästern, wenn sie nicht anwesend sind. Ein Forscher namens John Skowronski und seine Kollegen untersuchten die Nachteile der Verbreitung von böswilligem Tratsch.[106] Dabei kommen sie zu einem interessanten Ergebnis: Wenn man über einen Dritten lästert, schreiben die Zuhörer die negativen Wesensmerkmale dem Sprecher zu. Die Wissenschaftler nennen das »spontane Merkmalsübertragung«. Wenn Sie sich also über Unpünktlichkeit, Geiz oder Unzuverlässigkeit von Dritten öffentlich echauffieren, dann kann es passieren, dass die Zuhörer eben jene verhassten Eigenschaften zukünftig mit Ihnen anstatt mit dem Kritisierten in Verbindung bringen. Ich persönlich finde das ja nur fair.

Auch bei der Kritik führen uns manche Eltern hin und wieder vor, wie man es nicht machen sollte. Sie kritisieren ihren Nachwuchs gern, indem sie andere Kinder für ein von ihnen gewünschtes Verhalten loben. Etwa: »Schau mal, wie schön die Elisabeth ihr Zimmer aufräumt.« Oder: »Die Antje übt aber jeden Tag eine Stunde Klavier. Ist das nicht toll?«

Das Einzige, was Eltern durch diese Tour sicher erreichen werden: Ihr Kind wird Elisabeth bzw. Antje nach kurzer Zeit abgrundtief hassen. Das Gleiche lässt sich auch auf ähnliche Unarten bei Führungskräften übertragen. Oder in eine Partnerschaft transferieren. Viele Partner hören es nicht so gerne, wenn die von ihnen geliebte Person von anderen Männern oder Frauen schwärmt. Denn sie sehen in diesen Schwärmereien natürlich auch den Vergleich. Und was am Ende bleibt, ist das Gefühl, selbst vielleicht nicht charmant, klug, attraktiv genug zu sein.

Apropos Unvollkommenheit: Geht Ihnen Bastian Sick auch so auf die Nerven wie mir? Es gab in Deutschland schon immer die Unart, Menschen auf sprachliche Mängel hinzuweisen. Aber durch den *Spiegel*-Zwiebelfisch ist diese Neigung nun auch noch augenscheinlich legitimiert und verstärkt worden. Nach meinen Vorträgen werden zuweilen Feedback-Bögen ausgeteilt, und da schrieb neulich eine Assistentin der Geschäftsführung, dass ich als Rhetorik-Trainer doch wissen müsse, dass Sinn nicht gemacht werden könne. Das sei schließlich nur ein doofer Anglizismus, Sinn könnte im Deutschen lediglich gestiftet und nicht gemacht werden. Das einzig Gute an dieser Kritik: Sie kam schriftlich und konnte mich weder im Denken noch im Reden unterbrechen. Meistens begegnet einem so ein Stumpfsinn nämlich tatsächlich im Gespräch. Das halte ich für eine ziemliche Respektlosigkeit. Der Redende wird verbessert (womöglich hörbar vor vielen anderen Zuhörern), der Erzählfluss wird deswegen unterbrochen und der Redner verunsichert. Was soll das? Ich finde, dass es sich beim Sprachgebrauch verhält wie mit guten Tischmanieren: toll, wenn Menschen diese Regeln kennen und sich daran halten. Furchtbar dagegen, wenn man diesen Wissensvorsprung benutzt, um sich über andere zu erheben, indem man sie für schlechtes Benehmen oder schlechten Sprachgebrauch kritisiert. Außerdem halte ich es sogar für faktisch falsch anzunehmen, dass ein durch und durch korrekter Sprachgebrauch ein Zeichen von Intelligenz sei. Verständlichkeit ist das Ziel. Und Verständlichkeit kann durchaus auch durch leichte Abwandlung von gebräuchlichen Redewendungen erreicht werden. Manchmal sogar gerade dadurch.

Wie Emotionen Respekt beeinflussen

Emotionen sind das Salz in der Suppe des Lebens, sie begleiten, berühren, lenken und schützen uns. Emotionen bewahren uns vor Dummheiten und motivieren uns, beispielsweise gegen Ungerechtigkeiten vorzugehen. Gefühle sind seit Urzeiten auch überlebensnotwendig. Die Angst vor Schlangen oder Spinnen hat sicher im Laufe der Jahrtausende unzähligen Menschen das Leben gerettet. Auch wenn der Urmensch wohl wenig über seine Gefühle reflektiert haben mag, für ihn waren sie genauso unverzichtbar wie für den modernen Menschen.

Menschen, die nur selten in der Lage sind, Gefühle zu empfinden, sind unglücklich und haben oft Probleme mit sich und ihrer Umwelt. Gefühle können aber auch zu Hindernissen werden; sie können das Leben verkomplizieren und sind häufig schwer zu ertragen. Wenn wir es mit Respektlosigkeiten zu tun bekommen, sind auch Emotionen meist nicht weit. Denn Gefühle versetzen uns in einen Zustand, in dem wir nicht immer sehr kontrolliert agieren. Die Trainerin und Autorin Vera Birkenbihl spricht von einem »hormonellen Nebel«, aus dem heraus auch schon einmal respektlos agiert wird.

Emotionen rückten in der zweiten Hälfte des 20. Jahrhunderts immer mehr ins Zentrum des Forschungsinteresses. Das hatte vor allen Dingen damit zu tun, dass es aufgrund neuer technischer Entwicklungen leichter wurde, Emotionen zu untersuchen. So gelang es zum Beispiel, die dynamischen Prozesse der Hirnaktivität bildlich zu erfassen und somit besser nachzuvollziehen. Mit der Positronen-Emissionstomographie (PET) und der funktionellen Kernspintomographie (fMRI) wurde es möglich, dem Menschen sozusagen beim Denken und Fühlen zuzusehen. Dabei wurde sehr schnell deutlich, dass Emotionen eine wichtige Rolle für das Denken, Lernen und Erinnern spielen. Man erkannte, dass Emotionen nicht nur Beiwerk, sondern wesentlicher Bestandteil für höhere kognitive Prozesse sind. Gefühle stellen also keineswegs eine Bedrohung für die Vernunft dar, sondern gelten als Grundvoraussetzung für rationales Denken und Entscheiden.

Auch wenn wir alle ständig mit Gefühlen zu tun haben, ist die Ansicht, dass sie im Arbeitsleben nichts verloren haben, immer noch weit verbreitet. In diesem Zusammenhang sagt man auch gern, man habe »zu emotional reagiert« oder sich von den Gefühlen »hinreißen lassen«.

Gemeinhin gelten Emotionen als typisch weiblich, und Gefühlsäußerungen werden meist als Schwäche gedeutet. Dabei wissen wir heute, dass unser Gefühlsleben maßgeblich darüber bestimmt, was wir erreichen können und was nicht – egal, ob Mann oder Frau. Es bestimmt unsere gesamte Wahrnehmung und beeinflusst unsere Handlungen. Die sogenannte emotionale Intelligenz gilt in der Wissenschaft schon längst als eine entscheidende Schlüsselkompetenz für Erfolg und Karriere. Höchste Zeit also, sich einmal zu fragen, in welchem Verhältnis Emotionen zum Respekt stehen.

Wir Menschen werden zunächst durch unsere Bedürfnisse, Ziele und Wünsche motiviert. Wird deren Erfüllung behindert, entstehen (schlechte) Gefühle. Sie treiben uns an, etwas gegen die Störungen zu unternehmen. Gefühle bringen uns in Bewegung. Nicht von ungefähr steckt in dem Wort Emotion ja auch das Wort »motion«, »Bewegung«. Gerade dieser Antriebscharakter zeigt: Auch schlechte, sprich unangenehme Gefühle können äußerst konstruktiv sein. Vergessen Sie also die Binsenweisheit, dass Emotionen was für Schwächlinge sind und aus dem Arbeitsleben vertrieben werden müssen!

Dennoch muss man der Tatsache ins Auge sehen, dass wir gerade im Business-Alltag unter unseren Gefühlen zu leiden haben. Nicht selten kriegen wir die volle Packung ab: Angst, Nervosität, Niedergeschlagenheit, Enttäuschung, Wut, starker Ärger, Feindseligkeit, Groll, Schuldgefühle, Scham, schlechtes Gewissen, Kränkung, Verletzung und so weiter. Das Gefühl selbst hat aber, wie gesagt, durchaus seine Berechtigung. Daher stellen sich im Umgang mit Gefühlen folgende Fragen: Ist das Gefühl angemessen? Ist es überhaupt richtig, dass man beispielsweise in einer bestimmten Situation Trauer empfindet? Gibt es wirklich einen Grund, traurig zu sein? Und außerdem: Hat das Gefühl eine angemessene Intensität? Oder anders ausgedrückt: Musste es in diesem Moment unbedingt ein unkontrollierter Wutausbruch sein, oder hätte milder Ärger nicht vielleicht auch gereicht?

Es geht sicher nicht darum, alle Emotionen aus dem Leben »wegzumanagen«. Das wäre furchtbar und noch dazu grob fahrlässig. Vielmehr sollten wir uns zur Gewohnheit machen, unangemessene und hinderliche Gefühle zu hinterfragen. Wenn wir im »hormonellen Nebel« agieren, dann machen wir oftmals Fehler. Jeder kennt zum Beispiel die Redewendung »blind vor Wut sein«. Es ist klar, dass man in einem solchen Zustand kaum zu konstruktiver Kommunikation oder zielführendem Handeln fähig sein kann. Für das tägliche Miteinander ist es daher notwendig, einige Gefühle besser in den Griff zu bekommen. Ansonsten werden die Situationen nur noch schlimmer.

Aber nicht nur die eigenen Gefühle stehen auf dem Prüfstand, sondern auch das, was zu tun ist, wenn unser Gegenüber plötzlich sehr emotional wird. Denn eines steht fest: So oder so wird das Gespräch durch starke Gefühle schwierig werden und nicht selten zu respektlosen Ansagen oder respektlosem Verhalten führen. Es spielt überhaupt keine Rolle, welcher der beiden Gesprächspartner übertrieben emotional wird. Sobald zu viel negatives Gefühl im Spiel ist, können Aussprachen in die Sackgasse geraten. Ist es möglich, auf den anderen Einfluss zu nehmen? Das ist eine sehr entscheidende Frage.

Die meisten Menschen wünschen sich eine Art »emotionale Dickhäutigkeit«, gerade im Kontakt mit den sprichwörtlichen schwierigen Zeitgenossen. Gibt es Strategien, die es einem wirklich erleichtern, diese Gattung von Leuten besser zu ertragen? Haben wir die Möglichkeit, uns ein »dickes Fell« anzueignen, das uns nicht so schnell aus der Ruhe geraten lässt? In der Tat, das geht. Der Fachbegriff dafür, sich ein solches Fell zu nähen und anzuziehen, lautet Resilienz. Doch dazu kommen wir später ausführlicher.

Zunächst geht es um die Grundlagen, um die Emotionen selbst. Den Begriff »Emotion« zu definieren ist keine leichte Aufgabe. Es gibt viele verschiedene Ansätze hierzu, Einigkeit besteht jedoch darüber, dass zu einer Emotion verschiedene Komponenten gehören. So besitzt beispielsweise jede Emotion zunächst eine physiologische Komponente. Das bedeutet, dass sie stets auch körperliche Auswirkungen oder Auslöser hat. Unser Körper lebt unser Gefühl: Das Herz schlägt schneller, die Gesichtsfarbe verändert sich, die Atmung wird flach, bestimmte Muskeln spannen sich an, Tränenflüssigkeit wird freigesetzt etc.

Weiterhin zeichnet sich eine Emotion auch durch einen kognitiven Aspekt aus, das heißt, mit einer Emotion geht ein bestimmtes Denken einher, auch wenn uns das nicht immer bewusst ist. Der Philosoph Epiktet hat es auf den Punkt gebracht: »Nicht die Ereignisse sind es, welche die Menschen betrüben, sondern ihre Vorstellungen über diese Ereignisse.« Uns ärgert also zum Beispiel nicht, dass die Partnerin nicht pünktlich zum Abendessen erscheint, sondern uns ärgern unsere Vorstellungen darüber, wieso sie zu spät kommt: Wir nehmen zum Beispiel an, dass sie trödelt, mit einem anderen Mann in der U-Bahn Telefonnummern austauscht, nicht früh genug losgefahren ist und so weiter. Diese Gedanken sorgen dann dafür, dass wir uns ärgern, nicht die Tatsache an sich.

Daneben schreibt man den Emotionen auch eine Verhaltenskomponente zu. Ein Gefühl hat immer auch den Sinn, uns zum Handeln zu bringen: Wir sollen uns zum Beispiel gegen Ungerechtigkeiten wehren, den Feind bekämpfen oder die Nähe zu geliebten Menschen suchen. Dies ist der Antriebsaspekt von Gefühlen, sie motivieren uns, konkret anzupacken und eine Veränderung herbeizuführen.

Gefühle sind fehlbar

Gewiss haben Sie schon erlebt, wie sich Ihre Gefühle bezüglich eines Menschen schlagartig änderten, als Ihnen bewusst wurde, dass Sie sich in seinen Beweggründen geirrt hatten. Oft ist es unsere Bewertung einer Situation, nicht das Verhalten eines Menschen selbst, die Gefühle in uns auslöst. Diese psychologischen Mechanismen beschreibt die sogenannte kognitive Bewertungstheorie.

Zum näheren Verständnis dieser Theorie stellen Sie sich einmal folgende Situation vor: Ein Mann sitzt um 7.30 Uhr morgens in einer U-Bahn auf dem Weg zur Arbeit. Er schaut gedankenverloren aus dem Fenster, wie man das eben so früh auf dem Weg zur Arbeit macht. Nach einigen Stationen hält die U-Bahn bei der Uniklinik. Hier steigt ein Vater mit drei Kindern zu und nimmt gegenüber dem Mann Platz. Die Kinder sind laut. Sie verhalten sich nicht normal. Sie schreien, kreischen, lachen hysterisch, im nächsten Moment weinen sie. Sie schlagen sich, werfen sich auf den Boden. Der Mann versucht das Szenario zu ignorieren, aber er kann es nicht. Unverständnis wird zu Kopfschütteln, zu mildem Ärger und schließlich zu Groll. Irgendwann reicht es ihm. Er dreht sich zum Vater der drei Störenfriede hin und blafft: »Denken Sie nicht, dass Sie da mal was unternehmen sollten?« Der Vater schaut den Mann an, schaut gleichzeitig aber irgendwie glasig durch ihn hindurch und antwortet: »Bestimmt haben Sie recht, ich sollte etwas unternehmen. Aber wissen Sie – meine Frau, die Mutter der drei Kinder, ist vor einer Stunde in der Uniklinik gestorben. Und jetzt weiß ich im Moment überhaupt nicht, was ich tun soll. Und ich schätze, die Kinder wissen es auch nicht …«

Kann der Mann jetzt noch Groll oder irgendeine Art von Ärger empfinden? Gewiss nicht. Und das, obwohl die Kinder immer noch laut sind. Sie schreien, kreischen, lachen und weinen immer noch. Es ist alles so, wie es vorhin auch war. Allerdings denkt der Mann mit größter Wahrscheinlichkeit jetzt vollkommen anders über die Situation. Und obwohl sich nichts geändert hat, fühlt er keinen Ärger mehr. Vielleicht ist er jetzt traurig, empfindet Mitleid oder ist sogar ein wenig froh darüber, dass ihm selbst, seinen Kindern und seiner Frau ein ähnliches Schicksal bislang erspart geblieben ist. Offensichtlich ist es also nicht die Situation, die zu einem bestimmten Gefühl führt, sondern unsere Einschätzung derselben. Wenn sich diese Einschätzung ändert, dann ändert sich offenkundig auch das Gefühl.

Hartnäckig hält sich das Gerücht, wir seien unseren Emotionen hilflos ausgeliefert. Weit verbreitet ist ferner die Meinung, dass wir Gefühle passiv »erleiden«. So spricht man ja auch über Gefühle: »Die Angst packte mich«, »ich wurde von Wut geschüttelt«, »he fell in love«. Schlimmer noch: Nicht selten machen wir andere Menschen um uns herum für unsere Gefühle verantwortlich. Auch das zeigt sich in der Sprache: »Der bringt mich noch zur Weißglut«, »die macht mich wahnsinnig«, »du machst mir Angst«. Es sieht also ganz danach aus, als könnten andere Personen Gefühle wie Ärger oder Angst bei uns »erzeugen«.

Die Gegenthese dazu lautet: Wir entscheiden uns für oder gegen Gefühle. Wir sind also nicht nur die Erzeuger unserer Gefühle, sondern wir herrschen auch über sie. Das ist übrigens keine ganz neue Erkenntnis: Zuvor wurde ja bereits Epiktet zitiert. Auch Aristoteles hat sich sehr stark mit der Analyse von Emotionen beschäftigt. Er lenkte die Aufmerksamkeit auf die kognitiven Aspekte der Emotionen und zeigte, dass Emotionen durch Argumente verändert werden können. So ist es auch möglich, den Emotionen gegenüber eine positive Einstellung zu entwickeln und sie nicht länger als etwas rein Irrationales abzutun. In der Verhaltensforschung trat in den 1960er Jahren schließlich eine Art »kognitive Wende« ein.[107] Ein Reiz wurde nun nicht mehr länger als unmittelbarer Auslöser für das Verhalten angesehen, sondern als Information für den Organismus, die dieser interpretiert. Erst aus dieser subjektiven Bedeutung des Reizes folgt das Verhalten.

Auch hierzu eine Situation aus dem Alltag: Stellen Sie sich vor, Ihr 18-jähriger Sohn hat sich Ihr Auto geliehen und kommt nun mit einem völlig zerkratzten und zerschrammten Wagen nach Hause. Was fühlen Sie? Oder interessanter noch: Was denken Sie? Denken Sie: »Mein Gott, dieser Idiot, er ist sicher wieder viel zu schnell gefahren?« Dann werden Sie wahrscheinlich zornig oder sogar wütend werden. Vielleicht denken Sie aber auch: »Um Gottes willen – zum Glück nur ein Blechschaden, ihm ist nichts passiert. Was für ein Glück!« Dann werden Sie sich trotz des Schadens vielleicht freuen und Gott danken. Oder Sie denken: »Wie fahrlässig von mir, dass ich meinem Sohn, der noch so gut wie gar keine Fahrpraxis hat, mein PS-starkes Auto geliehen habe!« In diesem Fall werden Sie sich vielleicht schuldig fühlen. Sie sehen also: Der Auslöser ist exakt derselbe, und doch sind viele unterschiedliche Gedanken und somit auch unterschiedliche Gefühle als Reaktion möglich.

Das Beispiel zeigt, wie sehr unsere Gedanken unsere Gefühle beeinflussen. Machen Sie bitte einmal folgendes Experiment: Stellen Sie sich vor, Sie hätten eine Zitronenscheibe in Ihren Händen. Jetzt führen Sie in Gedanken diese Zitronenscheibe zu Ihrem Mund. Beißen Sie gedanklich herzhaft hinein, saugen Sie den Zitronensaft aus der Scheibe und fluten Sie damit Ihren Mund. Sollten Sie in Gedanken wirklich mitgegangen sein, werden Sie jetzt sicherlich eine Reaktion bei sich feststellen. Vielleicht verziehen Sie das Gesicht, lächeln oder es läuft Ihnen zumindest ein bisschen Wasser im Mund zusammen. Es ist schon komisch, oder? Denn die Zitrone ist ja gar nicht existent, es gibt sie lediglich in Ihren Gedanken.

Bestimmt können Sie sich vorstellen, dass verschiedene Menschen ganz unterschiedlich auf ein und dasselbe Ereignisse reagieren: Nehmen wir einmal an, Ihr Partner/Ihre Partnerin flirtet auf einer Party mit einer anderen Frau bzw. einem anderen Mann. Sicherlich werden einige von Ihnen eifersüchtig reagieren, andere jedoch erleichtert (weil ihnen der eigene Flirt – wo auch immer – nicht mehr so falsch vorkommt). Wieder andere werden vielleicht stolz darauf sein, einen so attraktiven Lebensgefährten zu haben. Und während manche Angst vor einer öffentlichen Blamage haben und empört reagieren, werden andere plötzlich ganz traurig, weil sie eine Trennung befürchten. Sie sehen also: Unterschiedliche Menschen machen sich unterschiedliche Gedanken und reagieren daher auch mit unterschiedlichen Gefühlen.

Mit diesem Wissen können wir nun noch einen Schritt weiter gehen, uns unsere Gedanken bewusst machen und diese sowie die daraus entstehenden Emotionen analysieren. Dies birgt zwar die Gefahr, ebenso aber auch die Chance einer Minderung der Emotionsintensität. Wenn die Gedanken, die hinter der Emotion stecken, bekannt sind, dann können sie auch reflektiert werden. Auf diese Weise können wir prüfen, ob die Emotionen der Situation angemessen sind oder nicht. An dieser Stelle sei nochmals betont: Es geht nicht darum, Emotionen zu managen. Emotionen sind gut und wichtig. Es gibt bezüglich unserer Gefühle jedoch zwei Problemfelder: Erstens, wir reagieren mit der falschen Gefühlsintensität. Das heißt, wir sind wesentlich gekränkter oder wütender oder trauriger, als dies eigentlich sein müsste. Und/oder zweitens: Wir reagieren mit dem falschen Gefühl, also beispielsweise mit Ärger wegen des zerkratzten Autos statt mit Dankbarkeit über die Unversehrtheit des Sohnes.

Selbstverständlich fordere ich Sie nicht dazu auf, Gefühle zu unterdrücken. Das wäre grundfalsch und absolut kontraproduktiv. Das wäre genauso sinnvoll wie einen Deckel auf kochendes Wasser zu halten. Irgendwann fliegt einem der Kessel um die Ohren. Was aber wäre, wenn man schon vorher aktiv wird? Was wäre, wenn das Wasser gar nicht erst zum Überkochen käme?

Es heißt ja landläufig, man müsse seinem Ärger Luft machen, denn nach einem »reinigenden Gewitter« sei alles wieder im Lot. Wenn man dem anderen nur mal ordentlich seine Meinung sagt, geht es einem selbst gleich viel besser, oder? Seien Sie bitte vorsichtig mit solchen Annahmen! Das Einzige, was Sie erreichen werden, wenn Sie Ihren Ärger lautstark rausposaunen, ist, dass Sie noch häufiger Ärger rauslassen. Sonst nichts.

Übrigens: Besonders als Führungskraft ist es nicht empfehlenswert, stets seine Gefühle zu zeigen. Einige interessante Studien belegen, dass Führungskräfte, die zum Beispiel häufig Ärger oder Trauer zeigen, hinsichtlich Status und Kompetenz wesentlich geringer eingeschätzt werden als ihre souveräneren Kollegen. Folglich nimmt man sie auch weniger ernst. Dieses Phänomen gilt noch mehr für Frauen als für Männer. Frauen, die Wut oder Trauer zeigen, leiden noch mehr als ihre männlichen Kollegen an einer Geringschätzung ihrer Kompetenz und ihres Status. Es ist also ratsam, zu intensive oder eventuell unangebrachte Gefühle gar nicht erst zu zeigen. Aber wie genau kann man Gefühle in den Griff bekommen? Geht das überhaupt?

Lernen Sie, Ihre Gefühle zu hinterfragen

Kognitionspsychologische Ansätze versprechen, mehr Wissen über Emotionen und den Umgang mit ihnen zu gewinnen. Sie basieren auf folgender Grundannahme: Gefühle entstehen durch Erkenntnisse oder Annahmen über bestimmte Ereignisse, Personen oder Situationen. Albert Ellis hat in seinem ABC-Modell nachgezeichnet, wie ein Gefühl durch Kognition zustande kommen kann. A steht dabei für *Activating Event*, also eine bestimmte Situation oder das aktivierende Ereignis. B steht für *Belief* und beschreibt, wie wir dieses Ereignis bewerten. C ist schließlich die *Consequence*, also das emotionale Ergebnis der Bewertung. Ein Beispiel:

Sie sind Geschäftsführer einer Firma für Veranstaltungstechnik. Ein Großkunde ruft empört an und beschwert sich lautstark darüber, dass die Lichtanlage noch nicht aufgebaut sei (aktivierendes Ereignis). Sie hören, wie sehr sich der Kunde aufregt, und fürchten, dass der Auftrag, der einen großen Teil Ihres Jahresumsatzes ausmacht, verlorengehen könnte (Bewertung). Sie spüren Angst und vielleicht sogar Panik (Konsequenz).

Wer seine Gefühle verändern möchte, braucht häufig nur seine Annahmen, Informationen und Optionen zu überdenken. Dafür sollte man wissen, welche Bewertung den Gefühlen jeweils zugrunde liegt, die einem zu schaffen machen. Ich gebe Ihnen darum zunächst eine grobe Übersicht über einige Gefühle, die uns erfahrungsgemäß den Umgang mit anderen Mitmenschen erschweren, und die dahinterstehenden Bewertungen:

Bewertung	**Gefühl**
»Das ist prima, welch ein Glück!«	Freude
»Da schadet mir jemand, und das macht er auch noch mit Absicht.«	Wut
»Wenn das passiert, das wäre ja schrecklich!«	Angst
»Wie peinlich, dass das öffentlich geworden ist!«	Scham
»Es ist etwas geschehen, das einen Verlust für mich bedeutet.«	Trauer
»Ich habe von jemandem, der mir viel bedeutet, nicht genügend Beachtung erfahren.«	Kränkung
»Ich muss das unbedingt schaffen!«	Druck

Schauen wir nun genauer hin: Wenn jemand wütend wird, dann hat er zuvor das Ereignis wie folgt bewertet: »Mir wurde ein Schaden zugefügt.« Beispielsweise könnte die Erfüllung eines gerechten Anspruchs bedroht worden sein – und das geschah auch noch mit Absicht (zumindest laut Bewertung der betroffenen Person). Ein Beispiel: Sie teilen einen Mitarbeiter für den Wochenenddienst ein, ohne dies vorher mit ihm besprochen zu haben. Der Mitarbeiter kann nun wütend werden, weil er denkt: »So eine Sauerei! Jetzt kann ich den Ausflug mit meiner Familie vergessen (Schaden). Er weiß doch, dass ich zwei kleine Kinder habe. Er hätte doch auch einen kinderlosen Kollegen einteilen können (Absicht). Der spinnt wohl …«

Die Verbindung zwischen Fühlen und Denken ist hier sehr stark ausgeprägt. Man spricht in so einem Fall auch von einer Bewertungs-Gefühls-Logik.[108] Sie dürfen sicher sein: Immer wenn Sie ein bestimmtes Gefühl haben, dann haben Sie auch eine bestimmte Bewertung angestellt. Das ist uns oft jedoch nicht einmal bewusst. Um dieses Muster zu erkennen, muss man sich sehr genau in die Bewertungs-Gefühls-Logik hineindenken: Eine Seminar-Teilnehmerin sagte mir einmal in einem Vortrag: »Ich weiß nicht, Herr Borbonus. Ich habe neulich meiner Tochter aufgetragen, ein paar Englisch-Vokabeln zu lernen. Da ist sie richtig wütend geworden. Aber meine Tochter bewertet hier doch nicht Schaden und Absicht!« Oh doch – und wie sie das tut! Natürlich denkt die Tochter: »So ein Mist. Ich wollte gerade eine neue Folge von *Gute Zeiten, schlechte Zeiten* sehen. Jetzt soll ich Vokabeln lernen, da verpasse ich die Folge (Schaden). Und wieso mischt sie sich immer in meine Sachen ein. Ich stehe doch gut da in der Schule, sie soll sich um ihren eigenen Kram kümmern (Absichtsunterstellung).« Auch wenn diese Bewertungen unbewusst ablaufen, sie finden statt.

Gerade bei Ärger stelle ich immer wieder fest, dass viele Menschen dieses Gefühl sozusagen kultivieren, indem sie es ständig wieder aufleben lassen. Das tun auch Sie beispielsweise, wenn Sie anderen Menschen wieder und wieder von einer bestimmten Sache berichten, nach dem Motto: »Stell dir vor, welche Sauerei hier wieder im Gange ist. Da hat der doch tatsächlich ...« Dem Unterbewusstsein ist es egal, ob Sie die Situation gerade tatsächlich erleben oder nur davon erzählen und sie somit »nur« geistig abläuft. Der Ärger wiederholt sich, und Sie fühlen sich immer wieder aufs Neue gestresst. Also: Einmal aufregen reicht, vielleicht noch einmal davon berichten. Und dann ist aber auch gut!

Was fangen Sie jetzt mit diesem Wissen an? Versuchen Sie zunächst, sich in Zukunft über die Bewertungen, die Bestandteil Ihrer Emotionen sind, bewusst zu werden. Sie können sich dafür ein paar Fragen stellen. Zum Beispiel – und diese ist besonders wichtig: Ist die Bewertung realistisch? Denn wenn die Antwort hierauf »nein« lautet, dann passiert etwas sehr Spannendes: Das Gefühl verändert sich, verblasst, verschwindet vielleicht sogar ganz.

Würde sich die Tochter zum Beispiel ganz ehrlich fragen: Habe ich hier wirklich einen Schaden zu beklagen?, würde sie wahrscheinlich zu dem Schluss kommen: Nein, denn die Folge wird samstags wiederholt, dann kann ich sie mir in aller Ruhe anschauen. Und schon würde die Wut etwas kleiner werden. Ebenso kann sich der Mitarbeiter, der von seiner Führungskraft eingeteilt wurde, fragen: Gibt es einen Schaden? Ja. Macht der Chef das absichtlich? Nein, denn alle anderen geeigneten Kollegen sind krank oder im Urlaub. Er kann ja gar nicht anders. Diese Bewertung reicht dann nur noch für eine leichte Verstimmung, sicherlich aber nicht für Wut oder Empörung.

Auf diese Weise wird Ihnen sehr schnell klarwerden, welche Bewertung Sie in einer bestimmten Situation angestellt haben. Bei Ärger oder offener Wut hinterfragen Sie den Schaden und die Absicht: Wer ist verantwortlich? Wie groß ist der Schaden wirklich? Kann ich den Schaden irgendwie auffangen? Welche Rechtfertigungsgründe für die Handlungsweise des Gegenübers gibt es? Bin ich vielleicht auch voreingenommen gegenüber dem schwierigen Zeitgenossen?

Wenn eine Emotion schnell und intensiv aufkommt, dann fällt es meist jedoch schwer, sich erst einmal ruhig, sachlich und selbstkritisch Gedanken zu machen. Unter dem Einfluss einer schnellen und intensiven Emotion kann niemand mehr klar denken. Dann ist man eben »blind vor Wut«. Das Zauberwort heißt hier: Zeit. Warten Sie, bis sich der »hormonelle Nebel«, der entsteht, wenn eine Emotion so richtig hochkocht, verzogen hat. Erst dann ist sinnvolles Handeln wieder möglich. Nehmen Sie Abstand zur Person, zur Situation. Frische Luft, eine Runde um den Block – schaffen Sie sich einige Minuten Zeit. Danach oder währenddessen prüfen Sie, inwieweit Ihre Bewertungen zutreffen und was zu tun ist.

Bei Angst hinterfragen Sie die Bedrohung: Was ist bedroht? Ist es das Leben, die Gesundheit, der Status, der Selbstwert, andere Personen? Wer kann diese Bedrohung bis zu welchem Grad kontrollieren? Kann die Bedrohung vermieden werden? Wie kann ich mich schützen? Gibt es eine Möglichkeit, die Folgen der Gefahr zu mildern? Kann ich mögliche Verluste kompensieren?

Natürlich besteht immer auch die Möglichkeit, dass die Bewertung tatsächlich realistisch ist. Nehmen wir noch einmal die Wut: Angenommen, der Mitarbeiter, der für den Wochenenddienst kurzfristig eingeplant wurde, kommt zu der Erkenntnis, dass sowohl der

Schaden (Familienausflug findet nicht statt) groß ist als auch die Absicht offensichtlich (der Chef hätte viele andere fragen können oder er hätte den Einsatz zumindest wesentlich früher ankündigen können). Was ist dann zu tun?

Wie schon erwähnt, enthält ein Gefühl auch immer eine Verhaltenskomponente. Das Gefühl möchte uns zum Handeln bringen. Es hält eine ganz bestimmte Handlungsempfehlung für uns bereit:

Gefühl	**Verhalten**
Wut sagt	Wehre dich!
Trauer sagt	Nimm Abschied!
Angst sagt	Rette dich!
Kränkung sagt	Stärke dein Selbstbewusstsein!
Freude sagt	Danke! Mehr davon!
Druck sagt	Entlaste dich!
Scham sagt	Schütze dich mehr!

Wenn ein Gefühl intensiv ist und auf einer absolut realistischen Bewertung beruht, dann ist es wichtig, seiner Botschaft zu folgen. Tun Sie das nicht, dann kann das auf Dauer sehr belastend wirken. Angenommen, Sie erhalten von Ihrem Vorgesetzten nicht die Beachtung, die Sie sich wünschen oder erhoffen. Dann rennen Sie nicht ständig Ihren Ohrfeigen hinterher, sondern schauen Sie besser, wo Sie Ihr Selbstbewusstsein sonst stärken können, zum Beispiel durch Erfolgszahlen, Kollegen, Mitarbeiter, zufriedene Kunden oder Ähnliches.

Der physiologische Hebel

Neben dem kognitiven Hebel, um Emotionen besser in den Griff zu bekommen, steht uns auch ein physiologischer Hebel zur Verfügung. Der Geist mitsamt seinem Organ, dem Gehirn, steht immer in Bezug zum gesamten Körper. Nehmen Sie zum Beispiel Gefühle, Emotionen und geistige Verfassungen. Sie bestimmen den Körperausdruck. Trauer ist den Menschen deutlich anzusehen (der Kopf ist gesenkt, Tränen kullern die Wangen hinunter). Der Psychologe Paul Ekman hat übrigens nachgewiesen, dass alle Menschen auf der Welt die Primärgefühle Ärger, Trauer, Angst, Ekel und Freude ähnlich oder gleich ausdrücken. Sehr faszinierend! Gefühle sind also wirklich jedem Menschen gleich ins Gesicht geschrieben.[109]

Vorgänge im psychischen System können nicht ohne Vorgänge im Körper stattfinden. Wie auch? Wenn Menschen denken, fühlen, handeln, ist der Körper immer mit im Spiel. Wenn wir stolz sind, schreiten wir mit aufrechtem Gang und geschwellter Brust umher. Wenn man sich über etwas sehr freut, dann ist der Gang meist federleicht, beschwingt, vielleicht tänzelnd. Das Gesicht strahlt. Regt man sich über einen Autofahrer auf, erkennt man den Ärger oft erst, wenn man sieht, dass die Knöchel der Hand schon ganz weiß sind, weil sie sich um das Lenkrad krallen.

Nun stellen Emotionspsychologen eine hochinteressante Frage: Kann es nicht auch sein, dass man sich gut fühlt, weil man beschwingt läuft? Dass man stolz ist, weil man aufrecht geht? In der Psychologie bezeichnet man diesen spannenden Prozess als Body-Feedback. Das heißt, das psychische System bekommt Rückmeldungen aus dem Körper und reagiert darauf. Körper und Psyche beeinflussen sich wechselseitig. Der Körper kann also auch auf die Psyche wirken, nicht nur umgekehrt.

Zu dieser Beziehung gibt es ein sehr bekanntes Experiment von Fritz Strack, Leonard Martin und Sabine Stepper. Sie sind der Frage nachgegangen, inwieweit der Gesichtsausdruck Einfluss auf das psychische Empfinden nimmt. Hierzu mussten einige Versuchsteilnehmer einen Stift in den Mund nehmen. Eine Gruppe sollte den Stift mit den Lippen halten, die andere Gruppe sollte den Stift zwischen die Zähne klemmen, so dass die Lippen den Stift nicht berührten. Wenn man den Stift mit den Lippen hält, wird ein Muskel (*orbicularis oris*) aktiviert. Dieser Muskel verhindert wiederum die Aktivierung eines anderen Muskels, der für das Lächeln zuständig ist. Wenn man also den Stift mit den Lippen hält, wird ein Lächeln verhindert. Hält man den Stift allerdings zwischen den Zähnen (und die Lippen berühren den Stift nicht), dann wird der *zygomaticus major* (der Lächel-Muskel) angeregt, ganz so als würde man lächeln.

Später fand man heraus, dass ein bestimmter Cartoon von den Versuchsteilnehmern, deren Lächel-Muskel aktiviert worden war, als viel lustiger empfunden wurde als von denjenigen, bei denen sich der Stift zwischen den Lippen befand. Kurzum: Die Leute, bei denen der Stift zwischen den Zähnen steckte, waren danach einfach besser drauf. Oder anders ausgedrückt: Nur weil sie ihren Mund wie beim Lachen verzogen, fühlten sie sich auch wie ein Lachender. Verrückt, oder?

Vielleicht ist es also gar nicht so dumm, ein glückliches Gesicht zu machen, wenn man sich eigentlich traurig fühlt.[110] Allerdings sollten Sie jetzt nicht vorschnell Rückschlüsse ziehen. Das Experiment ist nicht zu hundert Prozent auf den Alltag übertragbar. Sich einen Stift zwischen die Zähne zu klemmen macht nicht zwangsläufig glücklich. Eines steht jedoch sicher fest: Der Körper hat großen Einfluss auf unsere Psyche, und dieser sollte nicht unterschätzt werden. So wirkt sich zum Beispiel unsere Sitzhaltung direkt auf das Durchhaltevermögen bei schwierigen Aufgaben aus: Wer aufrecht sitzt, hält wesentlich länger durch. Und auch die Kopfbewegung nimmt unmittelbaren Einfluss auf unsere Einstellung.

Des Weiteren geht jedes Gefühl mit charakteristischen Veränderungen körperlicher Prozesse einher. Zum Beispiel Wut: Die Atmung wird flach, bestimmte Muskeln (Oberkörper, Arme) spannen sich an und so weiter. Wenn Sie nun in Bezug auf die Körpersprache entgegengesetzt arbeiten, dann können Sie die Emotion gar nicht so intensiv empfinden. Wenn Sie also merken, dass Sie wütend werden, dann lassen Sie doch einmal die Arme hängen, atmen Sie tief durch, und lehnen Sie sich zurück. Sie werden sehen, dass die Wut deutlich geringer ausfällt, denn der dazugehörige körpersprachliche Ausdruck ist nicht mehr möglich.

Und natürlich können Sie auch über die Körpersprache etwas Einfluss nehmen auf Ihr Gegenüber. Vor allem auf die sogenannten Blockierer. Körpersprachlich bringen diese schwierigen Zeitgenossen ihre Blockadehaltung meist mit verschränkten Armen und abgewandter, starrer Körperhaltung zum Ausdruck. Versuchen Sie doch einmal, die Körperhaltung Ihres Gesprächspartners zu verändern, um somit auch dessen innerer Haltung neue Impulse zu geben.

Wie kann das gelingen? Wenn Sie jemanden, dem man die Blockadehaltung förmlich ansieht, vor sich haben, dann geben Sie demjenigen zum Beispiel etwas in die Hand (zum Beispiel eine Visitenkarte, einen Flyer oder Ähnliches). Sobald er das entgegennimmt, muss er sich öffnen. Und dann öffnet er sich innerlich vielleicht auch ein wenig Ihren Vorschlägen. Oder zeigen Sie ihm etwas auf einem Blatt Papier. Schieben Sie das Blatt aber nicht zu dicht zu Ihrem Gesprächspartner, denn dann muss er sich ein klein wenig zu Ihnen neigen. Vielleicht bekommen Sie auf diesem Wege auch etwas »Zuneigung«. Übrigens: Sie dürfen sich an dieser Stelle auch gern einmal fragen, warum die Worte Haltung (für innere Haltung) und Haltung (für Körperhaltung) identisch sind. Sprache ist niemals Zufall!

Um die Körperhaltung des anderen zu beeinflussen, können Sie auch versuchen, sich Ihrem Gegenüber zunächst anzupassen und ihn anschließend zu lenken. In der Fachsprache nennt man das »Pacing and Leading«. Wenn jemand zurückhaltend dasitzt, sollten Sie eine ähnliche, zurückhaltende Haltung einnehmen. Natürlich nicht im Sinne von Nachäffen. Die Grundhaltung zu spiegeln ist absolut ausreichend. Wenn jemand Distanz braucht, sollten Sie ihm auch Distanz geben. Kommen Sie dagegen mit Nähe-Angeboten, dann verlangt das Gegenüber in der Regel nur noch mehr Distanz. Verfolgen Sie niemals einen Distanzierer!

Sie kennen doch bestimmt die Metapher »wir sprechen die gleiche Sprache« im Sinne von »wir verstehen uns«. Das gilt auch für die Körpersprache. Menschen, die sich verstehen, sprechen die gleiche

Körpersprache. Und wenn Sie das eine Zeit lang gemacht haben, dann können Sie Ihre Haltung einmal verändern. Sie werden überrascht sein: In vielen Fällen ist das der Anlass für Ihr Gegenüber, seine Haltung ebenfalls zu verändern. Sie kennen das von einem angenehmen Essen im Restaurant. Greift der eine zum Glas Wein, dann greift der andere nicht selten ebenfalls zu seinem Glas. Somit können Sie durch Pacing and Leading zumindest die nonverbale Blockadehaltung Ihres Gegenübers bearbeiten.

Mit Gefühlen anderer umgehen

Ein respektvoller Umgang miteinander wird auch in dem Moment schwierig, in dem sich Gefühle nicht bei uns, sondern bei unserem Gegenüber breitmachen. Hier hilft Empathie oder emotionale Intelligenz. Doch was genau ist das? Gefühle des anderen zu verstehen und sein Verhalten auf dieses Verständnis abzustimmen – das ist emotional intelligent. Das ist empathisch.

Nutzen Sie die kognitive Bewertungstheorie in Situationen, in denen Ihr Gesprächspartner emotional und dadurch unter Umständen unbequem wird. Dabei ist es wichtig, die Befürchtungen und die kognitiven Prozesse zu begreifen, die einem schwierigen und vielleicht sogar respektlosen Verhalten zugrunde liegen. Wenn Sie den anderen verstehen, können Sie verhindern, dass seine Gefühle zu intensiv werden und das Gespräch eskaliert.

Nehmen wir zum Beispiel einen Menschen, der häufig bis ständig Schaden und Absicht unterstellt. Er wirkt cholerisch, aufbrausend, manchmal sogar ein wenig paranoid. Überall lauert das Böse, denkt er sich. Wut und Ärger werden für ihn zu ständigen Begleitern, deren Botschaft lautet: »Wehre dich!« Dadurch sieht er viele potentielle Feinde, gegen die es zu kämpfen gilt. Jetzt, nachdem Sie durch die kognitive Bewertungstheorie die Hintergründe solcher Gefühle etwas besser kennengelernt haben, können Sie sicher die eine oder andere hilfreiche Verhaltensweise ableiten. Der französische Psychologe Francois Lelord gibt uns dazu einige wertvolle Tipps:[111]

1. Legen Sie klar Ihre Beweggründe und Absichten dar. Wenn jemand oft Ärger oder Wut an den Tag legt, unterstellt er nur allzu schnell, dass man ihm absichtlich Schaden zufügen möchte. Daher ist es wichtig, nicht noch Indizien zu liefern, die einen solchen Verdacht bestätigen. Hier sind Klarheit und Präzision gefragt. Am besten fragt man auch hin und wieder einmal nach, wie eine Aussage beim anderen angekommen ist.

2. Wahren Sie gewissenhaft die Form. Ich hatte mal eine Coaching-Klientin, die große Probleme mit einem Kollegen auf gleicher Hierarchie-Stufe hatte. Ein ganz wunder Punkt für sie: Der Kollege kam zu Meetings hin und wieder wenige Minuten zu spät. Das brachte sie zur Weißglut, weil sie dachte, er mache das, um ihr seine »Macht« zu demonstrieren. Eine typische Denkweise für Menschen, die gerne Schaden und Absicht unterstellen. Im zwischenmenschlichen Umgang ist es deswegen wichtig, sich strikt an Verabredungen zu halten, Anredeformeln bei der schriftlichen Korrespondenz zu beachten, Termine einzuhalten, Deadlines zu berücksichtigen, nicht ins Wort zu fallen und so weiter.

3. Unterhalten Sie regelmäßige Kontakte zu dieser Person. Es liegt nahe, dass wir aufbrausenden Menschen am liebsten aus dem Weg gehen. Das wäre aber wie Öl ins Feuer zu gießen. Denn wenn Sie ihnen ausweichen, denken sie bloß wieder, dass Sie etwas im Schilde führen.

4. Berufen Sie sich stets auf Gesetze und Regeln. Damit neutralisieren Sie die Idee, dass Sie mit Absicht etwas tun, was der Person schaden könnte. Denn an Regeln und Gesetze muss man sich eben halten, das kann nichts mit Absicht zu tun haben.

5. Reden Sie nie schlecht über die Person, denn sie wird es erfahren. Da sie ja ohnehin davon ausgeht, dass Sie ihr Schaden zufügen wollen, hat sie gute Antennen für Gerede, bleibt zum Beispiel gern vor der Teeküche stehen, um etwas aufzuschnappen und so weiter. Hier sollten Sie also besonders vorsichtig sein.

6. Klären Sie Missverständnisse auf. Manchmal kann man an Menschen, die ein wenig paranoid sind, wirklich verzweifeln. Es erfordert Anstrengung, Dinge geradezurücken und Missverständnisse

aufzuklären. Hierbei ist es nicht immer einfach, richtig zu argumentieren und standhaft zu bleiben. Dennoch sollten Sie dranbleiben. Nutzen Sie jede Chance, ein Missverständnis aufzuklären. Denn das ist wie mit einem Schneeball: Den Schneeball kann man vielleicht noch zertreten. Hat sich erst eine Lawine entwickelt, dann wird es schwer, sie aufzuhalten.

Auch für ängstliche Persönlichkeiten bietet Lelord interessante und zielführende Handlungsimpulse:[112]

1. Zeigen Sie, dass man sich auf Sie verlassen kann. Ängstliche Menschen sehen überall Gefahren und Bedrohungen, sie versuchen sich, wo es geht, abzusichern, sie glauben oft, sich retten zu müssen. Daher sollten Sie im Umgang mit solchen Menschen sehr achtsam und vorausschauend sein. So geben Sie der ängstlichen Persönlichkeit das Gefühl, respektiert zu werden. Kontraproduktiv wäre es dagegen, wenn Sie die vermeintlichen Gefahren ignorierten oder nicht ernst nähmen.

2. Helfen Sie beim Relativieren. Lassen Sie den ängstlichen Charakter einmal den Teufel an die Wand malen. Das ist vielleicht kontraintuitiv, aber es hilft wirklich. Indem man die Ängste benennt, wird aus einem unbestimmten, diffusen Gefühl eine ganz bestimmte konkrete Angst. Und mit der kann man oftmals viel leichter umgehen. Bei einem meiner Vorträge vor großem Publikum sprang vor kurzem einmal sehr kurzfristig eine Kollegin als meine Co-Referentin ein. Ein paar Stunden vor dem Start bekam sie das, was man gemeinhin als Redeangst bezeichnet. Ihr Zustand wurde so schlimm, dass ich mir etwas einfallen lassen musste. Also habe ich sie gefragt: »Was kann denn schlimmstenfalls passieren?« Ihre Antwort: »Na ja, vielleicht gehen ein paar Leute früher, wenn es ihnen nicht gefällt. Vielleicht schreiben sie schlechte Beurteilungen in die Bewertungsbögen.« Bereits beim Aussprechen realisierte sie, dass es zwar wirklich Mist wäre, wenn diese Fälle eintreten, aber eine wirkliche, eine existentielle Bedrohung geht selbst von diesem »schlimmsten Fall« nicht aus. Therapeuten nennen das Desensibilisierung. Zusätzlich können Sie noch zu den einzelnen Punkten Stellung nehmen und somit für mehr Sicherheit sorgen. Ich habe zum Beispiel damals ge-

sagt, dass ich die Beurteilungsbögen verschwinden lassen würde, falls es schlechte Bewertungen gegeben hätte. Das hat meine Kollegin damals sehr entlastet. Und am Konjunktiv II haben Sie auch schon bemerkt, dass die Angst vor schlechten Bewertungen gänzlich unbegründet blieb.

3. Pflegen Sie einen freundlichen Humor. Humor entspannt immer, besonders im Umgang mit übertriebenen Ängsten. Vor allen Dingen ist ein freundlicher Humor viel besser als sarkastische oder spöttische Antworten. Mit Humor gelingen schon einmal Relativierungen, ohne die Sorgen zu bagatellisieren.

4. Lassen Sie sich nicht versklaven. Ängstliche Menschen können sehr viel Energie aufwenden, um »sich zu retten«. Da werden dann zahlreiche Risiko-Verhütungsstrategien entworfen. Weil dahinter eine gute Absicht steckt, lässt man sich oft und gern vor den Sicherheits-Karren spannen. Hier ist Vorsicht geboten.

5. Erzählen Sie nicht unnötig, was Sie selbst beunruhigt. Allzu gern teilen wir unsere Sorgen in einer Art Smalltalk mit anderen. Dann fallen Sätze wie »Hoffentlich gibt es keinen Stau, sonst verpassen wir am Ende noch unseren Flieger.« Oder: »Hoffentlich funktionieren der Beamer und die Technik ordentlich.« Wir tun das viel häufiger, als Sie denken! Aber die ängstliche Persönlichkeit macht das wahnsinnig! Es bürdet ihr zusätzliche Gefahren, Risiken und Bedrohungen auf, die für sie unerträglich werden können.

Sie sehen: Wenn man sich die Gefühle einmal deutlich vor Augen führt und über die Bewertungen und die Botschaften in Ruhe nachdenkt, dann ergeben sich sehr viele Ideen für den Umgang mit Emotionen. Und wer empathisch mit den Gefühlen anderer umgeht, beweist Respekt und kann die Beziehung zu anderen Menschen so nachhaltig verbessern.

Chancen respektvollen Verhaltens. Beispiel Wirtschaft

Besonders in Unternehmen zeigt sich, wie vorteilhaft es ist, seinen Mitarbeitern Respekt entgegenzubringen und auf Respektlosigkeiten zu verzichten. Warum ist das so? Respekt beflügelt uns. Er erleichtert das Zusammenleben und erhöht die Produktivität von Menschen enorm. Mir geht es nicht darum, die Welt zu verbessern oder »netter« zu machen. Ich bin Pragmatiker, ich werde dafür bezahlt, Menschen bzw. ein Unternehmen erfolgreicher zu machen. Und nicht weniger vermag ein respektvoller Umgang.

Die Wissenschaftler, die hinter der schon erwähnten RespectResearchGroup stecken, drücken es so aus: »Mitarbeiter, die respektvoll geführt werden, identifizieren sich stärker mit ihren Führungskräften und respektieren diese stärker.«[113] Dem Thema Kommunikation in einem Unternehmen sollte meines Erachtens mehr Aufmerksamkeit gewidmet werden. Denn Rhetorik ist das Führungsinstrument schlechthin.

Ziel jedes Unternehmens ist es, erfolgreich zu sein. Bei wirtschaftlichen Unternehmen wird dies meist in ökonomischem Mehrwert ausgedrückt. Respekt im Bereich der Organisationskommunikation muss deshalb auch einen messbaren Mehrwert haben, sonst ist die Beschäftigung damit sekundär. Diesen Mehrwert möchte ich aufspüren.

In einem Artikel über den Angestellten der Zukunft hat Pieter A. Grobler, Professor für Human Resource Management an der University of South Africa, einen interessanten Vergleich zwischen den Charakteristika der ökonomischen Unternehmenskommunikation zu Beginn und am Ende des 20. Jahrhunderts angestellt.

Früher hatten Unternehmer und Mitarbeiter ein paternalistisches Verhältnis, ausgehend von der Seite des Unternehmers. Der Wert des Mitarbeiters beruhte auf der ihm von Seiten des Unternehmers zugeordneten Einschätzung. Es herrschte Korpsgeist: Im Unternehmen blieb, wer loyal war, jedem anderen wurde langfristig gekündigt. Die Kommunikation verlief hierarchisch. Bei bedingungsloser Pflichterfüllung winkte die Belohnung durch den Erhalt des Arbeitsplatzes bis zur Rente. Eine Beförderung war die Belohnung für den Mehrwert, den man dem Unternehmen gebracht hat.

Heute gehen Unternehmer und Mitarbeiter einen Vertrag unter Gleichrangingen ein. Der Wert des Mitarbeiters wird von ihm selbst definiert. Beendigung oder Neubeginn eines Arbeitsverhältnisses werden gefeiert und damit Respekt erwiesen. Die Kommunikation erfolgt weitgehend gleichrangig. Und die Beförderung bleibt zwar eine Belohnung für den Mehrwert, den er dem Unternehmen gebracht hat, aber der Mitarbeiter sucht auch nach persönlicher Vervollkommnung.[114]

Der Vergleich zeigt deutlich den Zugewinn des Mitarbeiters im Laufe des 20. Jahrhunderts in Bezug auf seinen Selbstwert und auf seine Autonomie, und er verdeutlicht, wie respektvoll der Unternehmer mit seinen Mitarbeitern heute umgeht. Hier ist nicht der Ort gesellschaftshistorischer Betrachtungen, darum ziehen wir lediglich den Schluss: Die ökonomische Leistungsfähigkeit der deutschen Wirtschaft ist heute gegenüber der zu Beginn des 20. Jahrhunderts deutlich höher. Offenbar hat das Zugeständnis horizontalen Respekts dazu einen wirksamen Beitrag geleistet. Hier gilt es, weitere Potentiale zu erkennen und zu nutzen.

Wenn ein Mitarbeiter sein Arbeitsverhältnis kündigt, hat das zum Beispiel oft damit zu tun, dass er sich von seinem Vorgesetzten nicht geschätzt fühlt. Anerkennung, Lob und das Zulassen anderer Meinungen sind in Deutschland im internationalen Vergleich nach wie vor gering ausgebildet.[115] Dabei haben Wissenschaftler nachgewiesen, dass Respekt in der Werteskala oft noch vor dem Einkommen oder dem sicheren Job steht, dieser aber von den Mitarbeitern selten erfahren wird.[116]

Die Forschung ist sich einig: Im Zeitalter der Globalisierung gewinnt der respektvolle Umgang in der Arbeitswelt einen noch höheren Stellenwert. Um die Anforderungen an moderne Unternehmen in der Globalisierung zu bewältigen, sollte der Führungsstil durch gegenseitige Achtung geprägt sein. Denn die Mitarbeiter öffnen sich so für Führungsentscheidungen, erleben Selbstbestimmung und steigern damit auch die eigene Arbeitszufriedenheit. Dies wiederum erhöht die Leistungsfähigkeit des Unternehmens im Allgemeinen, ermöglicht aber vor allem die in der Globalisierung notwendige Schnelligkeit und Flexibilität unternehmerischen Handelns.[117]

Respekt in Firmen besitzt sogar eine besondere Funktion in Bezug auf die Identifikation mit dem Unternehmen.[118] Außerdem kann respektvolles Führen einen positiven gruppendynamischen Effekt haben und den Selbstwert des Einzelnen heben.[119] Mit Letzterem steigt wiederum die Arbeitszufriedenheit.

Eine weitere wichtige Erkenntnis ist, dass insgesamt weniger die Beziehung der Mitarbeiter gleicher Hierarchieebene eine Rolle spielt als die auf der vertikalen Achse, zwischen Führungskräften und Mitarbeitern. In der unternehmerischen Praxis bedarf es deshalb einer Form des respektvollen Führens, die auch von den Mitarbeitern wahrgenommen wird. Wichtige Bausteine sind hier zum Beispiel, dass der bzw. die Vorgesetzte offenkundig seinen Mitarbeitern das Vertrauen entgegenbringt, eigenverantwortlich und autonom Leistung zu bringen. Des Weiteren spielen sachlich geäußerte, konstruktive Kritik, Anerkennung, Interesse für die Meinung des Gegenübers, Höflichkeit und funktionierender Informationsfluss eine Rolle. Fairness und Ehrlichkeit sowie Unterstützung gegenüber Außenstehenden im Konfliktfall sollten ebenfalls selbstverständlich sein.[120]

Wer sich geschätzt fühlt und seine Leistung anerkannt sieht, wird eine positive Beziehung zu seinem Arbeitgeber aufbauen und entsprechend mehr leisten können oder wollen.

WIE SIE MIT RESPEKTLOSIGKEITEN UMGEHEN

Bekannte Respektlosigkeiten und die besten Reaktionen

Auf Respektlosigkeiten – vermeintliche oder echte – reagieren wir in der Regel nach einem bestimmten persönlichen Strickmuster: Wir zeigen Unsicherheit, werden zornig oder aber setzen uns mit einer gewissen Arroganz zur Wehr. Nur – ist das wirklich ratsam? Würden Sie einem wankelmütigen, wütenden oder überheblichen Menschen folgen?

Fakt ist: Wenn uns jemand respektlos (vor-)kommt, nehmen wir das meist gleich persönlich. Selten ruhen wir in diesem Moment so in uns selbst, dass die Vorwürfe an uns abprallen oder uns erst gar nicht erreichen. Alle Sachlichkeit und Ruhe sind dahin. Und warum? Weil wir uns selbst als Person in Frage gestellt sehen. Wir neigen dazu, egozentrisch zu sein: Kritik oder kleinere Respektlosigkeiten bringen wir direkt mit uns als Mensch und Persönlichkeit in Verbindung.

Auch ich selbst tappe regelmäßig in diese Falle. Ein Beispiel: Vor einiger Zeit hatte ich im Auftrag des Mitteldeutschen Rundfunks (MDR) die Aufgabe, ein Rededuell zwischen den Politikern Thomas de Maizière und Wolfgang Tiefensee zu analysieren. Es handelte sich um eine Live-Veranstaltung in Dresden vor rund 200 Besuchern. Direkt vor mir in der ersten Reihe saß ein Mann, der ständig an mir vorbei aufs Podium schaute und mich keines Blickes würdigte.

Ich gab mir Mühe, ihn »einzufangen«: Ich redete auf ihn ein, trat auf ihn zu, beugte mich zu ihm herunter und versuchte schließlich, mit intensiven Handbewegungen seinen Blick auf mich zu ziehen. Kurz: Ich tat alles, um seine Aufmerksamkeit zu erregen. Vergeblich.

Ehrlich gesagt, empfand ich sein Verhalten als ziemlich respektlos. Ich fragte mich, womit ich diese ignorante Haltung verdient und warum ich diesen Menschen nicht erreicht hatte. Nach der Veranstaltung sprach mich dieser Mann dann hinter der Bühne an. Mir schwante Böses: War er vielleicht ein MDR-Offizieller, der mir kundtun wollte, dass es das nun war mit der Zusammenarbeit? Offensichtlich hatte es ihm ja so gar nicht gefallen.

Dann die Überraschung: »Herr Borbonus, ich habe es schon gemerkt, dass Sie es gerne gehabt hätten, dass ich mich einmal zu Ihnen umdrehe. Nur: Ich bin ein Personenschützer von Herrn de Maizière, und ich darf ihn nicht eine Sekunde aus den Augen lassen!«

Diese kleine Episode zeigt: Nehmen Sie sich selbst nicht zu wichtig! Nicht jedes Verhalten bezieht sich wirklich auf Sie, man muss nicht gleich wegen jeder Kleinigkeit in Aufruhr geraten oder sogar aus der Haut fahren. Der Drängler auf der Autobahn, der mit seinem 250-PS-Coupé praktisch schon meine hintere Stoßstange küsst, ist womöglich ein liebender Familienvater, der gerade sein krankes Kind so schnell wie möglich ins nächste Krankenhaus bringen will. Immerhin, das könnte doch sein …

Zahlen Sie Respektlosigkeiten nicht mit gleicher Münze heim – es gibt dafür gute Gründe. Das gilt natürlich für alle Menschen, aber besonders für Frauen: In einer Ausgabe von *Psychologie heute* heißt es: »Wenn Männer im Berufsleben Ärger äußern, verhilft ihnen das zu einem höheren Ansehen, wütende Frauen dagegen verlieren an Status und gelten als charakterschwach.«[121]

Mit dieser These beschäftigte sich sogar eine wissenschaftliche Studie, nachdem man festgestellt hatte, dass US-Präsidentschaftskandidatin Hillary Clinton bei den Umfragewerten Schwierigkeiten bekam, weil sie des Öfteren zornig wirkte. Den von ihr geäußerten Ärger legten die Wähler offenbar als Unbeherrschtheit und somit als Charakterschwäche aus. In dem Versuch sahen verschiedene Versuchspersonen Kurzfilme mit vermeintlichen Bewerbungsgesprächen. Die Bewerber mussten auf eine bestimmte Frage hin angeben, ob sie entweder wütend, traurig oder ohne Gefühl gewesen seien. Dann wurden die Versuchspersonen gebeten, sowohl Status als auch Kompetenz des jeweiligen Bewerbers einzuschätzen.[122]

Das verblüffende Ergebnis: Verärgert reagierende Frauen wurden mit Blick auf Status und Kompetenz signifikant niedriger eingestuft.

Man traute ihnen kaum etwas zu. Damit nicht genug: Die Versuchspersonen schätzten sie als »emotional unkontrollierbar« oder sogar als »zänkische Zicken« ein.[123]

Vermeiden Sie die typischen Reflexe auf Respektlosigkeiten so gut es eben geht. Nehmen wir einen Vergleich aus dem Kampfsport: Während der Boxer den gegnerischen Schlag blockt, indem er seine Deckung aufbaut, versucht zum Beispiel der Judoka, die Energie des Gegners für seine Zwecke zu nutzen. Er käme nie auf die Idee, eine Bewegung einfach nur abzuwehren. Das wäre aus seiner Sicht reine Energieverschwendung.

Dieses Vorgehen empfiehlt sich auch in der Kommunikation. Wer es schafft, auf Respektlosigkeiten – seien sie auch noch so fies und hinterhältig – mit Souveränität und vielleicht sogar Humor zu reagieren, der ist ganz weit vorne. Hier trennt sich die Kommunikations-Spreu vom Kommunikations-Weizen. Natürlich gibt es für den richtigen Umgang mit Respektlosigkeiten kein Patentrezept – keine Strategie passt immer und überall. Wichtig ist, dass Sie Ihr Repertoire erweitern.

Straße der Sachlichkeit & die Kunst der Deeskalation

An anderer Stelle habe ich es schon betont: Wenn jemand Sie ohne jeden Respekt behandelt, dann gibt es keinen Grund, sich darüber aufzuregen. Wenn Sie es doch tun, dann nur, weil Sie es wollen! In meinen Seminaren ruft mir der eine oder andere Teilnehmer mitunter zu: »Aber man muss sich doch wehren! Man darf sich doch nicht alles gefallen lassen!« Das ist richtig – bloß müssen wir deshalb selbst respektlos werden?

Eine Provokation, so sie denn eine ist, hat doch genau das zum Ziel. Wenn Sie beleidigend werden oder gänzlich die Beherrschung verlieren, dann machen Sie sich zum Sklaven derer, die Sie ärgern wollen. Wenn das denn überhaupt das eigentliche Ziel des Angreifers war. In den seltensten Fällen steckt nämlich tatsächlich (nur) böse

Absicht hinter lautstarken Angriffen, bitterem Zynismus oder blanker Arroganz.

Was aber ist die Alternative? Dem Provokateur das Feld überlassen und ihm wortlos den Rücken kehren? Nein! Es geht darum, die eigenen Argumente, Wünsche und Ziele deutlich zu formulieren, ohne sein Gegenüber persönlich anzugreifen, ohne seine Würde anzukratzen. In der Sache klar, zum Menschen respektvoll: Das sollte Ihr Leitsatz werden. Bleiben Sie fair – auch wenn Sie sich ungerechtfertigt und womöglich unterhalb der Gürtellinie angegriffen fühlen. Denn wenn Sie zum (verbalen) Gegenschlag ausholen, rückt die Lösung, rückt der Kompromiss in weite Ferne.

Was auf der Sachebene überhaupt möglich ist, entscheidet sich in erster Linie auf der Beziehungsebene. Stellen Sie sich folgende Situation vor: Sie sitzen in einem Café, die Kellnerin nimmt die Bestellung eher widerwillig auf, bedient sie sehr spät, »Danke« und »Bitte« sind aus ihrem Wortschatz gestrichen (Beziehungsebene). Unter diesen Umständen kann der Cappuccino noch so köstlich, noch so günstig sein (Sachebene) – Sie setzen vermutlich keinen Fuß mehr in dieses Café. Wenn Sie sich die Kellnerin als Reaktion auf ihr Verhalten »zur Brust nehmen« und im schlimmsten Fall nach dem Geschäftsführer verlangen, dann beschädigen Sie ebenfalls die Beziehungsebene. Das bringt Ihnen rein gar nichts: Bleiben Sie inhaltlich immer klar, wehren Sie sich gegen Unwahrheiten oder respektloses Verhalten, stellen Sie richtig, was richtigzustellen ist. Im Falle der Kellnerin genügt fürs Erste vielleicht eine freundliche, direkte Frage: »Wie geht es Ihnen?« Die Bedienung wird sofort wissen, worauf Sie hinauswollen, und sich vermutlich für ihre Unachtsamkeit entschuldigen. Vorsicht also mit emotionaler Inkontinenz: Sie kann sehr schädlich sein. Und Sie fühlen sich garantiert nicht besser, wenn Sie in solchen Situationen einfach lospoltern und Ihrem Ärger Luft machen. Im Gegenteil.

Bedenken Sie zudem den Faktor Drittwirkung. Immer wieder erkläre ich meinen Klienten, dass sie meistens nicht allein sind, wenn sie sich mit anderen Menschen auseinandersetzen.

Oftmals können Sie Ihr Gegenüber aber gar nicht wirklich überzeugen – vor allem und gerade in den Auseinandersetzungen, die ohne jeden Respekt über die Bühne gehen. Wenn im TV-Talk *Anne Will* der RWE-Chef dem Öko-Aktivisten gegenübersitzt, kann einer den anderen nicht überzeugen – das liegt in der Natur der Sache. So dreht sich alles um die Frage, was wohl der Rest denkt; die übrigen Diskussionsteilnehmer, die Menschen vor dem Fernseher. Glauben Sie mir: Die Zuhörer stehen auf der Seite dessen, der fair ist und mit offenen Karten spielt. Wir dürsten nach Menschen mit sozialer Intelligenz. Sie sind Vorbilder, denen wir gern auch Verantwortung übertragen möchten. Ein respektvoller Umgang mit dem Gegenüber gerade in schwierigen und harten Auseinandersetzungen ist ein verlässlicher Indikator für soziale Intelligenz. Achten Sie doch einmal darauf: In Diskussionsrunden wie *Hart aber fair* behaupten sich am Ende die Teilnehmer, die hart streiten, ohne auch nur ansatzweise beleidigend oder verletzend zu werden. Wir wissen alle aus eigener Erfahrung, dass genau das eine große Herausforderung ist.

Wenn Ihr Gesprächspartner vor Ihren Augen zum Kontrahenten mutiert, heißt die Devise, ganz bei sich selbst zu bleiben. Auf das Spiel einzusteigen bringt gar nichts, vermeiden Sie spontane und überflüssige Abwehrreaktionen. Wir verteidigen uns oftmals viel zu schnell. »Qui s'excuse, s'accuse«, sagen die Franzosen, was so viel bedeutet wie »Wer sich rechtfertigt, der klagt sich gleich selbst mit an«. Klar: Wenn Sie wirklich etwas verbockt haben, dann sollten Sie sich entschuldigen, doch im Falle einer Rechtfertigung – sei sie noch so schön formuliert – laufen Sie Gefahr, sich selbst bloßzustellen.

Der ehemalige deutsche Außenminister Joschka Fischer ist ein Paradebeispiel in Sachen Deeskalation. Denn er schafft es immer wieder, Themen auf die Sachebene zu ziehen, sobald es brenzlig wird. In einem Interview mit *Die Zeit*, das er nach einer privaten USA-Reise gab, antwortete er auf die Frage, wie er denn die Bemerkung eines McCain-Sprechers über die »kriecherischen Deutschen« angesichts deren Begeisterung für Barack Obama einordne: »Ach, das ist amerikanische Innenpolitik. Da sage ich nur: So what? Dass wir nicht mehr kriecherisch sind, wissen wir selbst. Sich darüber aufzuregen, finde ich albern. Dazu sagt man einfach souverän: nichts.«[124] Und während einer Haushaltsdebatte im Deutschen Bundestag reagierte er auf Zwischenrufe wie folgt: »Es ist nicht Joschka Fischer, der euch das zumutet. Die Realität mutet euch das zu.«[125]

Auch Joachim Gauck reagierte als Kandidat für die Nachfolge von Bundespräsident Horst Köhler gekonnt auf Unterstellungen und kleine Gemeinheiten. Folgenden Wortwechsel dokumentiert die *Bild am Sonntag* im Juni 2010. *BamS:* »Weil dieser Tage die Anekdote zu lesen war, Sie hätten vor einigen Jahren bei einem Besuch im Schloss Bellevue gesagt: Ich kann mir nicht vorstellen, hier zu leben. Begründung: Die vielen Zäune …« Gauck: »Ich kann mich daran nicht erinnern. Doch wenn es nicht so gewesen sein sollte, dann ist es gut erfunden.«[126]

Immer wieder begegnen wir Menschen, denen es im Gespräch nicht darum geht, sachliche Themen zu klären. Sie sind vielmehr darauf aus, uns aus dem Konzept zu bringen. Das Gemeine daran: Der Einwand ist oft so formuliert, dass eine direkte Botschaft auf der Sachebene nicht auszumachen ist und wir so auf der Beziehungsebene emotional in Frage gestellt werden.

Was tun? Bringen Sie Ihren Gesprächsgegner schnellstmöglich auf die Straße der Sachlichkeit zurück! Gerade die Art und Weise, wie der andere die Dinge in den Zusammenhang stellt, kommt Ihnen respektlos vor – und Sie wehren sich mitunter unrühmlich. Auf der Straße der Sachlichkeit hinterfragen Sie diese Interpretationen.

Sollten Ihnen also unscharfe Einwände wie »Das kann doch alles gar nicht wahr sein!« oder »Das ist ja ungeheuerlich!« begegnen, dann haben Sie zwei Möglichkeiten, zu kontern. Und die möchte ich Ihnen hiermit ans Herz bzw. in Ihren aktiven Wortschatz legen: Die erste Gegenfrage heißt: »Worauf beziehen Sie sich?« Die zweite lautet: »Woran denken Sie konkret?« So nehmen Sie zügig die Brisanz aus der Unterhaltung, denn Ihr Gegenüber muss jetzt erst einmal nachdenken. Sie deeskalieren, indem Sie das Gespräch wieder auf die Sachebene hieven. Denn mit den Antworten auf diese beiden Fragen kommen Sie wiederum in den meisten Fällen sehr gut zurecht.

Ein Beispiel. In der Mittagspause eines Seminars spricht mich einer der Teilnehmer an: »Heute Morgen sind Sie aber ignorant mit uns umgegangen!« Ich kann diesen Satz jetzt als Vorwurf verstehen, mich darüber ärgern, zurückschießen, ihn abtun etc. Viel besser jedoch, wenn ich frage: »Ich möchte das gern verstehen. Worauf beziehen Sie sich denn?« Die Antwort des Teilnehmers könnte lauten: »Sie haben gar nicht unsere Seminar-Erwartungen abgefragt.« Wenn ich für dieses Vorgehen meine Gründe hatte, dann kann ich mich jetzt inhaltlich in aller Ruhe mit dem Vorwurf befassen. Ich muss weder unsicher noch zornig noch überheblich werden.

Auch mit der Frage »Was verstehen Sie unter …?« deeskalieren Sie hervorragend. Wenn Ihnen zum Beispiel jemand arrogantes Führungsverhalten vorwirft, könnte Ihre Reaktion folgendermaßen aussehen: »Erklären Sie mir das bitte. Was verstehen Sie unter einem arroganten Führungsverhalten?« Sie gehen den entscheidenden Schritt weg von der Bewertung hin zur Beobachtung. Und die Beobachtung können Sie viel besser einordnen.

Ja-aber-Sager oder wie Sie Einwände in den Griff bekommen

Allzu oft prallen in Gesprächen gegensätzliche und auf den ersten Blick nicht miteinander zu vereinbarende Interessen aufeinander. Oder wir bekommen es mit Menschen zu tun, die es darauf abgesehen haben, uns nervös zu machen und aus dem Gleichgewicht zu bringen. So manchem Zeitgenossen eilt gar schon der zweifelhafte Ruf voraus, ein respektloser Gesprächspartner zu sein. In all diesen Fällen müssen Sie das Ruder fest in Ihrer Hand haben – um zielgerichtet an Hindernissen respektive Widerständen vorbeimanövrieren zu können.

Wie gut Sie als Kapitän sind, zeigt sich in dem Moment, in dem Ihr Schiff in schwieriges Fahrwasser gerät. Eine vorbereitete Rede halten, eine gutdurchdachte und wohlstrukturierte Präsentation referieren, das können viele. Doch nur die Besten reagieren ruhig und gelassen, wenn sie sich Einwänden gegenüber sehen, wenn unfaire Verbalattacken auf sie niederprasseln. Vor allem die sogenannten »Ja-aber-Sager« lauern überall und bringen uns nicht selten zur

Weißglut. Diese ganz besondere Spezies will uns einen Strich durch die Rechnung machen.

Das Wort »aber« ist das vermutlich »am weitesten verbreitete Bakterium unserer Zeit. Kaum einer, der es nicht sorgsam pflegt, der nicht dem Aber-Kult frönt und dem Götzen ›Aber‹ sowohl öffentlich als auch innerlich und vor allem auch regelmäßig dient«,[127] stellt Lelia Kühne de Haan in ihrem Buch *Ja, aber* fest. »Ja-aber-Sager« bringen uns auf die Palme. Machen Sie jetzt aber bloß nicht den Fehler, dessen Einwände mit einem »nein« abzuschmettern. Denken Sie daran: »In der Sache klar und zum Menschen respektvoll!«

Zollen Sie Ihrem Gegenüber echte Wertschätzung – auch und vor allem mit Ihrer Sprache. Das ist unglaublich einfach und wird doch selten gemacht. Es braucht nicht viel mehr, als ein paar seiner Worte anzunehmen und zu spiegeln. Wenn zum Beispiel Ihr Chef sagt: »Ja, aber dafür haben wir ja keine Ressourcen!«, dann reagieren Sie erst einmal mit einer ähnlichen Formulierung: »Das stimmt, wir haben dafür keine Ressourcen …«

Sagt Ihre Partnerin: »Ja, aber die ganzen Hausarbeiten bleiben immer an mir hängen«, dann beginnt Ihre Erwiderung am besten mit: »Du hast recht – die Hausarbeiten bleiben meist an dir hängen …«

Wenn Sie die Sätze jetzt so lesen, mag es so aussehen, als sollten Sie Ihr Gegenüber ironisch auf den Arm nehmen. Ganz und gar nicht! Es geht darum, den anderen spüren zu lassen, dass sein Hinweis angekommen ist. Wir wollen kein rhetorisches Kräftemessen forcieren, wir wollen Bedenken wahrnehmen und sie respektieren.

Reine Floskeln, wie sie gern in Verkaufsratgebern empfohlen werden, fruchten an dieser Stelle nicht. Sätze wie »Ja, da verstehe ich Sie« oder »Gut, dass Sie diesen wichtigen Punkt ansprechen« sind zwar gut gemeint, reichen jedoch nicht aus, um dem anderen und seinen Ideen wirklich mit Respekt zu begegnen. Doch Sie werten diese Redewendungen einfach und schnell auf, indem Sie wirklich ein Wort oder einen ganzen Satz des vorher Gesagten wiedergeben.

Dass dabei tatsächlich Sympathie aufgebaut wird, die ein Aufeinanderzugehen einfacher macht, zeigen die Ergebnisse einer niederländischen Studie. In den dazugehörigen Versuchen waren Kellner gebeten worden, die Bestellungen der Gäste laut zu wiederholen. Diese Bedienungen bekamen am Ende signifikant mehr Trinkgeld als andere Kellner.[128] Die wortwörtliche Wiederholung demonstriert: Ich habe dich verstanden. Und sie zeigt: Ich respektiere dich (auch wenn ich anderer Meinung bin).

Nachdem Sie sich um die Wertschätzung – um das Annehmen – gekümmert haben, wenden Sie sich nun dem Führen zu. Sie bleiben in der Sache klar und formulieren jetzt das, was Sie gerne ausführen möchten. Man nennt das daher auch »die bedingte Zustimmung«: Wir nehmen den Hinweis des anderen an und bedingen jetzt unsere Zustimmung. Das bedeutet für unser erstes Beispiel: »Sie haben recht, dafür haben wir keine Ressourcen. Wenn wir jedoch die Fehler in den Abläufen nicht beseitigen, dann werden wir zukünftig noch mehr Ressourcen unnötig binden und das Dilemma wird immer größer. Daher schlage ich vor, dass wir jetzt in den sauren Apfel beißen und die Skripte bereinigen.« Ein schönes Beispiel, das zeigt, wie das sogenannte Pacing (Annehmen) and Leading (Führen) funktionieren kann.

Bei unserem zweiten Beispiel würde es so aussehen: »Du hast recht, die Hausarbeiten bleiben meist an dir hängen. Ich muss leider diesen Bericht fertig machen und kann mich jetzt nicht darum kümmern. Sobald ich dieses Projekt abgeschlossen habe, werde ich mehr Aufgaben übernehmen. Einverstanden?«

Haben Sie etwas bemerkt? Genau. Kein »aber«. Okay, das Wort hat ein Recht, benutzt zu werden – schließlich steht es ja im Duden. Folgt jedoch auf eine wertschätzende Zustimmung die Richtigstellung, dann ist das Wort einfach fehl am Platze. Manchmal nervt es sogar. Weil wir es so oft hören!

Wenn Sie nicht zu den »Ja-aber-Sagern« zählen wollen, dann ersetzen Sie das Wort »aber« einfach durch Alternativen wie »bloß, nur, jedoch, allerdings, gleichwohl oder trotzdem«. Sehr oft passt sogar das Wort »und«. Denn manchmal gibt es gar keine Gegensätze, die durch das Wort »aber« gekennzeichnet werden müssten.

Auch wenn mit harten Bandagen gekämpft wird, kann man den

Weg der respektvollen Erwiderung gehen. So warf der Vatikan dem deutschen Kardinal Karl Lehmann einmal vor, er sei für eine »konturlose Veranstaltung« (gemeint war der Ökumenische Kirchentag 2003) verantwortlich. Dabei musste er sich auch persönliche Attacken wie »ein großer Desorientierungs- und Verwirrungsschub« gefallen lassen. Lehmann behauptete sich clever, indem er zunächst annahm (Pacing) und seinen Kritikern Respekt entgegenbrachte: »Selbstverständlich ist Kritik an diesem wie an jedem anderen Ökumenischen Kirchen- oder Katholikentag erlaubt. Sie ist auch nötig. Je gründlicher, umso besser für die Zukunft.«[129] Dann schwenkte er souverän aufs Führen (Leading) um und erklärte: »Ich empfinde das Wort vom ›großen Desorientierungs- und Verwirrungsschub‹ als unangemessen. In Wirklichkeit haben zahllose Mitwirkende, darunter auch Bischöfe, Priester und katholische Laien, um Orientierung geistiger, ethischer und spiritueller Art gerungen und haben Verwirrung nicht erzeugt, sondern sichtbar gemacht.«[130] Kardinal Lehmann benutzt hier ein sehr schönes rhetorisches Hilfsmittel. Wenn Sie einen Hinweis nicht wortwörtlich annehmen können oder wollen, dann werden Sie etwas abstrakter. Lehmann nimmt nicht den konkreten Vorwurf an, sondern er zeigt sich offen für Kritik im Allgemeinen. Das ist in nahezu jeder Situation möglich.

Angenommen, ein Kunde schimpft: »Ja, aber das ist für meine Mitarbeiter viel zu kompliziert. Das schaffen die nie!« Dann können Sie das schlecht wortwörtlich wiederholen. Doch Sie können sich in jedem Falle wertschätzend äußern – indem Sie etwa Folgendes erwidern: »Die Umsetzung ist sehr wichtig, da haben Sie recht. Und Sie werden sehen: Mit der Einführung, die wir Ihnen geben, wird es kinderleicht. Außerdem sind wir immer für Sie da, wenn es einmal Schwierigkeiten geben sollte.«

Auch bei üblen Einwänden, lästigen »Ja-aber-Sagern« und gemeinen Hinweisen muss also der Respekt nicht zwangsläufig unter die Räder kommen.

Killerphrasenkiller

Schwierige Situationen entschärfen, das kleinste verbale Feuer schon im Keim ersticken, beschwichtigen und im besten Falle positive Energie für alle Beteiligten schaffen – das sind Kriterien einer respektvollen Schlagfertigkeit. Eine Schlagfertigkeit, die vor allem dann auf eine harte Probe gestellt wird, wenn Menschen Kommunikation mittels sogenannter Killerphrasen »töten«. Darunter versteht man wunderschöne Allgemeinplätze wie »Das geht nicht!« oder »Das haben wir noch nie so gemacht!«

Wie reagiert man auf solch plumpe, pauschale und doch provokante Sätze? Ihre wohlüberlegte Gesprächsstrategie wackelt, Sie sind genervt und fühlen sich müde. In dieser Situation verhilft Ihnen einmal mehr eine Frage zu etwas mehr Spielraum. Eine Frage, die das Pauschale in der Behauptung des anderen auflöst. Wie zum Beispiel »Was genau geht denn nicht?« oder »Was konkret haben wir noch nie so gemacht?«

Diese Gegenfragen haben zur Folge, dass der Killerphrasen-Drescher nun ein wenig konkreter werden muss. Vielleicht benutzt er dann Formulierungen wie: »Die Einführung kostet zu viel Zeit, deshalb geht es nicht!« Mit einem Zeitproblem kommen Sie nun viel besser zurecht als mit dem verallgemeinernden »Das geht nicht!«. Damit kann man viel souveräner und auch wertschätzender umgehen.

Killerphrasen sind vor allem deshalb so gefährlich, weil Ihr Gesprächsgegner auf diese Art die Sachebene verletzt, unangemessen emotional wird und Sie mit pauschalen Verallgemeinerungen bloßstellen will. Für sein Verhalten kann es viele Gründe geben, persönliche wie berufliche – in jedem Falle fordert der Provokateur ein bestimmtes Verhalten heraus oder versucht, eine bestimmte Entwicklung zu verhindern.

Killerphrasen machen wütend, sie verunsichern uns – und bieten doch eine große Chance. Weil sie uns den Spiegel vorhalten und der Umgang mit diesen schwer zu konternden Einwänden auch ein Schritt zur Selbsterkenntnis ist. Denn Killerphrasen können uns nur treffen, wenn wir eine Angriffsfläche bieten bzw. verletzbar sind.

Sind wir mit uns selbst im Reinen, wird nicht viel passieren – wir bleiben gelassen und reagieren souverän. Findet der Provokateur unseren wunden Punkt, müssen wir seinen Tiefschlag erst einmal verdauen, ringen nach Luft und nach Worten.

Wappnen Sie sich für den Fall der Fälle und lassen Sie sich ruhig von großen Persönlichkeiten helfen, indem Sie mit Zitaten spielen. Wenn Sie mal wieder ein »Das haben wir schon immer so gemacht!« ereilt, atmen Sie erst einmal tief durch und antworten mit Voltaire: »Nichts gilt in der Welt heiliger und unantastbarer als ein traditionsreicher Missbrauch.«

Und wenn Ihnen jemand mit einem »Das ist viel zu theoretisch« kommt, dann bietet sich vielleicht Henry Ford an: »Theorie ist, wenn man weiß, wie es geht. Praxis ist, wenn es geht, man aber nicht weiß, warum.«

Spricht Ihnen der andere jedwede Erfahrung auf einem bestimmten Gebiet ab, antworten Sie ruhig mit Kurt Tucholsky: »Erfahrung heißt gar nichts. Man kann seine Sache auch 35 Jahre lang schlecht machen.«

Erfolglose oder gänzlich gescheiterte Gespräche sind für Ihr Gegenüber letztendlich ebenso unbefriedigend wie für Sie selbst. Das gilt auch dann, wenn Ihnen Steine in den Weg gelegt wurden. Weil nun Respektlosigkeiten oder Schuldzuweisungen überhaupt nicht helfen, müssen wir den unaufhörlich mit den Säbeln rasselnden Gesprächsgegnern auf andere Weise begegnen – intelligent und gelassen.

Die Sachinhalte des Gesprächs schaffen letztlich die Basis für die gemeinsame Verständigung. Man wird Sie als respektvollen, souveränen und konsequent auf das Ziel ausgerichteten Gesprächspartner zu schätzen wissen. Sie pflegen auch dann einen stilvollen Umgangston, wenn es mal etwas brenzliger wird. Ihnen ist bewusst, dass es im verbalen Schlagabtausch keine Gewinner und Verlierer geben muss, Sie kommunizieren nicht, um ein persönliches Defizit zu kompensieren – Ihnen geht's um die Sache. Sie vertreten Ihren Standpunkt mit großem Respekt vor Ihrem Gegenüber.

Schlagfertigkeit – aber mit Respekt

Das Thema Schlagfertigkeit eröffnet uns ein weites Feld, aber das ist mit Vorsicht zu genießen. Allein der Begriff. Achten Sie doch mal darauf, was in diesem eigentlich drinsteckt: »Ich schlag' den anderen – und dann ist der fertig!« Das hat mit Respekt nichts zu tun. Oft denke ich mir, dass es genau so laufen wird. Gerade mit Blick auf das eine oder andere Buch zum Thema und die vielen Vorträge von selbsternannten Schlagfertigkeits-Trainern. Allzu viele der dort empfohlenen Strategien – platte Standardsprüche, müde Kalauer, aggressive Konter – führen uns mitten hinein in die Verbalschlacht. Also genau dahin, wo wir eigentlich nicht hinwollen.

Dabei gibt es durchaus Möglichkeiten, »schlagfertig« zu reagieren, missgünstige Kollegen, vorlaute Bekannte oder kritische Chefs in die Schranken zu weisen, ohne sie gleich komplett vor den Kopf zu stoßen und neue Angriffe herauszufordern. Es gibt sie nämlich in jeder noch so brenzligen Gesprächssituation – die respektvolle und freundliche Variante. Antworten Sie so, dass die Beziehung zu Ihrem Gegenüber nicht belastet wird, seien Sie aber dennoch auf unfaire Hinweise oder unangemessene Kritik vorbereitet.

Natürlich will, soll und darf man nicht jeden fiesen Spruch auf sich sitzen lassen, aber verzichten Sie auf unüberlegte Gegenwehr auf gleicher Ebene: Sonst fühlt sich der andere ebenfalls angegriffen, und es entsteht im schlimmsten Fall ein echter Konflikt. Wer einer bösen Spitze mit einer treffenden Analogie oder einer ausgefallenen Metapher begegnet, steht über den Dingen und vermeidet einen verbalen Tiefschlag.

Wie erfolgversprechend besagte Methode ist, zeigen zwei Beispiele von Winston Churchill. Bei einer Abendgesellschaft ging eine ihm unbekannte Dame den damaligen britischen Premierminister mit folgenden Worten an: »Wenn ich Ihre Frau wäre, würde ich Ihnen Gift in den Kaffee schütten.« Seine Antwort: »Und wenn ich Ihr Mann wäre, würde ich ihn trinken.« Der Effekt: Souverän stoppte Churchill ein respektloses Wortgefecht, bevor es richtig anfangen konnte, indem er die Bildsprache der Kontrahentin übernahm und den Ball treffsicher zurückspielte. Dies gelang ihm auch, als er einmal vom Sozialisten George Bernard Shaw zur Premiere dessen neuesten Theaterstückes eingeladen wurde. Der Einladung lag ein Zettel bei: »Bringen Sie einen Freund mit, wenn Sie noch einen haben.« Churchill reagierte ebenfalls schriftlich: »Leider bin ich an dem Abend parlamentarisch gebunden. Ich würde aber gerne zur zweiten Vorstellung kommen – falls es noch eine gibt.«

Natürlich fällt Schlagfertigkeit einem nicht in den Schoß, und man kann sie auch nicht wirklich trainieren. Doch man kann Schlagfertigkeit vorbereiten. Der niederländische Showmaster Rudi Carrell soll einmal gesagt haben: »Wenn man einen Spruch aus dem Ärmel schütteln will, dann muss man ihn vorher reinstecken.« Im Umkehrschluss bedeutet dies: Wenn Sie Ihre eigenen Schwachstellen kennen und mit ihnen umgehen können, dann haben Sie schon gewonnen. Sie wissen doch nur zu gut, wo man Sie am besten treffen kann. Freunden Sie sich also mit Ihren Schwachstellen an, überlegen Sie, wie Sie reagieren können, wenn mal wieder jemand den Finger in die Wunde legt. Am besten, Sie suchen sich eine passende Metapher oder ein treffendes Gleichnis.

Vor einigen Jahren bat mich die Job-Plattform »monster.de« um ein Interview zum Thema Bewerbungsgespräche. Dabei ging es unter anderem um einen Kandidaten, der Geisteswissenschaften studiert hatte und mit 16 Semestern deutlich oberhalb der Regelstudienzeit lag. Klar, dass die meisten Personalchefs in den Vorstellungsgesprächen genau an dieser sensiblen Stelle nachhakten. Was kann der Bewerber tun? Er könnte ganz sachlich antworten: »Ich habe die lange Dauer des Studiums genutzt, um mir durch den Besuch vieler Seminare, Übungen und Vorlesungen ein sehr fundiertes Wissen anzueignen.«

Das wäre höflich und sachlich, aber noch nicht schlagfertig. Dafür müsste er abstrahieren und die Tatsache zunächst auf die allgemeine Ebene heben: »Eine lange Dauer kann durchaus gute Qualität hervorbringen« oder »Was lange dauert, muss ja nicht schlecht sein«. Dann sucht er dazu passende Gleichnisse. Weil er von der abstrakten Variante ausgeht, wird ihm das nicht schwerfallen. So kann er sich zum Beispiel fragen: An welcher Stelle im Alltag treffen diese Sätze zu? Schnell wird er Antworten finden: »Der A-Klasse von Mercedes hätte ein bisschen mehr Zeit in der Planungsperiode sicher gutgetan!« Oder: »Denken Sie nur an die *Sagrada Família* von Antoni Gaudí in Barcelona: 1882 hat man mit dem Bau dieser wunderschönen Basilika begonnen, vor 2026 wird er sicher nicht fertig sein.«

Eine schlagfertige Antwort des Bewerbers auf den kritischen Hinweis des Personalchefs könnte dann lauten: »Das stimmt. Ich habe länger studiert als die meisten anderen Studenten. Allerdings habe ich die Zeit genutzt für viele Übungen, Seminare und Vorlesungen und mir so ein fundiertes Wissen angeeignet. Schauen Sie – das ist wie bei den ägyptischen Pyramiden: Da hat es auch sehr lange gedauert, sie zu erschaffen, und dafür stehen sie noch heute!« Natürlich ist jede Metapher angreifbar, es ist ja nur ein bildhafter Vergleich. Und doch verleiht sie – sofern sie gut gewählt ist – Ihrer Botschaft Nachdruck, Sie kommen souverän und schlagfertig rüber. Ihr Gegenüber wird Sie automatisch respektieren.

Ein weiteres Beispiel: Eine Teilnehmerin in einem meiner Seminare kam eines Tages mit einem Problem auf mich zu. »Ich bin Single. Wenn ich mich mit Männern treffe und das Gespräch irgendwann auf meinen Beruf Diplom-Psychologin kommt, dann höre ich immer Sätze wie ›Oh – da muss ich ja jetzt aufpassen, was ich sage, du analysierst ja bestimmt gleich alles‹.«

Die Dame fand das respektlos, einmal gegenüber ihrem Berufsbild, zum anderen gegenüber ihr als Frau, und wollte sich jetzt eine schlagfertige Antwort für diese Situationen überlegen. Auch hier schauten wir uns zuerst einmal die zu transportierende Botschaft an: »Nur weil ich Psychologie studiert habe, heißt das ja noch lange nicht, dass ich ständig Menschen und Aussagen analysiere.« Im zweiten Schritt formulierten wir wieder eine abstrakte Variante: »Nur weil ich mich mit einer Materie einmal intensiv beschäftigt habe, heißt das ja noch lange nicht, dass ich sie ständig anwende.« Mit diesem Satz machten wir uns jetzt auf die Suche nach Belegen im Alltag: »Nur weil ich Englisch gelernt habe, spreche ich ja nicht die ganze Zeit Englisch.« Oder: »Nur weil ich einen Jagdschein habe, bin ich ja nicht ständig auf der Pirsch.« Eine schlagfertige Antwort könnte also sein: »Nur weil ich Psychologie studiert habe, heißt das ja noch lange nicht, dass ich ständig Menschen analysiere. Schau mal: Du bist Pilot und bist auch mit dem Auto zu unserer Verabredung gekommen.«

Im Seminar haben wir übrigens festgestellt, dass man dieses Vorgehen natürlich auf jeden Beruf übertragen kann. Wie oft kommt es vor, dass Kunden immer wieder argumentieren: »Auf diesem Gebiet können Sie doch gar nicht mitreden. Das hat doch die Firma XY erfunden!« Ihre Botschaft müsste lauten: »Wer es erfindet, muss es nicht unbedingt am besten anwenden.« Mit einem Bild aus dem Bereich des Sports transportieren Sie diese dann so: »Sie haben recht, das stammt übrigens von der Firma XY. Nur schauen Sie – das ist wie beim Fußball. England hat den Fußball erfunden, und Spanien ist Weltmeister. Der Erfinder muss also nicht immer der beste Anwender sein.«

Notbremsen: Was tun, wenn es richtig schlimm wird?

Wenn Situationen aus dem Ruder laufen, wenn wir uns unwohl, gekränkt oder missachtet fühlen, fällt uns häufig die passende Antwort auf das Verhalten unseres Gegenübers nicht ein – ein typisches Stressphänomen. Hinterher ärgern wir uns und stellen die bekannten »Hätte ich doch bloß ...«-Überlegungen an. Oder wir haben reagiert, damit aber nicht das erreicht, was wir eigentlich wollten. Gerne sagen Menschen, die sich respektlos behandelt fühlen, Sätze wie »Bitte nicht in diesem Ton!« – »Nicht mit mir!« – »Was fällt Ihnen überhaupt ein?« Oder: »Ich verbitte mir das!«

Eine solche Reaktion ist meistens kontraproduktiv, weil die andere Seite sich herausgefordert fühlt, mit gleicher Münze zurückzuzahlen – schon, um den eigenen Selbstwert zu retten. Originellere Versuche nach dem Muster »Wohl mit dem Düsenjet durch die Kinderstube gerast?!« haben den gleichen Effekt, denn Ironie wird schnell als arrogant empfunden. In allen Fällen gilt: Die Situation eskaliert in der Regel. Und man selbst fühlt sich hinterher auch nicht besser, denn man spürt, dass man sich in die Defensive hat drängen lassen und nicht wirklich Herr der Lage war. Wer ertappt sich schon gern dabei, dass er plötzlich selbst Sätze sagt, die er früher aus dem Mund des herrischen Onkels oder der giftigen Nachbarin hörte und ätzend fand? Wie lassen sich solche schwierige Situationen geschickter auflösen?

Schweigen

Gerade in einer Welt der Dauerbeschallung und der Vielredner kann es ungeheuer wirkungsvoll sein, einmal gar nichts zu sagen und stattdessen eine bedeutungsvolle Pause einzulegen. Oft weiß der andere »eigentlich«, dass sein Verhalten nicht in Ordnung ist. Geben Sie ihm Zeit, es selbst zu korrigieren. Also: Schweigen, Blickkontakt, beide Augenbrauen hoch, abwarten und im Geiste bis fünf zählen. Das zwingt den anderen zu einer Reaktion. Erstaunlicherweise lautet die dann oft: »Oh, sorry …«

Demonstrative Höflichkeit

Wer sich unhöflich behandelt fühlt, möchte sich am liebsten sofort für die erlittene Kränkung revanchieren. Verblüffen Sie Ihr Gegenüber stattdessen mit demonstrativer Höflichkeit. Damit beweisen Sie Souveränität. Außerdem ist kühle Höflichkeit ein wunderbares Mittel, auf Distanz zu gehen. Sie lassen den anderen gar nicht so nah an sich heran, wie er Ihnen mit seiner Respektlosigkeit auf die Pelle rücken möchte. Beispiel: Sie studieren eine Produktbeschreibung im Supermarkt. Plötzlich tönt es barsch von hinten: »Sind Sie da bald mal fertig?« Nach einem freundlich lächelnden »Nein, aber ich mache Ihnen gerne Platz. Bitte schön!« wird der andere sich blöd fühlen – und nicht Sie.

Wenn jemand erkennbar gestresst, genervt, wütend ist und aus dieser Stimmung heraus respektlos reagiert, gehen Sie nicht einfach in die Defensive, sondern sprechen Sie ihn auf seine Gestimmtheit an. So lassen Sie den Druck aus dem Kessel. Nehmen Sie einmal an, ein Kunde baut sich mit hochrotem Kopf vor Ihnen auf und legt los: »Das lasse ich mir nicht länger bieten! So etwas ist mir ja noch nie vorgekommen! Und das nennt sich Service – eine Unverschämtheit ist das!« Ein »Bitte nicht in diesem Ton!« würde die Situation verschärfen. Probieren Sie es mal mit: »Sie sind ja ganz schön wütend. Was ist denn passiert?« Menschen wollen in ihren Emotionen ernstgenommen werden.

Mimen Sie den Arglosen und sprechen Sie das respektlose Verhalten offen an. Dabei gilt die alte Psychologenregel, dass »Ich-Botschaften« wirkungsvoller sind als »Du-Vorwürfe«. Formulieren Sie sachlich, was Sie beobachten. Funktioniert oft, wenn jemand sich respektlos durchmogeln will: Sie sitzen im Restaurant, und der Kellner übersieht Sie wiederholt demonstrativ. Wir alle kennen diesen typischen Kellnerblick, der durch den ganzen Raum schweift und dennoch durch Gäste hindurchgeht, als seien sie aus reinem Fensterglas. Gehen Sie auf ihn zu und sagen Sie freundlich, »Ich wundere mich, dass ich hier seit 15 Minuten nicht bedient werde. Kann ich bei Ihnen nichts bestellen? Dann schicken Sie mir doch bitte einen Kollegen.«

Manche Respektlosigkeiten sind als bewusste Provokationen gedacht. Den größten Gefallen tun Sie dem Provokateur, wenn Sie ärgerlich oder unsicher reagieren – also genau so, wie er es beabsichtigt. Durchkreuzen Sie diese Absicht souverän. Ein Beispiel: Ein Meeting in Anwesenheit der Geschäftsleitung. Kollege X möchte sich auf Ihre Kosten profilieren. »Denken Sie allen Ernstes, dass ein Projekt dieses Zuschnitts ausgerechnet bei Ihnen gut aufgehoben ist?« Schauen Sie mal, was passiert, wenn Sie ruhig lächeln, sich zurücklehnen und sagen: »Ach, Herr X. (kurze Pause) Das meinen Sie doch nicht so.« (lange Pause) Der Schwarze Peter liegt plötzlich bei Herrn X. Für Fortgeschrittene: Wenn Sie noch eins draufsetzen wollen, zwinkern Sie Herrn X vertraulich zu.

Mit »Metaebene« bezeichnen Sprachwissenschaftler das »Reden

übers Reden«. Manchmal wirkt es, einfach einen Schritt zurück (also aus der Situation heraus) zu treten und das Geschehen zu kommentieren. Auf diese Weise werden Spielregeln des Miteinanders thematisiert und bewusst gemacht. Wenn also Ihr Teamkollege zu jeder Sitzung mit Ihnen zu spät kommt, und zwar jedes Mal »pünktliche« zehn Minuten, nehmen Sie das nicht einfach hin, sondern erklären Sie ihm: »Wir treffen uns jetzt zum dritten Mal, und ich habe jedes Mal zehn Minuten auf Sie gewartet. Das empfinde ich als Missachtung. Ich möchte, dass wir respektvoll miteinander umgehen.«

Den Schauplatz kommentarlos verlassen

Als letzter Notnagel in Extremsituationen bleibt immer ein würdevoller Rückzug. Stehen Sie auf und gehen Sie einfach, wenn jede Reaktion Ihrerseits verpuffen würde oder wenn Ihre Empörung eine kontrollierte Reaktion gar nicht mehr zulässt. Gönnen Sie dem anderen nicht den Triumph zuzusehen, wie Sie die Fassung verlieren. Beispiel: Ihr Vorgesetzter bekommt einen Tobsuchtsanfall – warum auch immer. Er lässt Sie an seinem beachtlichen Repertoire von Schimpfworten teilhaben, unterstellt Ihnen Dummheit, Bosheit und Faulheit gleichzeitig, baut sich drohend vor Ihnen auf. Schauen Sie ihn kurz und fest an, nehmen Sie Ihre Sachen und gehen Sie. Stellen Sie sich taub, wenn er hinter Ihnen herbrüllt. Wenn noch Hoffnung besteht, bringt ihn dieser dramatische Abgang ins Grübeln.

Sie sind heiklen Situationen nicht hilflos ausgeliefert – Sie können solche Ereignisse aktiv gestalten, indem Sie Ihr Handlungsrepertoire erweitern. Sollte Ihr vorrangiges Ziel allerdings sein, sich für entstandene Verletzungen zu rächen und zurückzuballern, tja, dann machen Sie's wie die giftige Nachbarin früher. Besser fühlt sich allerdings die lösungsorientierte Variante an, das verspreche ich Ihnen. Mit ihr gehen Sie immer als moralischer Sieger aus der Situation. Und Sie beweisen Souveränität, weil Sie dem anderen nicht auf den Leim der Respektlosigkeit folgen.

Resilienz: Wunderwaffe gegen Respektlosigkeit

»Wer wird denn gleich in die Luft gehen?« Manche von Ihnen erinnern sich sicher noch an die Zigaretten-Werbespots, in denen sich das berühmte HB-Männchen zunächst mächtig aufregt und schließlich gelassen zu Boden segelt – während aus dem Off zu hören ist: »... dann geht alles wie von selbst!«

Wann sind Sie denn das letzte Mal in die Luft gegangen? Als Ihr Kollege Sie nach einem Meeting eine »blöde Kuh« nannte? Als Sie mit Ihrer gepackten Sporttasche zu Hause vergeblich auf Ihre Frau warteten, die es einfach nicht für nötig befand, Sie darüber zu informieren, dass sie länger arbeiten muss? Nachdem Ihre Kollegin Ihnen zum x-ten Mal eine Aufgabe aufs Auge gedrückt hatte, die sie selbst hätte erledigen sollen? Wie gehen Sie mit solchen Respektlosigkeiten um? Wie werden Sie damit fertig? Was tun, wenn aus vergleichsweise harmlosen Bemerkungen eine handfeste, unfaire Kritik wird oder gar hinterhältiges Mobbing?

Emotionale Dickhäutigkeit

Jeder Mensch reagiert anders auf Krisen in seinem Leben, auf unvorhergesehene Tiefschläge, auf Respektlosigkeiten. Während Britta sich in ihr Schneckenhaus zurückzieht, mit niemandem mehr etwas zu tun haben will und noch nicht einmal ans Telefon geht, explodiert Stephan sofort, wird laut und beschimpft sein Gegenüber aufs Heftigste.

Weder Britta noch Stephan geht es danach wirklich besser. Sie hat ihren Frust zunächst einmal runtergeschluckt; sich mit ihrer Grübelei nur noch tiefer in ihr Gefühl vergraben. Immer wieder sagt sie sich: »Ich tauge nichts!«, »Die Welt braucht mich nicht!« und »Es läuft eh alles schief!« Stephan hat zwar aus seinem Herzen keine Mördergrube gemacht, ärgert sich aber, dass er nie sachlich bleiben kann. Er sagt sich: »Immer muss ich gleich losbrüllen!«, »Mit mir kann man einfach nicht reden!« und »Ist doch nicht normal, dass ich immer gleich aggressiv werde!«

Die meisten Menschen sind in ihrem Leben irgendwann einmal in einer scheinbar hoffnungslosen Lage – sind traurig, niedergeschlagen, frustriert, gehemmt. Manche trifft das Geschehene so hart, dass ihr inneres Gleichgewicht über einen längeren Zeitraum gestört ist.

Manche leiden dann dauerhaft – wie Britta. Andere scheinen sich dagegen schon bald wieder mit der schlimmen Erfahrung und dem Leben zu arrangieren, sie wirken stabil. Und doch haben sie die Krise noch nicht verarbeitet, sie erleiden später einen Rückschlag, der sich in Migräne oder Schlaflosigkeit zeigt. Stephan erging es so.

Und dann gibt es Menschen, die emotionale Tiefschläge einfach wegstecken. Die Kraft, die ihnen das ermöglicht, nennt man »Resilienz«. Der Begriff steht für die Fähigkeit, schwierige Situationen nicht nur zu überstehen, sondern durch deren Bewältigung auch die eigene Persönlichkeit zu stärken. In der Werkstofflehre bezeichnet er übrigens Materialien, die trotz extremer Belastungen immer wieder in ihren ursprünglichen Zustand zurückkehren – wie zum Beispiel Schaumstoff. Wenn ich hier den Begriff »Resilienz« verwende, meine ich damit eine emotionale Dickhäutigkeit, die mich davor bewahrt, dass ich mir alles zu sehr zu Herzen nehme.

Psychisch immun und widerstandsfähig zu sein bedeutet aber nicht, dass man Probleme und Kummer einfach ignoriert und mit einem coolen »Geht nicht gibt's nicht!« darüber hinwegfegt. Es heißt auch nicht, dass wir die Welt durch eine rosarote Brille betrachten und Schwierigkeiten geflissentlich übersehen. Wer resilient ist, der weiß nur zu genau, dass das Leben kein Zuckerschlecken ist – denn Gefühle wie Frust, Zorn, Angst und Schmerz kennt er auch. Nur, er hat gelernt, sie annehmen und vor allem zu verarbeiten.

Was aber befähigt diese Menschen dazu, Rückschläge so zu verdauen, dass sie dadurch sogar noch wachsen können? Sind sie – wie der Comic-Held Obelix – als Kind in einen Zaubertrank gefallen? Wohl kaum. Aber sie verfügen über Schutzfaktoren, die die negativen Auswirkungen widriger Umstände abmildern.

In den 1950er Jahren erarbeiteten Emmy Werner und ihr Team von der University of California mit der Kauai-Studie ein Standardwerk der Resilienzforschung, sie bauten dabei auf Ergebnisse des

US-Psychologen Jack Block auf, der als Erstes zu dem Thema geforscht hatte. Psychologen, Kinderärzte, Krankenschwestern und Sozialarbeiter verfolgten in einer Langzeit-Studie die Entwicklung von 700 im Jahre 1955 auf Kauai/Hawaii geborenen Kindern, bis sie 40 Jahre alt waren. Werners besonderes Interesse galt 210 Teilnehmern, die unter äußerst schwierigen Bedingungen aufwuchsen. Trotz der vorhandenen Risiken – wie zum Beispiel Gewalt in der Familie, Armut, niedriger Bildungsstand – und der daraus resultierenden schlechten Prognosen entwickelte sich ein Drittel der Kinder hervorragend.[131]

Die Annahme, dass sich ein Kind aus einer Hochrisikofamilie zwangsläufig zum Versager entwickeln muss, wird durch die moderne Resilienzforschung inzwischen widerlegt. Resilienz hilft, Probleme und Turbulenzen aus eigener Kraft zu bewältigen, sie ist ein Schlüssel zu einer gesunden Zukunft.

Ein weiterer Pionier der Resilienzforschung war Aaron Antonovsky, der sich in erster Linie mit der Frage beschäftigte, was Menschen gesund hält bzw. warum sich bestimmte Menschen auf der positiven Seite des sogenannten »Gesundheits-Krankheits-Kontinuums« befinden.

Der Soziologe löst sich mit seinem Konzept der Salutogenese, die fragt, wie Gesundheit entsteht, vom klassischen medizinischen Verständnis, das danach fragt, was den Menschen krank macht. Antonovsky begreift Gesundheit und Krankheit als Pole eines kontinuierlichen Prozesses – für ihn ist ein Mensch nie völlig gesund oder krank. Bei der Frage, wie Menschen gesund bleiben, spielt der sogenannte Kohärenzsinn eine Rolle. Er beschreibt ein starkes psychisches Wohlbefinden, das auch in belastenden Situationen vorhanden ist. Dieser im Menschen unterschiedlich stark ausgeprägte Kohärenzsinn besteht nach Antonovsky aus drei mentalen Ressourcen, drei kognitiven beziehungsweise emotionalen Verarbeitungsmustern, die dazu beitragen, dass das Leben als Herausforderung und nicht als Last verstanden wird. Diese sind ein Gefühl von Verstehbarkeit, ein Gefühl von Machbarkeit und ein Gefühl von Bedeutsamkeit.[132] Dabei beschreibt das Gefühl von Verstehbarkeit (*sense of comprehensibility*) die Fähigkeit, die oft schwer fassbare Umwelt so zu strukturieren, dass man sie sinnvoll interpretieren kann. Das Gefühl von Machbarkeit (*sense of manageability*) ist die Überzeugung eines Menschen, dass er geeignete Ressourcen zur Verfügung hat, um den Anforderungen zu begegnen – dazu gehört auch der Glaube an die Hilfe anderer Menschen oder einer höheren Macht. Das Gefühl von Bedeutsamkeit schließlich (*sense of meaningfulness*) skizziert das Ausmaß, in dem man das Leben als sinnvoll empfindet. Diese letzte Ressource ist für Antonovsky der wichtigste Aspekt des Kohärenzgefühls. Sie bezeichnet die motivierende Kraft, mit der der Mensch den Anforderungen des Lebens trotzen und ohne die er das Leben als Last und jede Aufgabe als Qual empfindet.

Ist Resilienz – emotionale Dickhäutigkeit – eine Eigenschaft, die einem zufällig in den Schoß fällt? Warum holen manche Menschen auch die letzten Reserven aus sich heraus, während diese bei anderen brachliegen? Die Diplompädagogin Corina Wustmann ist sicher, dass man sie lernen kann – je früher man damit beginnt, umso besser. Jeder Erziehende könne mit seinem Handeln dazu beitragen, dass Kinder der eigenen Kraft und den eigenen Fähigkeiten vertrauen. Unsere Kinder sollten sich als wertvoll erleben und begreifen lernen, dass sie durch ihr Handeln Dinge in Bewegung halten und Veränderungen bewirken können.[133]

Überhaupt spielen Bezugspersonen eine wichtige Rolle, auch bei Erwachsenen. Resiliente Menschen nähern sich Problemen auf eine ganz eigene Art, schaffen es, sich selbst und die Schwierigkeiten mit dem nötigen Abstand aus der Vogelperspektive zu betrachten. Sie gehen zielorientiert ihren Weg, ohne auf kurzfristige Erfolge abzuheben, sie kontrollieren ihre Handlungen und Emotionen.

Drei Grundhaltungen und vier Fähigkeiten

Monika Gruhl beschreibt Resilienz als ein systemisches Konzept, bestehend aus drei Grundhaltungen (Optimismus, Akzeptanz und Lösungsorientierung) und vier Fähigkeiten (sich selbst regulieren,

Verantwortung übernehmen, Beziehungen gestalten und Zukunft gestalten).

Wer ein Tal durchschreiten muss, sollte zunächst einmal fest daran glauben, dass Krisen zeitlich begrenzt sind und überwunden werden können. Der Faktor Akzeptanz zeichnet sich dadurch aus, dass die schwierige Situation, die persönliche Verletzung angenommen werden muss. Wichtig ist dabei, dass Sie sich selbst wertschätzen und respektieren; so sind Sie nicht angewiesen auf die positive Resonanz anderer Menschen. Die ersten beiden Grundhaltungen führen zum nächsten Schritt: Es gilt, kreativ und analytisch zu überlegen, was mögliche Lösungen sein könnten und wie Sie mit dem Stress umgehen, der durch die Situation hervorgerufen wird.[134]

Verabschieden Sie sich von Ihrem Selbstmitleid: Sie sind nicht der einzige Mensch, der heute ständig das Gefühl hat, dumm angeredet oder nicht respektiert zu werden. Achten Sie auf Ihre eigenen Gedanken: Was denken Sie, wenn Sie bei Ihrem Date mal wieder unangemessen lang warten müssen? Versuchen Sie es mit einem »Wo steckt er nur? Heute lasse ich mich königlich einladen!« statt eines »Ich bin jetzt zu nichts mehr zu gebrauchen – und er ist schuld!«. Das Geheimnis liegt in neuen Denkmustern und Verhaltensweisen.

Resiliente Menschen schaffen es, ihre Stimmungslage so zu steuern, dass sie Verstand und Emotionen in Einklang bringen. Sie übernehmen Verantwortung für ihr Tun – in jeder Phase ihres Lebens – und entfliehen der typischen Opferrolle: Es sind eben nicht immer nur die anderen oder Sie alleine schuld.[135]

Forschen Sie in Ihrem Inneren nach Glaubenssätzen, die Ihr Denken und Handeln beeinflussen. Fragen Sie sich, ob diese Wertvorstellungen tatsächlich noch für Sie gelten: Hemmen sie oder unterstützen sie? Ersetzen Sie schädliche durch nützliche Gedanken (»Ich hab' schon so einiges auf die Beine gestellt« statt »Ich kriege das nie hin«). Und suchen Sie nach Möglichkeiten, wie Sie sich am besten entspannen, um sich des Problems fokussiert widmen zu können.

Resiliente Menschen bestechen durch eine hohe emotionale Intelligenz und sind im Umgang mit anderen Menschen sehr flexibel. Sie pflegen ihre Beziehungen zu Familienmitgliedern und Freunden, integrieren die Kenntnisse und Fähigkeiten in ihrem Umfeld in das eigene Leben – ohne sich dabei abhängig zu machen. Und sie entwickeln ein tragfähiges Zukunftskonzept, verlieren trotz eines Rückschlages nicht gleich andere Ziele aus den Augen.[136]

Wir werden uns immer wieder menschlichem Verhalten ausgesetzt sehen, das wir nicht unter Kontrolle haben. Das Leben ist eine einzige Achterbahnfahrt – mit scharfen Kurven, unangenehmen Steigungen und rasanten Abfahrten. Begreifen wir das Leben als einen Prozess, den wir zwar nicht steuern, aber annehmen können. Die Risiken der Achterbahnfahrt, des Fallschirmsprunges, des Seiltanzes können wir ebenso wenig ausschalten wie die kleinen und großen Risiken des Lebens – wir können aber effektiv damit umgehen. Wenn ich resilient genug bin, lässt sich respektloses Verhalten der Gegenseite eindämmen.

Positive Psychologie

Der Schlüssel zur Resilienz liegt in der Fähigkeit, positive Empfindungen gezielt auch in schwierigen Situationen abzurufen. Im besten Fall schaffen wir es sogar, auch in den Motiven des anderen positive Aspekte zu erkennen, anstatt einseitig schwarzzumalen, wenn wir mit Widrigkeiten konfrontiert werden. Wer dazu in der Lage ist, ruht stärker in sich, kann seine Emotionen besser kontrollieren und ist durch Rück- oder Tiefschläge nicht so leicht aus der Fassung zu bringen. Mit anderen Worten: Er ist emotional ausgeglichener und stabiler. Wie aber funktioniert das?

Vorab zu Ihrer Beruhigung: Positive Psychologie hat herzlich wenig mit positivem Denken, dem episch gepriesenen Allheilmittel der NLP, zu tun. Vielmehr darf sie als kleine Revolution in der Geschichte der Disziplin betrachtet werden. Lange Zeit war die Psychologie eine Wissenschaft der Störungen und Fehlfunktionen, ein trister Reigen der Befunde von Neurosen bis Psychosen; mit anderen Worten: defizitorientiert statt ressourcenorientiert. Den positiven Aspekten der menschlichen Psyche (Emotionen wie Glück, Optimismus, Geborgenheit und Vertrauen) hingegen blieb eine fundierte wissenschaftliche Untersuchung lange Zeit vorenthalten.

Akademisch ist die in den USA entstandene Positive Psychologie nicht unumstritten, doch sie findet seit Jahren große Resonanz in der Unternehmenswelt. Ganze Konzerne bauen inzwischen auf den Prinzipien des »Positive Leadership« auf, das den Beobachtungen dieser Disziplin entspringt, denn sie eignen sich hervorragend für Teamentwicklungsprozesse und Mitarbeitermotivation.

Im Unterschied zum Imperativ des »Positiven Denkens« rät die Positive Psychologie jedoch nicht dazu, jeder Situation krampfhaft Gutes abgewinnen zu müssen, sondern lässt negative Emotionen durchaus zu, wenn sie produktive Entwicklungen versprechen. Vielmehr zielt die Lehre auf emotionale Balance ab. Martin Seligman, Begründer der Positiven Psychologie als Forschungsprogramm, über den Unterschied der beiden Theorien: »Man muss klar sehen, trotz vieler Vorteile des positiven Denkens gibt es Zeiten, in denen negatives Denken vorzuziehen ist. [...] Mit diesen guten Folgen des Pessimismus im Hinterkopf zielt die Positive Psychologie auf die optimale Balance zwischen positivem und negativem Denken ab.«[137] Die Positive Psychologie darf also als akademische Fundierung der Resilienz bezeichnet werden. Das macht ihre Impulse für unsere Zwecke so wertvoll.

Zur Verdeutlichung soll uns der von Anselm Grün geprägte Begriff der »Elternwunden« dienen, über den ich ihn einmal referieren hörte. Viele Kinder leiden beispielsweise unter der mangelnden Anerkennung ihrer Eltern. Vielleicht kennen Sie das sogar von sich selbst: Sie kamen mit einer Zwei plus in einer schwierigen Mathe-Arbeit nach Hause, doch von Anerkennung mal wieder keine Spur: »Warum keine Eins?« Solche Prägungen setzen sich oft bis ins Erwachsenenalter fort und begleiten uns unter Umständen ein Leben lang.

Werden wir jemals glücklich darüber sein, dass ein Elternteil uns zu wenig Anerkennung zollte? Natürlich nicht. Im Sinne der Resilienz können wir jedoch lernen, Stärke aus Schwäche zu beziehen. Wie Anselm Grün in seinem Vortrag können wir uns beispielsweise fragen: Sind wir nicht auch deshalb sehr weit gekommen, weil wir immer nach der Anerkennung der Eltern gestrebt haben? Haben wir nicht deshalb einen ungeheuren Ehrgeiz entwickelt, der uns weit gebracht hat? Hat es nicht auch seine Vorteile, dass wir einen schwierigeren Weg zu gehen hatten als manch anderer? Wenn wir uns solche Fragen ehrlich beantworten, können wir lernen, Dankbarkeit auch für Widrigkeiten zu empfinden; vielleicht sogar Dankbarkeit und Respekt für diejenigen, die es uns schwer gemacht haben. Auch wenn wir es uns anders gewünscht hätten – wir werden mit einer solchen Einstellung lernen, besser mit Schwierigkeiten zu leben, also resilienter zu werden.

Auch Neugier ist ein Pfad zum Glück. Menschen sind ihr Leben lang in der Lage, Neues zu lernen. Alle Entdeckungen und Erfindungen sind letztendlich das Ergebnis von Neugier. Unsere Lust an Entdeckungen leben wir aber vor allem in unserer Kindheit aus: Fragen Sie also mal wieder ungeniert nach! Machen Sie Schluss mit Ihren Vorurteilen, begegnen Sie der Welt und den Menschen unvoreingenommen und offen, bleiben Sie neu-gierig, was da alles auf Sie zukommt.

Neugier ist das Gegenteil von fauler Neigung zu Bequemlichkeit und falschen menschlichen Rücksichten. Sie verlangt, sie sucht nach Verborgenem, in dem alles Leben wohnt und sich entfaltet. Und sie tut dies mit allen Sinnen: kontaktsüchtig, nach Erkenntnis und nach Einheit strebend.

Wenn wir unsere Neugier am Leben erhalten, erhalten wir uns selbst am Leben: Unser Geist und unsere Seele bleiben wach, wir wundern uns und erschrecken, wir lachen und weinen ob der ganzen unerklärlichen Dinge um uns herum. Was das mit Respekt zu tun hat? Sehr viel! Denn mit fragender, freundlicher, vorsichtiger Neugier zollen Sie Respekt: dem Migranten gegenüber, bei dessen Anblick Sie sich fragen, aus welchem Land er stammt. Der behinderten Frau gegenüber, bei deren Anblick Sie sich fragen, warum Sie eigentlich am liebsten wegschauen würden. Dem Jugendlichen gegenüber, bei dessen Anblick Sie sich fragen, ob er wohl Drogen genommen hat.

Wir können scheinbar befremdliche Eigenschaften anderer als Abweichung, Störung, vielleicht sogar Bedrohung empfinden. Oder wir können von ihnen lernen: Oft entspringt ihre Motivation genau dem, was wir als negativ oder bedauernswert wahrnehmen. Ein glücklicher Rollstuhlfahrer beispielsweise ist einen weitaus schwereren Weg zum Glück gegangen als die meisten von uns – und ist genau deshalb unter Umständen in der Lage, Glück intensiver zu empfinden als andere Menschen. Wahrscheinlich lässt er sich auch von kleinen Rückschlägen nicht so leicht aus der Bahn werfen wie jemand, der nie mit einem großen Unglück umgehen musste. Er hat eine Balance gefunden zwischen negativen und positiven Emotionen, sagt die Positive Psychologie.

Anders formuliert: Er ist resilient geworden. Die Überwindung von Widrigkeiten – Stärke aus Schwäche zu beziehen – ist ein ungeheuer potenter Motivator.

Wir sind dem Leben nicht hilflos ausgeliefert

Wie oft nehmen Sie das Interesse eines anderen Menschen mindestens genauso ernst wie Ihr eigenes?« »Nicht so oft!«, werden Sie wahrscheinlich sagen, wenn Sie ehrlich sind. Aber grämen Sie sich nicht: Sie sind nicht allein mit Ihrer Antwort. Und genau genommen gelingt es uns kaum, unsere eigenen Interessen wahrzunehmen, geschweige denn sie zu vertreten – weil wir diesen kleinen, intimen Kampf mit unserem Ego ausfechten und uns obendrein viel zu sehr nach außen gerichtet verhalten.

Der Mensch von heute misstraut seiner inneren Stimme viel zu oft, statt ihr intuitiv zu folgen – er tut viel zu selten das, was für ihn gut ist, und viel zu häufig das, von dem er meint, dass er es tun muss, um von seinem Umfeld anerkannt zu werden. Ist das authentisches Handeln? Erst wenn Sie ganz genau hinschauen, werden Sie erkennen, wer Sie wirklich sind und was Sie wirklich brauchen: Sie müssen dafür mit Argusaugen hinter die Fassade blicken, indem Sie alle Ihre Rollen und Muster mutig beiseiteschieben. Denn wir sind nicht nur das, womit wir uns identifizieren. Nicht Chef, nicht Vater, nicht Deutscher, nicht Held, nicht Versager.

Wenn Sie jetzt aber glauben, Sie könnten eh nichts an den schwierigen Verhältnissen ändern, weil Sie den Steuerknüppel für Ihr Leben nicht in der Hand haben, dann sind Sie in der Vorstellung der »erlernten Hilflosigkeit« gefangen. Martin Seligman prägte diesen Begriff 1967, nachdem er und sein Team eine ganze Reihe von Tierversuchen durchgeführt hatten. Tiere einer ersten Gruppe erhielten unabhängig von ihrem Verhalten Elektroschocks. So lernten sie, dass nichts von dem, was sie taten, eine Bedeutung bzw. Folgen hatte, denn der Elektroschock vollzog sich so oder so. Dadurch wurden sie depressiv und passiv. In einer zweiten Gruppe konnten die Tiere die Schocks vermeiden, indem sie eine bestimmte Taste drückten. So übten sie Kontrolle aus und lernten schnell, dass sie nur die Taste betätigen mussten – sie waren deutlich aktiver und gesünder. Spätere auf die Initiative zu aktivem Handeln ausgeweitete Versuche zeigten Folgendes: Wer früh erfährt, dass er eingreifen und die Dinge des Lebens kontrollieren kann, ist im Erwachsenenalter weniger hilflos.[138]

Kontingenz, also die Tatsache, dass es auf das eigene Verhalten ankommt, dass es möglich und notwendig ist, aus mehreren Alternativen auszuwählen, ist die entscheidende Grundlage für eine positive Einstellung. Gerade für die Kindererziehung ergibt sich aus dem Wissen, dass sich die wichtigen Ergebnisse kontrollieren lassen, eine direkte Anwendungsempfehlung. Kinder müssen lernen, dass eine unmittelbare Beziehung zwischen ihrem Verhalten und den Ergebnissen existiert. Tun sie das nicht, werden »Passivität, Depression und schlechte körperliche Gesundheit« die Folge sein.[139]

Wir sind aufgerufen, einen neuen Weg zu finden, der jenseits der erlernten Hilflosigkeit liegt – jenseits des subjektiven Gefühls, an den Dingen des Lebens (mögen sie nun gut oder böse sein) sowieso nichts ändern zu können; jenseits unserer Unaufmerksamkeit, die aus eben diesem Gefühl der Hilflosigkeit erwächst; jenseits der Passivität, die wir an den Tag legen, weil wir all unser Tun als vergebliches Abstrampeln im Hamsterrad betrachten.

Wenn Sie also mal wieder jemand nicht respektiert, dann machen Sie sich bewusst, dass erlernte Hilflosigkeit im Spiel ist: Auf Seiten des

Gegenübers, der sich aus einem Gefühl der Ohnmacht heraus respektlos verhält, und auf Ihrer Seite, weil Sie sich ihm ausgeliefert wähnen. Beide Beteiligten können dem entfliehen. Der Attackierende hätte schon anders handeln können, wenn er kurz tief durchgeatmet und einen klaren Gedanken gefasst hätte. Jetzt aber ist es an Ihnen, aus der Sache kein Drama zu machen: Bleiben Sie ruhig, lassen Sie Ihre Reaktion, die Lösung des Ganzen, langsam in Ihrem Inneren heranreifen.

Steigen Sie für einen Moment aus der Situation aus, betrachten Sie das Ganze als Spiel – ganz so, wie es Mihaly Csikszentmihaly vorschlägt: »Ich denke, es ist dem Leben als Ganzes äußerst zuträglich, wenn wir zu allem, was wir in Angriff nehmen, eine gewisse Distanz haben – wie ein guter Schauspieler zu seiner Rolle: Du bist zwar voll und ganz dabei, du spielst die Rolle, als ob du sie im Augenblick selbst wärest, aber du weißt gleichzeitig, dass du die Rolle und das Stück zu jeder Zeit ändern kannst.«[140]

Das Leben als Spiel zu betrachten bedeutet nicht, dass wir unser Tun, die Menschen und Sachverhalte um uns herum, nicht ernst nehmen sollen. Diese Perspektive soll dabei helfen, zu verstehen, dass wir kreativ zupacken, eingreifen und verändern können, wenn wir das wollen, wenn unser Selbstwertgefühl als die Schnittstelle zwischen Denken und Tun uns das sagt. Jeder Mensch ist selbst der Experte für sein Leben.

»Rote Knöpfe«

Jeder hat seinen wunden Punkt, bei dem er alle Konventionen vergisst. Wenn jemand diesen »roten Knopf« – meist ungewollt – bei uns drückt, sind wir sofort auf 180. Um das zu vermeiden, müssen wir uns mit diesen sensiblen Stellen einmal auseinandersetzen. Denn dann sind wir vorbereitet, reagieren auf Angriffe nicht mehr so stark und entwickeln mehr emotionale Dickhäutigkeit.

Bernd hasst es beispielsweise, wenn man ihm Arroganz vorwirft. Er läuft dann sogar Gefahr, total auszurasten. Was kann er tun? Er kann sich fragen, ob in seinem oft überheblich wirkenden Auftreten nicht auch eine Stärke verborgen ist. In jeder Schwäche liegt auch eine Stärke. Bernd mag auf manche Menschen arrogant wirken, auf andere wirkt er womöglich souverän. In dem Fall machen beide Seiten dieselbe Beobachtung, interpretieren diese aber auf unterschiedliche Weise. Schließlich wurde Bernd durch sein Auftreten schon in jungen Jahren erfolgreicher Unternehmer, und es gab einige Führungskräfte, die seinen Rat suchten. Dass manche Menschen ihn nun als arrogant empfinden, ist vielleicht nur der Preis seines Erfolgs.

Überlegen Sie also einmal genau: Wo sind Ihre roten Knöpfe? Und welche Stärken könnten sich hinter den vermeintlichen Vorwürfen verbergen? Sind Sie nicht Vereinsmeister im Tennis geworden, eben weil Sie so ehrgeizig sind? Beherrschen Sie nicht gerade deshalb drei Sprachen fließend? Mit dieser Haltung werden Sie den Angriffen auf Ihren wunden Punkt beim nächsten Mal dickhäutiger entgegentreten, ja sich sogar bei dem Betreffenden, der den Vorwurf vorbringt, bedanken können.

Immer noch ist es eine weitverbreitete Meinung, gutes Leben bedeute zugleich, dass wir uns wohl fühlen, und dass Wohlbefinden wiederum beweist, dass wir ein gutes Leben führen. Aber was sollen wir tun, wenn es uns mal so richtig schlechtgeht? Gute Miene zum bösen Spiel machen? Im Gegenteil. Vielmehr ist es ein Zeichen seelischer Gesundheit, wenn ich in schwierigen Zeiten negative Gefühle zulassen und so die Rückschläge auch verarbeiten kann. Auf Regen folgt Sonnenschein. Und ich möchte hinzufügen: Immer nur Sonnenschein gibt Wüste.

Die Philosophin Alice Holzhey weist zu Recht darauf hin, dass viele der angeblich schlechten Gefühle wichtige Funktionen der Orientierung haben. Wer ganz ohne Furcht lebt, übersehe reale Gefahren – es gehe eben nur darum, dass die Furcht in etwa so groß sei wie die Bedrohung. Wer nicht trauere, lasse den Verlust nicht wirklich an sich heran, wer sich nicht schämen könne, der nehme nicht wirklich wahr, dass er die Regeln der Moral verletzt habe, und wer sich nie schuldig fühle, der übersehe die Signale seines Ichs zur Unterscheidung von Recht und Unrecht. Natürlich könnten uns diese Gefühle auch seelisch krank machen, wenn wir sie nicht in Maßen ausleben, wenn sie permanent da seien und für andere Empfindungen kein Platz mehr sei.[141]

Also keine Panik, wenn negative Gefühle entstehen: Sollte Ihnen Ihr Chef das nächste Mal sagen, dass Sie es nie zum Abteilungsleiter schaffen, lassen Sie Ihre Wut, Ihren Ärger ruhig zu – es kommt nur darauf an, wie Sie ihn kanalisieren, wie Sie ihn zeigen, wie Sie ihm Luft machen. Und gehen Sie nicht zu streng mit sich ins Gericht, wenn es Ihnen nicht gelingt, sofort über den Dingen zu stehen. Ohne Wut würden wir heute womöglich noch in einem geteilten Deutschland leben …

Die Kraft des Schreibens

Der Psychologe Richard Wiseman setzt sich schon länger kritisch mit vermeintlich erfolgreichen Selbsttherapien wie »Positives Denken« auseinander und entwirft seinerseits Techniken, die tatsächlich empirisch untersucht wurden. Diese Methoden drehen sich um Glücksempfinden, die Kunst der Überzeugung, Motivation oder Kreativität.

So beschäftigt sich Wiseman unter anderem mit der »Kunst des liebevollen Schreibens« und schlägt vor, dass wir an fünf Tagen in der Woche Tagebuch führen sollten – kurz und bündig. Montags sagen wir »Danke« für Dinge, die uns in letzter Zeit positiv in Erinnerung geblieben sind – wie die unübertroffene Situationskomik beim Spielen mit den Kindern, der unverhoffte Besuch einer Freundin. Dienstags denken wir an eine schöne Erfahrung in unserem Leben zurück. Das muss nicht der Tag Ihrer Hochzeit, das kann auch der Besuch eines bestimmten Theaterstückes sein. Den Mittwoch widmen Sie Ihrem Leben in der Zukunft. Stellen Sie sich vor, wie es sich anfühlt, wenn Sie all Ihre Pläne verwirklicht haben. Donnerstags denken Sie an jemanden, der Ihnen besonders wichtig ist, freitags halten Sie drei positive Dinge aus der letzten Woche fest.[142]

Es ist verblüffend, aber der persönliche und berufliche Erfolg ist

– überspitzt formuliert – oftmals weniger als eine Minute entfernt. Es ist viel einfacher, Ihr Leben zu verändern, als Sie denken. Manchmal genügt ein kleines Lächeln.

Kaum jemand bleibt im Laufe seines Lebens von negativen Erfahrungen verschont. Sei es der Verlust eines geliebten Menschen, eine bittere Scheidung oder eine unerwartete Kündigung – das Schicksal schlägt im Großen und im Kleinen zu. Intuitiv vertrauen wir uns in solchen Momenten engen Freunden oder unserer Familie an, um uns den Kummer buchstäblich von der Seele zu reden und wieder positiv in die Zukunft zu schauen – frei nach dem bekannten Sprichwort »Geteiltes Leid ist halbes Leid«. Was viele nicht wissen: Emotionale Probleme lassen sich nur bedingt im Gespräch bewältigen. Wie eine Studie der belgischen Universität Louvain enthüllte, gibt es eine weitaus effektivere Frust-weg-Lösung: Schreiben. Der Grund: Der Griff zur Feder gibt uns die Möglichkeit, die eigenen Gefühle zu ordnen und das Ereignis systematisch aufzuarbeiten. Im Gespräch mit anderen dagegen sind die stattfindenden Denkprozesse weitaus konfuser und steigern so das Gefühl der Verwirrung.

Was gut ist, um negative Erlebnisse zu verarbeiten, kann für das alltägliche Glücksempfinden nicht schlecht sein. Diesen Zusammenhang haben wir bereits im Kontext von Resilienz und Positiver Psychologie festgestellt. Gleich drei verschiedene psychologische Forschungsbereiche kamen zu Ergebnissen, die einhellig belegen: Schreiben hilft nicht nur, die kleinen und großen Traumata des Alltags zu bewältigen, es trägt vor allem zu einer Extraportion Glück im Leben bei. Den Beweis lieferten jeweils Schreibgruppen. Von den Psychologen wurden sie unabhängig voneinander gebeten, a) für mehrere Tage fünf Dinge zu notieren, für die sie dankbar sind, b) in wenigen Worten ihre ideale Zukunft zu beschreiben und c) ihre Gefühle für einen geliebten Menschen zu Papier zu bringen. Das Resultat: Im Vergleich zu den Probanden, die gebeten wurden, das Gegenteil oder etwas anderes zu tun, wurde das Glücksempfinden der Teilnehmer deutlich gesteigert. In vielen Fällen reduzierte die tägliche Kritzelei Stress, steigerte das physische sowie psychische Wohlbefinden und führte sogar zu einer Besserung von Gesundheitsproblemen – und das, obwohl die Gruppen nur wenige Minuten den Stift in die Hand nahmen.

Damit auch Sie von diesem Glücksmacher-Effekt profitieren, möchte ich Ihnen das bereits erwähnte, nicht gerade alltägliche Tagebuch ans Herz legen, das Richard Wiseman zusammengestellt hat. Es ist nicht einfach dafür gedacht, Ihren Tagesablauf festzuhalten. Vielmehr soll es Ihnen dabei helfen, die Welt mit einem Lächeln zu sehen und langfristig die Weichen für eine glückliche Zukunft zu stellen – durch die Kraft des Schreibens. Geführt werden sollte das Tagebuch übrigens an fünf Tagen die Woche. Aber keine Panik: Das Schreiben kostet Sie weniger als 60 Sekunden – und soll für den Anfang nur eine Woche lang durchgeführt werden.

Es wird Ihnen schnell auffallen, wie sehr sich die kurzen Schreibübungen auf Ihre Stimmung auswirken. Bewältigung von zum Beispiel alltäglichen Respektlosigkeiten schafft Resilienz. Und Resilienz ist die Voraussetzung für eine gefestigte, respektvolle Haltung in Konfliktsituationen. Das Schreiben unterstützt Sie dabei, ruhig und gelassen zu werden. Zudem werden beim Schreiben oft Dinge wieder präsent, an die Sie sich vielleicht schon längst gewöhnt haben. So ermöglicht das Tagebuch auch, Dankbarkeit zu empfinden und Respekt zu erkennen, wo Sie ihn gar nicht vermutet hatten. Probieren Sie es aus!

Montag: Danke für alles! Wer für die kleinen Dinge im Leben dankbar ist, lebt glücklicher und optimistischer. Der Grund: Sie führen einem selbst vor Augen, wofür es sich zu leben lohnt. Lassen Sie uns die »Schreib-Woche« deshalb mit einem kleinen Dankbarkeitsritual starten. Zücken Sie Stift und Papier und halten Sie zwei, drei Dinge fest, die Ihnen am letzten Wochenende widerfahren sind und die Ihnen ein nettes Dankeschön wert sind. Das kann sowohl eine interessante Unterhaltung sein, eine Schmusestunde mit Ihrer Katze als auch der Kaffeeduft, der Sie am Sonntagmorgen geweckt hat. Sie werden sehen, Ihre schriftliche Dankeskunde geht direkt ins Herz.

Dienstag: Weißt du noch …? An schöne Erlebnisse zurückzudenken zaubert ein Lächeln auf unser Gesicht. Warum? Physisch und psychisch empfinden wir den damaligen Moment nach und sind dadurch fast genauso glücklich wie damals, als er uns widerfuhr. Rufen Sie sich deshalb heute einen dieser Momente in Erinnerung und bannen Sie Ihr persönliches Highlight in Wort und Schrift. Zum Beispiel, wie Sie Ihre große Liebe kennenlernten, die letzte Prüfung bestanden oder einfach nur mit Bekannten ein paar schöne Stunden verbrachten. Rechtschreibung und Grammatik sind übrigens nicht wichtig. Was zählt, ist einzig der Glücksfaktor.

Mittwoch: Was wäre, wenn ... Wie psychologische Studien zeigen, lässt sich die Kraft des Schreibens auch für den zukünftigen Erfolg nutzen – und zwar im Sinne einer sich selbst erfüllenden Prophezeiung. Das heißt: Wer sich eine glückliche Zukunft ausmalt, sorgt unterbewusst auch dafür, dass sie eintritt. Das passiert zwar nicht häufig, aber die Zukunftsphantasien helfen in jedem Fall, sich besser zu fühlen. Wagen Sie also den Schreibversuch, und beantworten Sie heute kurz die Frage: Was wäre, wenn Ihr Leben optimal verlaufen würde? Wie sähe es aus? Tauchen Sie ein in Ihren persönlichen Traum und beschreiben Sie kurz die schönsten Details aus Ihrem zukünftigen Privat- oder Berufsleben und auf welchem Weg Sie dorthin gelangen. Wenn Sie bei Ihren Wünschen realistisch bleiben, steigt die Wahrscheinlichkeit, dass sie per Suggestionskraft in Erfüllung gehen.

Donnerstag: Ich mag dich so, weil ... Oft sind wir mit Liebe gesegnet, vergessen im Alltag aber, wie viel uns Freunde, Partner und Familie eigentlich bedeuten. Dabei reicht schon eine kurze Notiz, um uns daran zu erinnern und uns einen wahren Glücksmoment zu bescheren. Die heutige Aufgabe lautet deshalb: Denken Sie an einen besonders lieben Menschen in Ihrem Leben und schreiben Sie dieser Person einen kurzen Brief. Lassen Sie dabei Ihren Gefühlen ruhig freien Lauf und nennen Sie mindestens drei Gründe, warum er oder sie Ihnen so wichtig ist.

Freitag: Schön war's! Eine Woche Glücksmacher-Tagebuch neigt sich dem Ende zu. Machen Sie den Freitag zum Gute-Laune-Finale und lassen Sie die letzten fünf Tage noch einmal Revue passieren. Welche Dinge sind besonders gut für Sie gelaufen, was hat Sie zum

Lachen gebracht? Notieren Sie drei Ereignisse, egal wie banal sie Ihnen erscheinen. Von der gelungenen Parkplatzsuche über einen tollen Shoppingtrip bis zum überraschenden Jobangebot – alles ist denkbar und auch wichtig. Denn: Schon beim Schreiben werden Sie merken, wie sich Ihre Stimmung aufhellt und Ihre Mundwinkel nach oben gehen. Wer weiß, vielleicht bekommen Sie sogar Lust, Ihre kleine »Wort-Werkstatt« noch um eine Woche zu verlängern. Ich wünsche Ihnen auf jeden Fall viel Spaß dabei.

Verschaffen Sie sich gute Gefühle – und Zeit

Unsere Gefühls- und Gedankenwelt verändert sich, wenn wir uns bewusst verhalten. Mit dem, was wir tun, kommt auch die Emotion. Wir lächeln, wenn wir glücklich sind. Und wir fühlen uns glücklicher, weil wir lächeln! Selbst wenn wir das Wort »Lächeln« lesen, treten die Lachmuskeln in Aktion: Denn wie niederländische Forscher in einer Studie nachgewiesen haben, werden emotionale Begriffe vom Gehirn buchstäblich »verkörpert«. Der gleiche Effekt tritt übrigens ein, wenn man einen emotionalen Gesichtsausdruck bei seinem Gegenüber sieht – das hatten bereits frühere Studien gezeigt. »Die beiden Reaktionen dienen vermutlich dazu, sich besser ins Gegenüber hineinzuversetzen, und beeinflussen zudem, wie bestimmte Vorgänge in der Umwelt bewertet werden.«[143]

Wir können also sowohl unsere Gedanken als auch unsere Körperhaltung beeinflussen: Positive und schöne Gedanken wirken sich automatisch auf unseren Körper und unsere Stimmung aus – und umgekehrt.

Wie gut es funktionieren kann, negative in positive Stimmung zu verwandeln, wissen wir ja schon aus der Studie von Fritz Strack, bei der die Probanden einen Stift zwischen die Zähne nehmen mussten und anschließend bestimmte Bildergeschichten lustiger fanden, weil ihr Lachmuskel aktiviert war. Schon ein bloßes Kopfnicken kann für mehr Zustimmung sorgen. Und Depressive können im wahrsten Sinne des Wortes körperlich aufgerichtet werden. Sie kennen das auch aus Ihrem Alltag: Wenn Sie es trotz schlechter Stimmung schaffen, zum Sport zu gehen und eine kraftvolle Haltung einzunehmen (zum Beispiel beim Laufen, beim Squash), dann werden Sie sich auch kraftvoller fühlen.

Versuchen Sie es einfach mal: Sie werden sehen, dass es funktioniert. Denn Körper und Seele sind ständig darauf bedacht, im Gleichgewicht zu sein.

Wir wissen jetzt: Das Maß, in dem Emotionen unser Verhalten und unsere Entscheidungen bestimmen, wurde lange Zeit unterschätzt. Wir entscheiden nicht mit der Ratio, denn die Emotionen sind schneller unterwegs – bestimmen aber nicht allein darüber, was wir tun. Wenn wir also lernen, besser und anders mit unseren Gefühlen umzugehen und sie entsprechend zu nutzen, dann erreichen wir ein tieferes Verständnis und eine verbesserte Kommunikation mit unseren Mitmenschen.

Richard Wiseman schlägt drei Verhaltensweisen vor, die wir prima in unseren Alltag einbinden können und die uns eine Menge Glücksgefühle bescheren. Er fordert uns auf, einfach mehr zu lächeln, ja vielleicht sogar die Uhr zu stellen, um stündlich zu lächeln, zum Beispiel, indem wir an bestimmte lustige Situationen aus unserem Leben denken. Prüfen Sie außerdem, wie Sie sitzen: Aufrechtes Sitzen bedeutet ein gutes Gefühl – wer krumm dasitzt, der fühlt sich lange nicht so fit und glücklich. Und handeln Sie schließlich so, als ob Sie glücklich wären: Glückspilze bewegen sich anders als Pechvögel: Sie gehen entspannter, lassen ihre Arme mehr schwingen und haben einen federnden Schritt. Versuchen Sie es mal – variieren Sie Ihre Stimmlage, benutzen Sie häufiger positiv geladene, emotionale Begriffe.[144]

Achten Sie insgesamt mehr auf Ihren Körper. Denn wenn Sie verspannt sind oder von einer angespannten Haltung geplagt werden, dann verringern sich die Glücks- und Wachstumshormone in Ihrem Körper, während die Stresshormone zunehmen. Der Körper kann also auch die Psyche nachhaltig beeinflussen – nicht nur umgekehrt. Biologische Grundlage ist ein komplexes Wechselspiel zwischen Gehirn und Körper. Diese Angststarre, in die der Köper automatisch bei

Unbehagen verfällt, ist eine Schutzreaktion aus Urzeiten. Verharren wir zu lange in dieser Haltung, dann speichern wir die damit verbundenen negativen Emotionen – das Abwehrsystem des Körpers, Organe und Muskulatur werden auf Dauer geschwächt.

Starten Sie zum Beispiel mit einer kleinen Embodiment-Übung: Schon eine leichte V-Stellung der Füße, eine bewusst aufrechte Haltung und ein sanftes Lächeln auf dem Gesicht signalisieren dem Gehirn Heiterkeit und Gelassenheit, es werden mehr Glückshormone ausgeschüttet. Noch findet der psychologische Embodiment-Ansatz bei weitem nicht die Beachtung, die er verdient. Er bietet nicht nur Anleitungen für eine aufrechte Körperhaltung, die Energie freisetzt, statt sie zu verschleudern, sondern sucht vor allem Antworten auf Fragen wie »Warum fällt es vielen Menschen so schwer, sich liebevoll um ihren Körper zu kümmern?«.[145]

Mit den hier vorgestellten Übungen schulen Sie Ihre Sensoren für Körper und Geist. Sie erleben, wie Ihr Selbstgefühl und Ihr Selbstvertrauen wachsen. Sie reagieren bewusster, aktiver – und besonnener.

Die beste Voraussetzung, um »richtig« auf Respektlosigkeiten zu reagieren, haben Sie, wenn Sie gelassen und entspannt sind. So können Sie besonnen einschätzen, was die Stunde geschlagen hat, wo genau das Problem liegt, wie Sie es am besten zur Zufriedenheit beider Parteien lösen.

Ist es einmal zu Respektlosigkeiten gekommen, schaukeln sich die streitenden Parteien mit harschen Äußerungen oft gegenseitig hoch, und schon ist es aus mit der Gelassenheit. Im »hormonellem Nebel« wird es schwer, wieder auf den Boden des gegenseitigen Respekts zurückzukehren. Deshalb ist es hilfreich, sich in Situationen, in denen der Respekt verlorenzugehen droht, Zeit zu verschaffen. Man kann einen »aufgeladenen« Dialog jederzeit unterbrechen, zum Beispiel indem man sagt: »Bevor wir jetzt noch Dinge sagen, die sich schwer zurücknehmen lassen, brauche ich eine Pause.« Zur Toilette kann man immer gehen, das kann einem schließlich niemand verwehren. Wenn dann einige Zeit verstrichen ist und sich alle wieder beruhigt haben, ist die Situation oft schon leicht entschärft.

Den Weg zum Respekt zu finden, das gelingt uns nur, wenn wir so viele Stressfaktoren wie möglich ausschalten und mit einem besonders wertvollen Gut der modernen Gesellschaft äußerst achtsam umgehen: mit der Zeit.

Viele Menschen, nicht nur Manager, leiden darunter, dass sie immer weniger Zeit haben, für das, was wirklich wesentlich ist – für lange Gespräche mit Partner, Geschwistern, Freunden; Zeit für Hobbys, einfach Zeit für sich. Aber bevor ich Ihnen jetzt ein »Best of« aller Ratschläge zum Thema Zeitmanagement herunterbete, möchte ich eigentlich nur versuchen, Ihren Sinn dafür zu schärfen, was »Zeit haben« in der modernen Gesellschaft von heute wirklich bedeutet.

Es geht nicht darum, wie viele E-Mails ich in einer Stunde beantworten kann, und auch nicht darum, ob ich schnell noch die Einkäufe erledigen kann, bevor ich die Kids aus dem Kindergarten abhole. Selbstverständlich hat auch diese Art von Zeit ihren Platz in unserer Welt, sie regelt den Alltag. Aber ich meine unsere Lebenszeit. In ihrer Begrenztheit ist sie unglaublich kostbar, und deswegen müssen wir uns fragen, wie wir sie sinnvoll nutzen können. Es gilt, jeden Augenblick im Leben bewusst zu erleben, ihn anzunehmen und zu respektieren, so wie wir im besten Falle unseren Mitmenschen Respekt zollen – und ihnen Zeit geben.

WIE SIE RESPEKT ALS ERFOLGSINSTRUMENT EINSETZEN

Respektvoll kommunizieren

Respekt kennt viele Ausdrucksformen – im Kleinen wie im Großen. Denken Sie nur einmal an die Wahl der richtigen Kleidung. Durch einen eleganten Anzug bei einem festlichen Empfang oder ein gebügeltes Hemd bei einem Bewerbungsgespräch drücken wir unseren Gesprächspartnern gegenüber Achtung aus. Kommen wir dagegen mit einer zerschlissenen Jeans zu einem wichtigen Termin, fasst der potentielle Kunde oder Arbeitgeber dies wahrscheinlich als Respektlosigkeit auf. Welche Wertschätzung wir gegenüber einer Sache oder einem Menschen empfinden, ist unserem Auftreten also stets – ob direkt oder indirekt – beigegeben und beeinflusst stark unsere persönliche Wirkung.

Dies gilt umso mehr beim gesprochenen Wort, denn Respekt ist für die Kommunikation so wichtig wie die Luft zum Atmen. Ohne ihn findet schlichtweg kein Dialog statt. Denn Menschen, die sich nicht respektiert fühlen, werden keine (guten) Gesprächspartner sein. Wer also an einem ernsthaften Dialog interessiert ist, muss sich zwangsläufig mit der Frage auseinandersetzen: Was heißt es, respektvoll zu kommunizieren? Die Krux: In den wenigsten Fällen sind Respektlosigkeiten in einem Dialog Absicht. Vielmehr schleichen sie sich in eine Unterhaltung ein, ohne dass wir es merken. Die Folgen lassen meist nicht lang auf sich warten. Begegnen sich Gesprächspartner nämlich nicht mit dem nötigen Respekt, wird ein Dialog schnell schwierig und droht im schlimmsten Fall zu scheitern. Ich behaupte sogar, dass Gespräche oder Verhandlungen wesentlich seltener wegen des Inhalts oder der besprochenen Sache misslingen, sondern häufiger wegen eines achtlosen Umganges miteinander.

Viele Rhetoriker behaupten immer wieder, durch die richtige Technik in der Gesprächsführung ließe sich alles erreichen bzw. über so manches hinwegtäuschen. Respekt jedoch ist keine Technik, er ist ein Verhaltenskodex, der – wenn er gebrochen wird – die Kommunikation mit unseren Mitmenschen erheblich erschweren oder belasten kann. Sein Fundament bildet eine dem Mitmenschen gegenüber grundsätzlich wertschätzende innere Haltung. Sie zeigt sich durch verständliche Äußerungen, die richtige Körpersprache und Empathie für unseren Gesprächspartner.

Respekt durch Verständlichkeit oder wie man KESS spricht

Über die Art, wie wir Gespräche führen, denken wir selten intensiv nach. Ein Fehler, denn es gibt viele Momente, in denen Gespräche schwierig werden können, weil wir uns kommunikativ – ohne es zu wollen – respektlos verhalten. Noch dazu lassen wir uns die Gelegenheit entgehen, unser Gegenüber bewusst durch ein respektvolles Miteinander von uns zu überzeugen und sympathisch zu wirken. Doch woran hapert es im Zweifelsfall?

An mangelnder Verständlichkeit, lautet eine der möglichen Antworten. Der Grund: Wer sich unverständlich ausdrückt, handelt gleich doppelt destruktiv in Sachen respektvoller Kommunikation. Zum einen »leidet« unser Gesprächspartner, weil er dem Gesagten nicht folgen kann und sich deshalb respektlos behandelt fühlt. Zum anderen werden wir selbst in Mitleidenschaft gezogen, weil wir uns unverstanden fühlen. Unter diesen Bedingungen entwickelt sich eine Unterhaltung schnell zum heiklen Vabanquespiel oder läuft aus dem Ruder. Denken Sie nur einmal an eine typische Beziehungssituation: Wenn ein Partner sich langfristig nicht verstanden fühlt, stellt er gern die ganze Partnerschaft in Frage. »Du verstehst mich einfach nicht!«, heißt es dann oft verbittert.

Allgemein ist Verständlichkeit in Gesprächen das A und O für eine funktionierende »Beziehung«. Der Grund: Kommunizieren wir verständlich, signalisieren wir dem anderen indirekt, dass wir uns auf ihn und seine (Informations-)Bedürfnisse eingestellt haben. Es zeigt, dass wir uns im Vorfeld die Gedanken und auch die Mühe gemacht haben, unser Anliegen für das Gespräch ansprechend aufzuarbeiten. Im Dialog schlägt sich diese Mehrarbeit unmittelbar nieder – nicht nur als Wohlwollen und Sympathie bei unserem Gesprächspartner, sondern auch in Form von Respekt, weil sich der andere von uns ernst genommen fühlt.

Die Frage ist nur: Was bedeutet Verständlichkeit, und wie lässt sie sich herstellen? Friedemann Schulz von Thun gibt hierzu den entscheidenden Hinweis. Der deutsche Psychologe und Kommunikationswissenschaftler empfiehlt, »KESS« zu sprechen. Kess? Warum nicht freundlich oder unterhaltsam? Ganz einfach: Weil hinter KESS eine sehr hilfreiche Formel steckt. Sie lautet, kurz (K), einfach (E), stimulierend (S) und strukturiert (S) zu sprechen. KESS also. Aber was heißt das im Einzelnen?

K wie kurz: »In der Kürze liegt die Würze« – das versteht sich von selbst. Je länger ein Satz, desto eher besteht die Gefahr, dass er gar nicht oder falsch verstanden wird. Dass die Umsetzung der ersten Forderung aber nicht einmal Rhetorik-Profis ohne weiteres gelingt, zeigt eine Studie der Universität Hohenheim: Gemeinsam mit der Ulmer Agentur CommunicationLab hat sie zur letzten Bundestagswahl die Programme der Parteien unter die Lupe genommen. Das enttäuschende Ergebnis: »Ohne ein hohes Bildungsniveau oder politisches Fachwissen sind die Inhalte der Bundestagswahlprogramme für die Wählerinnen und Wähler nur schwer zugänglich.«[146] Die Parteien bemühten sich ganz offensichtlich wenig, ihre politischen Ansichten dem Otto-Normal-Wähler verständlich zu machen. Neben unzähligen Fachbegriffen gibt es kaum einen kurzen Satz in den Programmen. Stattdessen dominieren Wortschlangen und umständliche Nebensatz-Konstruktionen. Am schlechtesten schnitten in dieser Hinsicht übrigens die Linken ab, die vom *Focus* als »Könige der Schachtelsätze« bezeichnet wurden.

Klar, wenn sich Wähler deshalb respektlos behandelt fühlen. Schon Kurt Tucholsky brachte es in seinem Aufsatz »Ratschläge für einen guten Redner« auf den Punkt, indem er diesen mit einer deutlichen Forderung in puncto Verständlichkeit eröffnet: »Hauptsätze!

Hauptsätze! Hauptsätze!«[147] Und was heißt das konkret? Streichen Sie alle nichtssagenden Adjektive, unnötigen Füllwörter und umständlichen Nebensätze. Sie werden sehen: Die verbale Diät wird Ihnen wie Ihrem Gesprächspartner gut tun – und mit Respekt belohnt.

E wie einfach: Auch die zweite Forderung, »einfach« zu sprechen, ist nicht immer so leicht umzusetzen. Aber der Versuch lohnt sich, denn je simpler eine Botschaft formuliert ist, desto schneller und leichter findet sie den Weg in die Köpfe der Zuhörer. Ein kleines Beispiel: Was denken Sie bei dem Satz: »Nicht alle lichtreflektierenden Materialien sind aurumhaltig?« Bestimmt nicht an die gängige Redewendung »Es ist nicht alles Gold, was glänzt«, oder? Abstrakte Begriffe und Fachjargon werden in den seltensten Fällen sofort verstanden. Dafür braucht es Zeit, Fachwissen und meist eine ausführliche Erklärung. Das gilt selbst dann noch, wenn sie schriftlich formuliert werden.

Ein gutes Beispiel für kompliziertes und unverständliches Sprechen ist das klassische Amtsdeutsch, das sich nicht nur in Gesetzestexten findet, sondern in deutschen Büros längst zum sogenannten guten Ton gehört. Bestimmt kommen Ihnen Wendungen wie »in meiner Eigenschaft als Vereinsvorsitzender«, »zum Zwecke einer besseren Zusammenarbeit«, »in Erwägung dessen«, »mit Ausnahme von« bekannt vor. Ein wahres Kanzleideutsch, das in E-Mails, Briefen oder Protokollen immer wieder gern zum Besten gegeben wird – meist in der Hoffnung, intelligenter zu wirken und dadurch mehr Vertrauen und Respekt zu erzeugen. Das Gegenteil ist jedoch der Fall, wie Untersuchungen von Daniel Oppenheimer beweisen.

Der Psychologe ließ mehrere Texte mit mehr oder weniger komplexem Vokabular ausstatten. Probanden wurden diese Texte zur Lektüre vorgelegt. Anschließend sollten sie die Intelligenz der Person einschätzen, die sie angeblich geschrieben hatte. Das interessante Ergebnis: Eine einfachere Sprache führte zu deutlich höheren Intelligenzeinschätzungen. Die Verwendung einer unnötig komplexen Sprache dagegen vermittelte einen eher schlechten Eindruck und wurde als Ausdruck mangelnder Intelligenz bewertet.[148] Wer im Dialog respektiert werden und zugleich kompetenter und schlauer erscheinen möchte, sorgt also dafür, dass man ihn versteht – durch eine einfache Ausdrucksweise und möglichst wenig Fachbegriffe. Lassen sich diese nicht vermeiden, zum Beispiel bei einem technischen Vortrag, nehmen Sie sich die Zeit, sie zu erklären – es sei denn, Sie wissen ganz sicher, dass Ihr Gegenüber sie schlafwandlerisch beherrscht. Ansonsten gilt: Schaffen Sie klare Verhältnisse mit klaren Worten.

Dazu gehört übrigens auch, Euphemismen – also Verharmlosungen – zu vermeiden. Sie rücken einen Sachverhalt in ein falsches Licht, indem Sie ihn bewusst herunterspielen, und können besonders respektlos wirken. Nicht umsonst wurden bereits zahlreiche Euphemismen zum »Unwort des Jahres« gekürt. Vielleicht erinnern Sie sich noch an die Begriffe »Freiwillige Ausreise« von 2006 oder »Entlassungsproduktivität« von 2005? Während die erste Formulierung aus der Zwangsausweisung von abgelehnten Asylbewerbern kurzerhand eine freiwillige Reise macht, bezeichnet die zweite Wendung dreisterweise eine »gleichbleibende, wenn nicht gar gesteigerte Arbeits- und Produktionsleistung, nachdem zuvor zahlreiche, für ›überflüssig‹ gehaltene Mitarbeiter entlassen wurden«.[149] Solche Euphemismen sind nichts anderes als eine verkappte Respektlosigkeit.

S wie stimulierend: Ein bekanntes Sprichwort besagt: »Besser ein lebendes Wort als hundert tote.« Oder im Sinne der dritten KESS-Forderung: Kommunizieren Sie stimulierend! Warum? Nur wer gerne zuhört, hört auch aufmerksam zu, nimmt Informationen besser auf und ist bereit, Sprecher und Gesprochenes hinreichend zu respektieren. Dass dies bei langweiligen Reden nicht gelingt, wissen Sie sicherlich aus eigener Erfahrung. Egal ob langatmige Neujahrsansprachen, dröge Präsentationen oder eine monotone Produktvorführung – sinkt die Spannungskurve einer Rede in den Keller, sinkt in der Regel auch unser Achtung vor ihr. Die ersten (respektlosen) Anzeichen: Publikum oder Gesprächspartner gähnen, wenden den Blick ab und beschäftigen sich mit anderen Dingen.

Bestes Beispiel ist Angela Merkel – oder vielmehr ihr Auditorium. Als sie letztes Jahr zu ihrem 55. Geburtstag eine Rede hielt, langweilte sie die Delegierten derart, dass diese gegen Ende vorzogen, Zeitung zu lesen und wiederholt auf die Uhr zu schauen, anstatt ihr zuzuhören. Auch der zweiminütige Applaus am Schluss wirkte mehr höflich als ernstgemeint.

Dabei weiß die amtierende Kanzlerin sehr wohl, wie stimulierende Kommunikation auszusehen hat. Für ihre verbalen Glanzleistungen wurde sie bereits vom Förderkreis Politische Rhetorik ausgezeichnet, und auch der Verband Redenschreiber deutscher Sprache (VRdS) attestierte ihr jüngst rhetorische Stärke. Ihr Redestil sei »von Erzählungen, privaten Geschichten und Zahlen in gut dosierten Mengen geprägt.«[150] Und genau darin liegt das KESS-Geheimnis: Stimulierend zu sprechen bedeutet, einen Dialog spannend zu gestalten, exakt so, wie Merkel es vorführt – mit Hilfe von sogenanntem Storytelling. Der rhetorische Trick: Langweilige oder gewöhnliche Inhalte werden in eine interessante Geschichte verpackt. Das weckt Aufmerksamkeit, regt die Phantasie des Gesprächspartners an und macht selbst abstrakte Inhalte verständlich, weil sie bildhaft vor seinem inneren Auge erscheinen. Außerdem entsteht ein persönlicher, emotionaler Bezug zum Gesagten, weil es vom Zuhörer sofort mit eigenen Erlebnissen abgeglichen wird.

Greifen Sie also bei der nächsten Geschäftsbilanz einfach auf eine bestimmte Bilderwelt zurück und nutzen diese, um Ihre Zahlen und Fakten erfahrbar und erlebbar zu machen. Etwa so: »Am Anfang des Jahres wehte unserem Unternehmen durch starke Konkurrenz von XY noch ein steife Brise entgegen. Doch ab Mai haben wir gemeinsam das Ruder herumgerissen und volle Fahrt aufgenommen.« Sie werden erstaunt sein, wie interessiert man plötzlich Ihren Ausführungen folgt. Doch Vorsicht: Übertreiben Sie es nicht mit der Bildlichkeit. Gezielt Bilder durchblitzen zu lassen hat sich in Beruf und Alltag noch immer besser bewährt als rhetorisches Dauergewitter.

Wem es schwerfällt, die richtigen Bilder zu finden, kann alternativ durch möglichst viele Synonyme und einen abwechslungsreichen

Satzbau stimulieren. Der Wechsel vermeidet Monotonie und bringt Schwung in die Rede. Das können sonst nur noch die Königskinder der Rhetorik: ausdrucksstarke Verben. Sie sind dynamischer als Substantive und wirken auf die Zuhörer oder Gesprächspartner sofort lebendig und mitreißend.

S wie strukturiert: Die letzte und wichtigste KESS-Säule fordert dazu auf, strukturiert zu sprechen. Oder anders ausgedrückt: den roten Faden nicht zu verlieren! Warum er in einer Rede oder auch in einem Dialog so elementar ist – insbesondere in Sachen Verständlichkeit und Respekt –, liegt auf der Hand: Der berühmte Faden leitet den Zuhörer, gibt ihm eine Orientierung und beugt so Missverständnissen vor. Eine Struktur im Gespräch dient also dazu, Informationen – vor allem komplexe – systematisch und nachvollziehbar zu vermitteln. Außerdem eignet sie sich, um jemanden effektiv zu überzeugen. Denn: Nicht selten scheitert eine Argumentation, weil ihr Ziel zu früh genannt und ihr Aufbau nicht durchdacht ist.

Informierst du noch, oder überzeugst du schon?

Lassen Sie mich den Unterschied zwischen Informations- und Überzeugungsgesprächen einmal deutlich machen: Bei Ersteren geht es um die Darstellung eines Sachverhaltes, zum Beispiel wenn Sie einem Kunden ein Produkt beschreiben oder einem Freund die Details Ihrer neuen Hi-Fi-Anlage erklären. In diesen Fällen können Sie Ihr Anliegen auch gleich am Anfang des Gesprächs herausstellen, etwa mit der Ankündigung: »Schau dir diese Anlage an, sie ist das Neueste vom Neuen auf dem Technikmarkt!« Das wird das Gespräch nicht beeinflussen. Anders verhält es sich jedoch bei Überzeugungsgesprächen, etwa wenn Sie einen Kunden dazu bringen möchten, ein Produkt zu kaufen. Nennen Sie Ihr Ziel gleich zu Beginn der Rede, dürfte der Überzeugungseffekt all Ihrer Argumente leider verpuffen.

Der Grund: Derjenige, der überzeugt werden soll, ist zu Beginn meist anderer Meinung, ansonsten müsste er ja nicht überzeugt werden. Eröffnen Sie Ihrem Gesprächspartner zu früh Ihr Anliegen –

hier also den Verkaufsabschluss –, nimmt seine innere Abwehrhaltung automatisch zu oder verhärtet sich gar im schlimmsten Fall. Die vielleicht sehr überzeugenden Argumente erreichen ihn nicht mehr. Dadurch entsteht eine Verhandlungsposition mit wenig Aussicht auf Erfolg. In einem Bild ausgedrückt, sähe ein Überzeugungsgespräch übrigens so aus:[151]

Derjenige, der die Überzeugungsarbeit leistet, steht auf der einen, sein Gesprächspartner auf der anderen Seite. Beide sind durch einen Sumpf voneinander getrennt. Dieser symbolisiert mögliche Missverständnisse und Schwierigkeiten, die sich in einem Gespräch ereignen können. Die Aufgabe ist klar: Der andere soll diesen Sumpf überqueren. Die Gefahr: statt durch eine durchdachte Struktur eine solide Brücke zu schlagen, den anderen durch eine wackelige oder fehlende Struktur im Gesprächssumpf versinken zu lassen und dadurch ungewollt ein Gefühl mangelnden Respekts zu provozieren. Dies passiert schneller als gedacht.

Bei einem Gespräch hört der andere das, was ihn betrifft. Wenn das Ziel der Kommunikation also am Anfang der Mitteilung genannt wird, werden beim Empfänger vorzeitig Assoziationen angestoßen. Er überlegt, was dieses Ziel für ihn bedeuten könnte, welche Auswirkungen eine Entscheidung hätte, was dagegen und was dafür spräche. Das Problem: Ist diese Gedankenkette beim anderen erst einmal am Laufen, positioniert dieser sich zwangsläufig und ist von seiner Position nur noch schwer abzubringen. Außerdem wird er den folgenden Ausführungen nicht mehr richtig zuhören und stattdessen mit seinen Gedanken abschweifen oder dem Gesprächspartner unverhofft ins Wort fallen. Nicht unbedingt das, was man eine respektvolle Kommunikation nennen würde.

Eher spräche man hier von einer sogenannten spontanen Positionierung. Sie tritt dann ein, wenn ein Gesprächspartner das Ziel einer Unterhaltung frühzeitig erfährt und umgehend etwas erwidert, obwohl ihm viele Argumente oder Gründe noch gar nicht klar sind. Die Folgen: eine sozial angespannte Atmosphäre, eine schlechte Verhandlungsposition und nicht zuletzt das Gefühl, respektlos behandelt worden zu sein.

Doch wie lassen sich solche Situationen effektiv vermeiden? Ich möchte es Ihnen an einem Beispiel erklären, das sich so ähnlich in einer amerikanischen Krimi-Serie abgespielt hat. Ein Detective kommt eines Morgens zu seinem Vorgesetzten und bittet ihn darum, mehr Überstunden machen zu dürfen, er brauche dringend Geld. Sein Chef wiegelt ab, das ginge auf keinen Fall, und nun nimmt er sich sehr viel Zeit, um seinem Mitarbeiter klarzumachen, warum die Überstunden unmöglich sind. Der Detective erwidert daraufhin verzweifelt: »Das ist wirklich Mist, denn ich habe zwei autistische Kinder und brauche Geld für einen Betreuer, weil meine Frau sich bei einem Autounfall schwer verletzt hat.« Der Vorgesetzte ist peinlich berührt, spricht seinem Angestellten Mut zu, seine schnelle Abwehr tut ihm sichtbar leid. Nur gegen seine Worte kann er nichts mehr ausrichten, denn gegenüber seinem Kollegen hat sich er sich explizit positioniert. Er würde sein Gesicht verlieren und sich unglaubwürdig machen, wenn er jetzt alles zurücknähme. Stattdessen ist das Gespräch durch die spontane Positionierung in einer Sackgasse.

Dabei hätte die spontane Positionierung des Chefs leicht vermieden werden können. Dazu hätte der Detective seine Bitte lediglich anders strukturieren müssen. Zum Beispiel so: »Hey Chef, ich habe ein großes Problem und bräuchte dringend Ihre Hilfe: Ich habe zwei autistische Kinder und meine Frau hat sich bei einem Unfall schwer verletzt. Jetzt muss ich einen Betreuer engagieren, und dazu bräuchte ich dringend mehr Geld. Wie sieht es aus – kann ich mehr Überstunden machen?«

Bei dieser Kommunikationsstruktur zäumt der Detective das Pferd von hinten auf und schildert seine Argumente, bevor er seine Bitte formuliert. In dieser Form werden nicht nur die spontane Positionierung und damit Respektlosigkeiten vermieden, auch der Chef dürfte bei dieser Rede weich werden und der Forderung nachgeben. Ein Erfolg also in Sachen Überzeugungskraft und Respekt zugleich. Aber Vorsicht: Schicken Sie Ihrer Forderung – etwa bei der nächsten Gehaltsverhandlung – nicht zu viel Informationen voraus. Denn Menschen mögen es nicht, wenn man um den heißen Brei herumredet. Gehen Sie stattdessen bei Ihrer Argumentation klar und direkt vor. Wie Sie das am besten machen, zeigt Ihnen die von den alten Griechen abstammende 5-Satz-Technik.

Respekt durch strukturiertes Sprechen – der 5-Satz

Die 5-Satz-Struktur hilft uns, unserem Gesprächspartner Argumente zu vermitteln, ohne dass wir dabei unnötige Widerstände überwinden müssen, die sich aus unterschiedlichen Zielstellungen ergeben. Solche Widerstände beanspruchen Zuhörer stark, weshalb es oft keine gute Idee ist, mit der Tür (bzw. unserem Ziel) ins Haus zu fallen. Wer die 5-Satz-Struktur beherrscht, hat ein rhetorisches Planungs- und Formulierungsmodell zur Hand, das die Überzeugungsarbeit erheblich erleichtert.

Die Grundidee: Zunächst holen wir den Zuhörer bei seiner Position ab, indem wir ihm einen Anreiz liefern (die sogenannte Stimulanz), um sich auf die Kommunikation einzulassen. Dann kommunizieren wir die Argumente, und erst am Schluss das Ziel des Gesprächs. So ergibt sich eine einfache Grundstruktur, die – um in unserem Bild zu bleiben – etwa so aussieht:

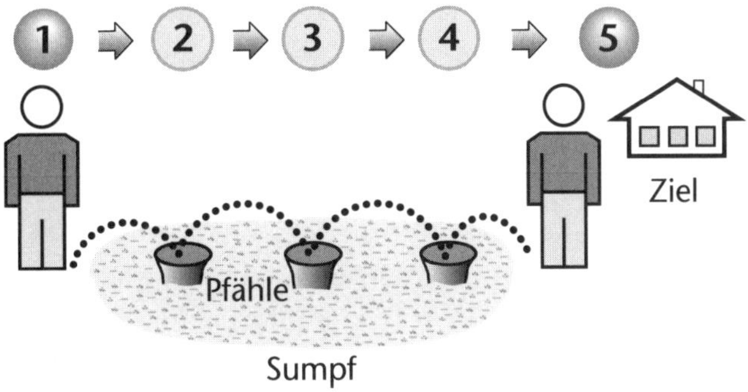

1 steht für die Position des zu überzeugenden Gesprächspartners bzw. methodisch für die Stimulanz, 5 für unser Ziel. Dazwischen ist noch immer der Sumpf. Überquert wird er über die Pfähle, die die drei schlagenden Argumente eines Überzeugungsgespräches darstellen. Sie sorgen dafür, dass die Informationen unser Gegenüber erreichen, und liefern gleichzeitig eine passende Dramaturgie – quasi einen rhetorischen Dreiklang. Dadurch wirken ein Vortrag oder eine Unterhaltung überzeugend, denn man redet nicht um den heißen Brei herum, begründet klar und maßvoll und vermeidet noch dazu die Gefahr einer spontanen Positionierung, weil das Ziel der Kommunikation erst am Ende genannt wird.

Geplant wird das Gespräch umgekehrt: Am Anfang steht das Ziel, das wir erreichen möchten. Anschließend finden wir dafür Argumente. Und zum Schluss überlegen wir uns, welchen Anreiz wir dem Gesprächspartner bieten können, um ihn für unser Ziel zu gewinnen.

Um den 5-Satz anzuwenden, gibt es verschiedene Möglichkeiten. An dieser Stelle möchte ich exemplarisch drei der gängigsten Modelle vorstellen.

Möglichkeit 1: Die Kette

Logik zieht an. An diesem Grundsatz orientiert sich die Kette, in der sich ein Argument aus dem vorherigen ergibt. Die Überzeugung schöpft Kraft, indem der Adressat jede einzelne Aussage akzeptiert.

Die Idee dahinter: Jemandem, der die einzelnen Schritte bejaht, dürfte es schwerfallen, das Ziel am Ende zu verneinen.

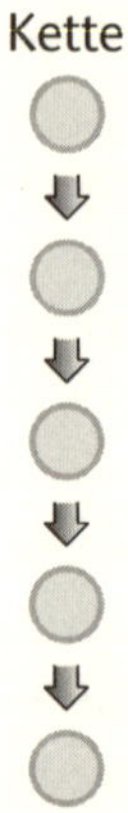

Ein Argument ergibt sich aus dem anderen. Es gibt keine Umwege und Abweichungen

Stellen Sie sich beispielsweise vor, Sie haben einen sympathischen und förderungswürdigen Mitarbeiter, der viele gute Eigenschaften mitbringt. Aus Ihrer Sicht könnte er jedoch Nachhilfe bei seiner Verkaufstechnik gebrauchen, denn in Verkaufsgesprächen erleben Sie ihn oft nervös und unsicher, was sich negativ auf seine Bilanz auswirkt. Ihr Ziel ist es also, ihn dazu zu bringen, ein Rhetoriktraining zu absolvieren. Dafür haben Sie drei sich auseinander ergebende gute Argumente: Zunächst wird sich seine Verkaufsbilanz verbessern, wenn er dem Kunden gegenüber souveräner auftritt. Um souveräner zu erscheinen, muss er sich wiederum sicherer fühlen. Um diese Sicherheit zu erlangen, hilft es, Strukturen zur Orientierung zu kennen. Und diese Strukturen erlernt man am besten in einem Rhetorikseminar. Nun fehlt Ihnen nur noch ein überzeugender Anreiz (Stimulanz) für Ihren Mitarbeiter, und der liegt auf der Hand: Höhere Umsätze und souveränes Auftreten erhöhen seine Chancen, später im Unternehmen aufzusteigen.

Eine überzeugende Kette für dieses Gespräch sähe so aus:

»(1) Beim Einstellungsgespräch vor einem Jahr sagten Sie mir, dass Sie später einmal zum Abteilungsleiter aufsteigen wollen. Dafür sehe ich bei Ihnen gute Chancen. (2) Allerdings ist es wichtig, dass Sie bei den Verkaufsgesprächen selbstbewusster sind. (3) Das wird Ihnen gelingen, wenn Sie sich sicherer fühlen. (4) Und um diese Sicherheit zu erlangen, helfen Ihnen strukturierte Vorgaben, an denen Sie sich im Gespräch orientieren können. (5) Ich möchte deshalb anregen, dass Sie ein Seminar bei einem Kommunikationstrainer machen, mit dem wir schon seit Jahren erfolgreich arbeiten.«

Möglichkeit 2: Der Gleichrang

Der Gleichrang ist mit einer einfachen Aufzählung zu vergleichen, gern wird die Verwendung der Strukturierungsmerkmale »erstens, zweitens, drittens« empfohlen. Die Argumente stehen anders als bei der Kette in keinem logischen Kontext und können völlig frei gewählt werden. Sie stehen unabhängig voneinander.

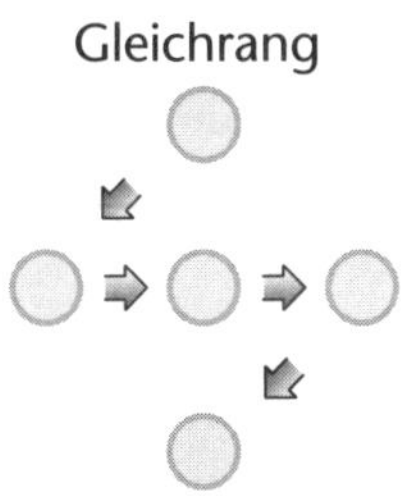

Drei Argumente sollen unabhängig voneinander dasselbe bewirken.

Nehmen wir zum Beispiel an, Sie möchten erreichen, dass einer Ihrer Mitarbeiter, der einen neuen Laptop bekommen soll, sich für ein bestimmtes Modell entscheidet, das nachweislich gut zur Peripherie der Firma passt und deshalb viele Arbeitsabläufe erleichtern wird. Mit Hilfe des Gleichrangs könnte Ihre Argumentation so aussehen: »(1) Es wird Zeit, dass du einen neuen Laptop bekommst, der dir die Arbeit erleichtert. (2) Dieser Laptop soll erstens alle deine Termine sofort und leicht mit Handy und Intranet synchronisieren können. (3) Zweitens sollte er schnell, zuverlässig und nicht anfällig für Viren etc. sein. (4) Und drittens wäre es wunderbar, wenn du mit ihm bei Kunden-Präsentationen eine außerordentlich gute Figur machen würdest. (5) Deshalb bin ich überzeugt, dass der neue XYZ perfekt für dich wäre.«

Unschlagbarer Vorteil beim Gleichrang: Er ist sehr leicht zu formulieren. Sie können sich auch in Gesprächen, die unerwartet verlaufen, auf den Gleichrang verlassen. Hilfreich ist es, die Struktur einfach kurz anzukündigen, etwa mit der Formulierung »Dazu möchte ich gern ein paar Aspekte nennen: Erstens …«. Oder: »Zu diesem Punkt hätte ich ein paar Ideen. Die erste besteht darin, dass …«

Möglichkeit 3: Der Widerspruch

Der Widerspruch ist das Instrument der Dialektik. Auf die Stimulanz folgt hier das Abwägen zweier Argumente, die widersprüchlich sind oder es scheinen. Dabei geht es nicht um eine Gewichtung von Pro und Contra, sondern um eine Gegenüberstellung zum Beispiel von konkurrierenden Bedürfnissen. Es wird eine These und eine Antithese gebildet, und die dadurch entstandene Spannung wird in einer Synthese aufgelöst. Diese Synthese (oder Lösung) entspricht im Idealfall dem eigentlichen Ziel.

Widerspruch

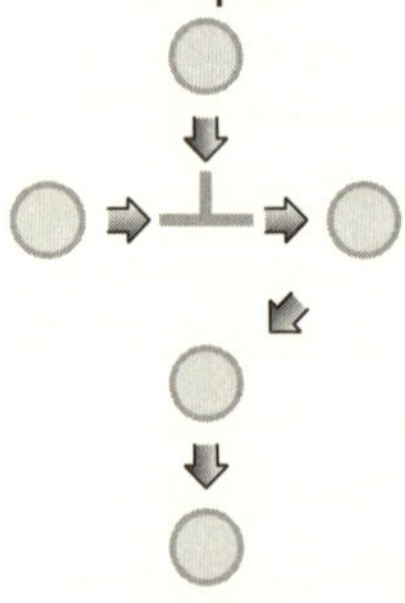

Hier nutzt man die Dialektik. Es gibt eine These, eine Antithese, und die Spannung wird in der Synthese – dem Ziel – aufgelöst.

Angenommen, eine Frau möchte Ihren Mann davon überzeugen, ein Theater-Abonnement zu kaufen. Dann siehe eine widersprüchliche Struktur etwa so aus: »(1) Du Schatz, ich habe eine gute Idee für unsere Freizeitgestaltung. (2) Auf der einen Seite lieben wir beide ja das Theater und haben uns geschworen, viel häufiger die Vorstellungen zu besuchen. (3) Auf der anderen Seite hat keiner von uns die Übersicht und die Disziplin, rechtzeitig Karten zu bestellen, und dann sind die guten Veranstaltungen meist schnell ausverkauft. (4–5) Was hältst du von der Idee, ein Theaterabo zu kaufen? Dann hätten wir ganz sicher Karten für die besten Veranstaltungen und können langfristig planen. Wenn du einverstanden bist, kümmere ich mich darum. Was meinst du?«

Ein gut konstruierter Widerspruch hat wahrscheinlich die größte Überzeugungskraft aller drei Alternativen. Denn der Zuhörer wird in den Lösungsprozess eingebunden, und der Vortragende wird als Problemlöser wahrgenommen. Voraussetzung ist allerdings, dass die Lösung am Schluss eine echte Synthese ist. Das heißt, sie muss beide Seiten gleichberechtigt behandeln. Sonst ist der Kompromiss faul und die Überzeugungskraft der Lösung dahin.

Egal, für welche Struktur Sie sich in einem bestimmten Fall entscheiden, eines sollen Sie stets beachten: Wenn Sie wollen, dass Ihr Gegenüber die Argumente wirklich aufnimmt, halten Sie sich konsequent an die jeweilige Dramaturgie. So schlagen Sie nicht zuletzt drei Fliegen mit einer Klappe: Eine gute Struktur sorgt für Verständlichkeit, und Verständlichkeit für Respekt, und dieser erleichtert Ihnen die Überzeugungsarbeit ganz wesentlich.

Wenn Sie keine Zeit haben, eine ganze 5-Satz-Struktur vorzubereiten, nehmen Sie sich von allen drei Möglichkeiten am besten den Gleichrang vor. Er lässt sich, wie bereits erwähnt, auch spontan konstruieren. Wichtig ist bloß, dass Sie Ihre Struktur ankündigen. So macht ihre Rede selbst in spontanen Situationen einen strukturierten und klaren Eindruck. Obendrein wird es für Sie selbst einfacher zu argumentieren, denn durch die Struktur stellen Sie Zusammenhänge schneller und leichter her. Unser Gehirn wird nämlich durch konkrete Vorgaben aktiviert und die Konzentration gesteigert.[152] Die Alternative wäre, ohne Strukturvorgabe ins Feld zu ziehen. Aber das ist meist eine schlechte Idee. Dann nämlich entwickeln Sie und Ihr Gegenüber Zusammenhänge mehr assoziativ als logisch. Die Gefahr: Respektlosigkeiten schleichen sich ein, und unsere Überzeugungskraft bleibt auf der Strecke.

Übrigens: Es ist keineswegs Willkür, dass genau fünf Schritte unsere Kommunikation tragen, denn Untersuchungen haben bestätigt, dass das Kurzzeitgedächtnis im Schnitt nur sieben abstrakte Informationseinheiten zu speichern vermag.[153] Das macht die Zahl fünf zur optimalen Argumentationsmenge – und räumt mit einem weitverbreiteten Irrglauben auf. Oftmals wird angenommen, dass eine Präsentation mit jedem Argument immer überzeugender werde. Tatsächlich aber ist das Gegenteil der Fall: Je mehr Gründe wir anführen, desto mehr Potential bieten wir unserem Gegenüber, diese auszuhebeln. Der Grund: In der Regel greift unser Gesprächspartner das schwächste Argument aus unserer Erklärung heraus, um es zu widerlegen, und lässt die anderen unter den Tisch fallen. Das macht die Kommunikation unnötig schwer und Ihre ganze Vorarbeit in Sachen strukturierter Argumentation zunichte.

Respekt lässt sich also durch strukturiertes Sprechen erzeugen. Aber wussten Sie, dass strukturiertes Sprechen auch Kompetenz vermittelt? Kompetenz lässt sich in einem Gespräch nicht objektiv feststellen – sonst müssten wir ja vor jeder Unterhaltung unserem Gegenüber einen Lebenslauf oder einen IQ-Test abverlangen. Vielmehr schätzen wir im Moment einer Unterhaltung die Kompetenz des anderen subjektiv ein – auch wenn wir glauben, wir täten dies sachgerecht. Sie kennen das selbst: Scheinbar souverän beurteilen wir die Kompetenz unseres Steuerberaters, unseres Zahnarztes, und die Leistung des Fußball-Nationaltrainers sowieso. Fakt ist: In keinem dieser Fälle können wir das wirklich gut, denn all diese Experten haben uns einen kaum überbrückbaren Kompetenzvorsprung voraus.

Es ist selten die faktische Kompetenz eines Menschen, die wir ad hoc in einem Gespräch bewerten, sondern die vermeintliche, von uns subjektiv wahrgenommene.[154] Wir folgern diese aus bloßen Indizien, die unserer Meinung nach darauf Rückschlüsse zulassen – und diese Rückschlüsse können genauso gut falsch wie richtig sein. Der Vorteil: Die wahrgenommene Kompetenz lässt sich beeinflussen – und zwar unter anderem durch strukturiertes Sprechen. Denn Struktur steht für einen klaren, aufgeräumten Verstand, und der wiederum weist uns unbewusst auf einen kompetenten Gesprächspartner hin. Diesem zollt man gemeinhin gern Respekt.

Respekt durch Körpersprache

Viele Menschen glauben, respektvolle Kommunikation spiele sich lediglich auf verbaler Ebene ab. Doch das stimmt nicht. In puncto Respekt handelt es sich vielmehr um ein komplexes Phänomen, das über die verbale Ebene hinausgeht und auch auf nonverbaler Ebene vermittelt wird – auf der Ebene der Körpersprache. Wie wir stehen, gehen oder sitzen, unsere Kleidung, unser Gesichtsausdruck und unsere Körperhaltung, all das sind Signale, die wir in ein Gespräch mit einbringen und die darüber bestimmen, welchen Eindruck wir beim anderen hinterlassen – ob wir respektvoll oder respektlos erscheinen. Das Perfide: Während Kommunikation auf verbaler Ebene erst ab dem ersten Wort beginnt, findet nonverbale Kommunikation bereits ab dem ersten Augenblick des Zusammentreffens statt. Sobald unser Gesprächspartner den Raum betritt, sprechen wir mit ihm – sei es bewusst oder unbewusst –, und zwar durch die Bewegungen unseres Körpers.

Um unseren Mitmenschen gegenüber unsere Wertschätzung auszudrücken, bleibt also nur wenig Zeit. Steht uns jemand zum ersten Mal gegenüber, arbeiten in unserem Gehirn 100 Milliarden Nervenzellen gleichzeitig, um ihn abzuscannen und einzuschätzen. Dieser Prozess dauert gerade einmal zehn Millisekunden und läuft überwiegend unterbewusst ab. Der Haken: Bereits nach diesem Scan steht fest, ob wir jemandem respektlos erscheinen oder nicht. Zumindest werden wir in eine Schublade gesteckt, aus der herauszukommen gar nicht so einfach ist.

Was immer hilft und nicht viel Übung braucht, ist ein Lächeln. Es begünstigt einen respektvollen Eindruck, weil es schnell und sicher eine erste gute Beziehungsebene herstellt. Nicht umsonst besagt ein indisches Sprichwort: »Das Lächeln, das du aussendest, kehrt zu dir zurück.« Der Effekt ist nachhaltig: Ein Lächeln sorgt bei beiden Gesprächspartnern dafür, dass sich die winzigen Äderchen im Endothel – der Innenauskleidung der Blutgefäße – weiten. Dadurch wird die Durchblutung erhöht und das Gehirn mit mehr Sauerstoff versorgt. Das wiederum regt die Produktion der Glückshormone Serotonin und Dopamin an. Damit hellt ein Lächeln nicht nur unsere eigene Stimmung auf, sondern auch die unseres Gesprächspartners – und signalisiert ihm sofort, dass er wahrgenommen und seine Anwesenheit geschätzt wird. Einzige Bedingung: Ihr Lächeln sollte in solchen Momenten nicht aufgesetzt, sondern ehrlich und authentisch sein, denn der andere bemerkt intuitiv den Unterschied. Wodurch? Ganz einfach: Lächeln wir nicht von Herzen, lachen unsere Augen nicht mit, und es bilden sich keine Fältchen rund um die Augen herum.

Was außerdem nicht fehlen darf bei der Begrüßung, ist ein fester, gerader Blick in die Augen des anderen. Durch ihn drücken Sie nicht nur Selbstbewusstsein und Offenheit aus, sondern auch Ihre Wertschätzung. Menschen, die den Blick abwenden oder nicht halten können, vermitteln nicht nur den Eindruck, unsicher und schüchtern, sondern auch desinteressiert und respektlos zu sein. Wer einem Gesprächspartner stattdessen offen in die Augen schaut, weckt Vertrauen und schafft somit eine gute Basis für einen respektvollen Dialog. Allerdings darf der Blickkontakt nicht zu lange dauern, da man sich ansonsten fixiert fühlt, unter Umständen sogar bedroht.

Auch in puncto Gestik gibt es einige Dinge zu beachten. Generell gilt: Hand-, Arm- und Fingerbewegungen, die Dominanz, Desinteresse oder Arroganz ausdrücken, werden in einem Gespräch schnell als Respektlosigkeit gedeutet. Gesten, die dagegen Aufmerksamkeit und Offenheit bekunden, zeugen von Wertschätzung. Was das konkret heißt?

Nicht nur ein Blick, auch ein Händedruck sagt mehr als tausend Worte – vor allem in Sachen Respekt. Bestimmt haben Sie schon selbst erlebt, wie ein lascher Händedruck bei Ihnen den Eindruck hinterließ, jemand meine es mit Ihnen nicht ernst und stehe Ihnen gar ablehnend gegenüber. Sofort entsteht eine schwierige Atmosphäre. Mit einem wertschätzenden Händedruck können Sie eine solche Situation vermeiden, indem Sie dafür sorgen, dass Ihre Hand und die Ihres Bekannten oder Geschäftspartners fest ineinandergreifen. Idealerweise berühren sich die Handinnenflächen sogar. Dann nämlich stellen Sie buchstäblich einen Kontakt zum anderen her und bekunden gleichzeitig Ihre Hochachtung. Steigern lässt sich dieser Effekt, indem Sie Ihre zweite Hand auf die Oberseite des Handschlags legen. Eine Geste, die von Offenheit sowie von Respekt zeugt und in den meisten Fällen durch ein nettes Lächeln erwidert wird.

Verteilen Sie Berührungen ansonsten aber dosiert – zumindest, wenn es sich bei Ihren Gesprächspartnern nicht um Freunde oder Bekannte handelt. Belassen Sie es daher im Zweifelsfall lieber bei einer kurzen Berührung am Ober- oder Unterarm. Bei Vorgesetzten zum Beispiel gilt ein leichter Kontakt am Unterarm als ausreichend – wobei beruflich betrachtet stets der Ranghöhere den Grad und die Intensität der Berührung vorgibt. Bei »gleichrangigen« Gesprächen indes kommt es auf das Geschlecht des Gesprächspartners an. Während Frauen Männer während einer Unterhaltung ohne weiteres berühren dürfen, wird ein Kontakt in umgekehrter Hinsicht oft als zu intim oder zudringlich empfunden. Das könnte Ihnen übrigens auch bei anderen Nationalitäten passieren. Während Lateinamerikaner, Araber, Griechen und Türken eine Berührung durchaus zu schätzen wissen, ist sie bei Nordeuropäern, US-Amerikanern, Kanadiern und Asiaten eher verpönt.

Neben der Mimik und der Gestik spielt auch die Haltung eine wichtige Rolle. Nichts wirkt respektloser als eine schlaffe, eingesunkene Körperhaltung, vor allem im Sitzen. Wenn jemand in Stuhl oder Sessel mehr hängt als sitzt, der Oberkörper zusätzlich zurückgelehnt und die Lippen verschlossen sind, entsteht ein ablehnender, desinteressierter Eindruck, der ein angenehmes Gespräch fast unmöglich macht. Umso mehr, wenn verschränkte Arme ins Spiel kommen. Sie werden oft als Abwehr wahrgenommen und zeugen genauso wenig von Achtung wie das typische »Auf der Stuhlkante«-Sitzen. Dieses zeigt nämlich unbewusst, dass wir auf dem Sprung sind und uns für unseren Gesprächspartner keine Zeit nehmen wollen oder können. Zu einem respektvollen Miteinander gehört dies jedoch unbedingt dazu.

Machen Sie es sich daher im Stuhl gemütlich und nehmen Sie gleichzeitig eine aufrechte, gespannte Körperhaltung ein – mit zurückgezogenen Schultern und vorgestreckter Brust. So signalisieren Sie, dass Sie bleiben wollen und entspannt zuhören. Wollen Sie zusätzliches Interesse bekunden, lehnen Sie Ihren Oberkörper ab und zu vor und nicken Sie beim Gesprochenen. Das bestätigt Ihren Gesprächspartner und gibt ihm ein gutes Gefühl. Das funktioniert natürlich auch im Stehen. Hier sollten Sie allerdings darauf achten, nicht zu breitbeinig zu stehen oder die Hände in die Hüften zu stemmen. Diese Haltung lässt sie nämlich unnötig dominant erscheinen und könnte bei erhobener Kopfhaltung als arrogant gedeutet werden. Auf Nummer sicher gehen Sie stattdessen, wenn Sie die Füße maximal hüftbreit stellen, Ihren Körper durchstrecken und den Blick nach vorn richten. Das wirkt achtungsvoll und souverän.

Respektvoll zu kommunizieren heißt auch, zum anderen auf Abstand zu gehen. Wir alle haben ein natürliches Distanzbedürfnis und empfinden zu viel Nähe als respektlos, weil sie unsere Intimsphäre stört und verletzt. Insbesondere bei Fremden, Kollegen oder dem eigenen Chef ist daher ein gewisser Abstand empfehlenswert. Eine Armlänge wird in der Regel als angenehm empfunden. Wenn Sie sich noch dazu nicht frontal, sondern seitlich zu Ihrem Gesprächspartner positionieren, wird er es zu schätzen wissen. Diese Stellung erscheint vielen Menschen nämlich weniger aufdringlich – vor allem wenn sie im 45-Grad-Winkel ausgeführt wird. Übrigens: Sollten Sie sich selbst mehr Platz in der Distanzzone und damit mehr Respekt wünschen, weichen Sie nicht vorschnell zurück. Das könnte Ihnen als unfreundlich ausgelegt werden. Setzten Sie vielmehr gleich bei der Begrüßung Ihren Fuß nach vorn. So markieren Sie Ihren »Bereich« und stellen automatisch sicher, dass er respektiert wird.

Woran merken Sie nun, dass Sie alles richtig gemacht haben? Ganz einfach: Beobachten Sie die Körpersprache Ihres Gegenübers. Fallen Ihnen Ähnlichkeiten oder gar Parallelitäten auf? Sehr gut, dann ist es Ihnen gelungen, eine respektvolle Atmosphäre herzustellen. Denn ist uns jemand sympathisch, ahmen wir unwillkürlich seine Mimik, Gestik und Körperhaltung nach.[155] Wir spiegeln uns quasi im anderen. Experten sprechen in diesem Fall auch von der sogenannten Mimikry, was wörtlich übersetzt »Nachahmung« bedeutet. Der Clou: Mimikry ist nicht nur ein unbewusster Automatismus, sie lässt sich auch bewusst von Ihnen selbst erzeugen. Dazu müssen Sie lediglich die Haltung Ihres Gegenübers einnehmen oder dessen Gesten adaptieren. Lehnt sich dieser zurück, tun Sie es ihm gleich, stützt Ihr Gesprächspartner die Hand auf, machen Sie es ihm nach. Auf diese Weise signalisieren Sie unterschwellig, dass Sie Ihr Gegenüber mögen und respektieren. Ähnliche Körpersignale werden als Gemeinsamkeit wahrgenommen und wirken dadurch unfreiwillig sympathisch auf uns. Kein Wunder, sprechen wir doch in solchen Momenten buchstäblich die gleiche Sprache. Aber Vorsicht bleibt dennoch geboten: Übertreiben Sie es mit der Mimikry, geht der Effekt nach hinten los und die »Chemie« des Gesprächs ist dahin, weil die Nachahmung als aufdringlich und respektlos empfunden wird.

Respekt durch aktives Zuhören

Die dritte und letzte Ebene respektvoller Kommunikation ist das Zuhören – aktives Zuhören, um genau zu sein. Das bedeutet, in einem Gespräch nicht nur die Sachinformationen – also das Anliegen unseres Gesprächspartners – herauszuhören, sondern seine Gedanken, seine Gefühle und sein Weltbild zu erkennen und darauf einzugehen. Wer auf den anderen im Gespräch eingeht und sich die Mühe macht, sich in dessen Gefühle hineinzuversetzen, zeigt, dass er ihn respektiert. Das wiederum wirkt nicht nur sympathisch, sondern im Berufsalltag äußerst kompetent.

Wer sich im aktiven, respektvollen Zuhören probieren möchte, sollte zunächst das passive Zuhören trainieren. Das heißt zu schweigen, um Informationen gezielt aufzunehmen, und sich anschließend zu vergewissern, dass diese auch richtig bei ihm angekommen sind. Am besten wiederholen Sie dafür, welche Botschaften Sie empfangen haben, etwa mit Floskeln wie »Wenn ich Sie richtig verstanden habe …« oder »Sie meinen also …«. Dadurch beugen Sie nicht nur Missverständnissen gezielt vor, Sie schaffen auch eine erste Basis für aktives Zuhören. Dass Sie Ihre Ohren gespitzt haben, können Sie Ihrem Gegenüber übrigens ruhig verdeutlichen. Dazu genügen ein paar simple Bemerkungen wie etwa »ja«, »hm«, »interessant« oder »erzählen Sie weiter«. Damit demonstrieren Sie Anteilnahme und Wertschätzung.

Aktives Zuhören meint nun im Grunde nichts anderes, als Empathie zu zeigen, sich also in den anderen einzufühlen. Das bedeutet, dass Sie die Worte eines Menschen nicht aus Ihrer, sondern aus seiner Sicht interpretieren. Dafür müssen Sie bei einer Unterhaltung nicht nur auf das achten, was Ihr Gegenüber sagt, sondern vor allem darauf, wie er es sagt. Gefühle, Hoffnungen und Wünschen werden meist nicht direkt ausgesprochen, sondern zwischen den Zeilen ausgedrückt. Beim aktiven Zuhören sollten Sie sich also fragen:

- Was fühlt mein Gesprächspartner?
- Was ist ihm an dem, was er gerade erzählt, besonders wichtig?
- Worum sorgt er sich in dieser Angelegenheit tatsächlich?
- Welches Ziel verfolgt er mit seinen Worten?

Um auf diese Fragen Antworten zu erhalten, müssen Sie sich in Ihren Gesprächspartner hineindenken und während Ihres Dialogs das in Worte fassen, was darin gefühlsmäßig mitschwingt. Dadurch erst machen Sie deutlich, dass Sie bemüht sind, sich auf ihn einzustellen sowie seinen Standpunkt und seine Situation zu verstehen. Ein Beispiel aus dem Alltag zeigt, wie aktives, empathisches Zuhören aussehen kann:

Ein kleines Kind läuft Ihnen schnell und freudig entgegen. Es stolpert, gerät ins Straucheln und fällt hin. Natürlich beginnt es sofort zu schreien. Sie versuchen, das Kleine zu trösten. Klassische Sprüche in dieser Situation sind: »Ein Indianer kennt keinen Schmerz.« Oder: »Das tut doch gar nicht weh. Schau, es blutet nicht einmal.«

Statt das Kind mit diesen Sätzen zu beruhigen, schreit es durch sie noch lauter. Wie kommt das? Ganz einfach: All diese Floskeln sind wenig einfühlsam und nicht gerade Folge aktiven Zuhörens, denn es wird kaum der Schmerz sein, der das Kind beim Stolpern zum Weinen gebracht hat. Wenn Sie kurz überlegen, werden Sie verstehen: Es war Schreck, der die Kindertränen verursacht hat. Aktives Zuhören bedeutet, dieses Gefühl durch einfühlsames Fragen einerseits zu erkennen und andererseits darauf einzugehen, zum Beispiel mit einem Satz wie diesem: »Na Kleines, bist du gestolpert. Du hast dich bestimmt sehr erschrocken, oder? Das ist ganz normal.« Sie werden im Selbsttest verblüfft feststellen, dass sich die Stimmung des Kindes ändert – weil es sich verstanden und ernst genommen fühlt.

Respektvoll »nein« sagen

Übrigens: Aktives Zuhören bewährt sich auch, wenn es darum geht, nein zu sagen. Bestimmt wissen Sie aus eigener Erfahrung, wie schwer das sein kann, weil ein »Nein« oder eine Absage selten einfach akzeptiert wird. Stattdessen müssen wir es oft mühevoll ausdiskutieren und verteidigen. Aber woran liegt das? An dem gleichen Grund, der viele Überzeugungsarbeiten so schwierig macht. So wie eine Flut von Argumenten eine Aussage nicht überzeugender macht, führt in der Hälfte aller Fälle die Benennung eines Grundes für das Nein dazu, dass die Kommunikation schwierig wird. Der Gesprächspartner setzt sich dann automatisch mit dem Grund auseinander und stellt diesen in Frage. Sie glauben, Sie fahren mit einer Begründung nach einem »Nein« besser? Ein Dialog aus *Mein Leben als Suchmaschine* von Horst Evers kann Sie vielleicht vom Gegenteil überzeugen. Darin führt die Suche nach immer neuen Argumenten eine einfache Unterhaltung beim Bäcker ad absurdum:

»Guten Tag, ich möchte gerne für morgen ein Brot von gestern vorbestellen.«

»Sie wollen was?«

»Ein Brot von gestern vorbestellen. Für morgen.«

»Das geht nicht. Das morgige Brot von gestern ist ja heute schon da. Das kann man nicht mehr vorbestellen.«

»Aber morgen kostet das Brot von heute, weil's von gestern ist, doch nur noch die Hälfte.«

»Ja.«

»Na, und das will ich.«

»Aber das geht nicht. Heute gibt es noch kein Brot, das morgen von gestern ist.«

»Ja, aber da hinten liegt es doch.«

»Was?«

»Na das Brot, das morgen von gestern ist. Da hinten.«

»Ja, aber das ist doch von heute.«

»Eben, deshalb will ich's vorbestellen. Dann kostet's ja nur noch die Hälfte.«

»Ja, ja, aber das geht nicht. Man kann Brot von gestern nicht vorbestellen. Wie stellen Sie sich das denn vor? Wenn das alle machen würden. Wo sollte ich denn das ganze Brot lagern? Den Platz hab ich hier gar nicht.«

»Der Lagerplatz ist das Problem?«

»Ja, genau. Ich brauch doch morgen den Platz für das Brot von morgen.«

»Na ja, wenn das das ganze Problem ist, bestell ich eben jetzt für morgen ein Brot von gestern, aber nehm's heute schon mit.«[156]

Sie kennen das auch aus Ihrem Alltag: Jemand fragt Sie, ob Sie ihn – wo Sie doch mit dem Auto da sind – nach der Arbeit zur Apotheke bringen können. Sie wollen das nicht. Aus falsch verstandener Höflichkeit begründen Sie das Nein. Etwa so: »Das geht heute leider nicht, weil ich dringend zum Bahnhof muss und nicht zu spät kommen darf.« Ihr Gegenüber überhört das Nein und setzt sich lediglich mit der Begründung auseinander. Das hört sich dann so an: »Das ist doch prima, gleich beim Bahnhof ist eine Apotheke, du kannst mich also trotzdem mitnehmen.« Wann immer es geht, rate ich also, auf eine Begründung zu verzichten. Es gibt einen Dreischritt, mit dem

Sie Ihr Nein höflich und bestimmt formulieren können. Dabei sagen Sie zunächst etwas Freundliches, formulieren dann Ihr Nein und bieten abschließend Alternativen an.

In unserem Beispiel könnte sich das dann so anhören: »Du, grundsätzlich nehme ich dich gern mit. Heute geht es allerdings nicht. Soweit ich weiß, ist die nächste S-Bahn-Station gleich an einer Apotheke gelegen. Schau doch mal, ob es nicht auch mit der S-Bahn klappt.«

Lösung für Konflikte, die zu Herzen gehen

Die meisten Konflikte, denen wir im Alltag begegnen, erschüttern nicht gleich unsere Grundfesten. Es gibt jedoch Situationen, die wir nicht im Vorbeigehen klären können, die uns an die Substanz gehen, die vielleicht sogar existentieller Natur sind. Oft betreffen sie Menschen, mit denen wir viel zu tun haben. In solchen Situationen geht es meist eher um Beziehungsfragen als um den eigentlichen Auslöser. Konflikte dieser Art sind schwer – und manchmal gar nicht – zu bewältigen. Ist beispielsweise die Beziehung mit dem Chef durch anhaltende Respektlosigkeit zerrüttet, fällt es den wenigsten von uns leicht, einfach den Hut zu nehmen. Auch die Beziehung zu unserem Partner setzen wir nicht leichtfertig aufs Spiel, obwohl sich vielleicht über die Jahre wiederholt Streit an den immer gleichen Themen entzündet. Diese Konflikte sind schwerwiegend; dass sich die Gesprächspartner in diesen Fällen dauerhaft mit dem gebührenden Respekt begegnen, wird mit der Zeit immer unwahrscheinlicher. Dann braucht es mehr als ein bisschen Schlagfertigkeit oder ein gutes Argument.

Doch es gibt Mittel und Wege, auch mit solchen Konstellationen fertig zu werden. Wichtig ist die Erkenntnis, dass es immer eine Handlungsoption gibt, wie verfahren die Lage auch sein mag – und sei es, in der letzten Konsequenz, die Trennung. Die folgenden Abschnitte erläutern einige Möglichkeiten, mit besonders tiefsitzenden oder andauernden Konflikten auf gesunde Weise umzugehen und den richtigen Weg einzuschlagen.

Reiz-Reaktions-Muster oder die alte Frage: Wer hat angefangen?

Kennen Sie den Witz von der Laborratte, die zur anderen Ratte sagt: »Ich habe meinen Versuchsleiter so abgerichtet, dass er mir jedes Mal, wenn ich den Hebel drücke, zu fressen gibt«? Der Philosoph Paul Watzlawick erzählt ihn in seinem Buch *Menschliche Kommunikation*. Man schmunzelt unwillkürlich: Wie kann man Ursache und Wirkung so verkennen?

Leider sind Sie und ich im Alltag auch nicht immer schlauer als das ambitionierte Versuchstier. Millionen intelligenter Mitteleuropäer streiten sich in ihrer Beziehung über herumliegende Socken oder »falsch« aufgerollte Zahnpastatuben. Wenn der Pulverdampf verraucht ist, wird sie behaupten, er »habe angefangen« (nämlich durch seine Unordnung), während er überzeugt ist, sie »sei schuld« (nämlich durch ihre übertriebene Reaktion). Natürlich können die Geschlechterrollen auch umgekehrt verteilt sein. Betrachten wir die Sache nüchtern: Wer ist hier verantwortlich – hat er sie durch seine Nachlässigkeit provoziert oder sie ihn durch ihre Vorwürfe? Die Frage ist schlechterdings nicht zu beantworten, eins ergab das andere. Ist man grundsätzlich versöhnungsbereit (oder erst wenige Wochen liiert), vermag man das als Paar im Rückblick sogar zuzugeben.

Im menschlichen Miteinander ergibt tatsächlich »eins das andere«. A verhält sich, B reagiert darauf. A nimmt also ein Verhalten von B wahr und reagiert seinerseits, was wiederum B zu einer Reaktion veranlasst, und so weiter und so fort. Unser bevorzugtes Wahrnehmungsmuster ist allerdings nicht das einer unendlichen Verkettung sich gegenseitig bedingender Verhaltensweisen. Wie die Laborratte mögen wir einfache Ursache-Wirkung-Zusammenhänge. Und wir mögen es, wenn der andere »schuld« ist und wir »nur« reagiert haben, während unser Gegenüber natürlich dasselbe behauptet.

Watzlawick würde sagen: Beide Seiten »interpunktieren« die Kommunikation unterschiedlich. Mit Interpunktion ist hier das Ordnungsmuster gemeint, das man dem Austausch zuweist: Was war Ursache (Reiz), was Wirkung (Reaktion darauf)? Dabei übersehen wir gern, dass jedes Verhalten zugleich Reiz und Reaktion ist – durch etwas ausgelöst wird und etwas anderes auslöst. Die Frage nach dem »Anfang« ist lebenspraktisch in den meisten Fällen gar nicht mehr zu lösen. Vielleicht hat er ja die Socke liegen lassen, weil sie zur Eile trieb, was sie wiederum musste, weil er immer zu spät von der Arbeit kommt, auch wenn die Theateraufführung der Tochter ansteht, wobei er vielleicht so viel arbeitet, weil sie großen Wert auf eine vorzeigbare Wohnung und schöne Reisen legt, und so weiter …

Der begnadete Humorist Loriot bringt das in seinen Szenen aus dem Ehealltag virtuos auf den Punkt, etwa wenn ein zu hart gekochtes Frühstücksei unversehens die Frage nach dem »Gefühl« der Hausfrau für die Dauer von viereinhalb Minuten aufwirft, von dort zur tagtäglichen Mühsal der Hausarbeit mäandert – »Mit meinem Gefühl stimmt etwas nicht? Ich stehe den ganzen Tag in der Küche, mache die Wäsche, bringe deine Sachen in Ordnung …« –, um schließlich mit Mordgedanken des Ehemannes zu enden: »Ich bringe sie um … morgen bringe ich sie um!« Wer Loriots »Frühstücksei« oder den wunderbaren Sketch »Lies doch mal was!« kennt, weiß, was Watzlawick mit unterschiedlicher Interpunktion meint.

Was hat all das mit unserem Thema Respekt zu tun? Wenn man sich der gegenseitigen Bedingtheit von Verhaltensweisen bewusst ist, hat man eine neue Antwort auf die Frage, wie wir es schaffen können, zu einem respektvollen Umgang miteinander zu finden. Erwarte ich, dass der andere mir Respekt zollt? Oder begegne ich ihm mit Respekt und setze darauf, dass er auf mein (verändertes) Verhalten seinerseits mit einer Verhaltensänderung reagiert? Ich kann mein Gegenüber nicht direkt »ändern«, schon gar nicht durch Anweisungen, Maßregelungen oder Vorwürfe nach dem Muster »Sei doch nicht immer so …«. Aber ich kann mich ändern – andere Signale aussenden – und bekomme darauf möglicherweise eine andere Reaktion.

Sämtliche Hollywood-Dramen, in denen engagierte Lehrer eine desinteressierte Underdog-Klasse bekehren, leben von diesem Grundmechanismus: Wer nichts erwartet, bekommt auch nichts. Erst die Lehrkraft, die die Spielregeln ändert und Zutrauen in die Fähigkeiten der einzelnen Schüler ausstrahlt – auch eine Form von

Respekt –, hat die Chance, dass ihre Schützlinge irgendwann mitspielen. Das gilt nicht nur in Hollywood, sondern in allen Situationen, in denen zwei Parteien gegenseitig »Respekt« einklagen: Solange beide Seiten auf ihren Positionen beharren, wird sich nichts ändern. Man verharrt in den Schützengräben gegenseitiger Schuldzuweisungen und wartet auf den nächsten Schlagabtausch. Erst wenn eine Seite die Regeln ändert, kann sich was bewegen.

Eine kurze Geschichte illustriert das wunderbar: Ein alter Mann wird jeden Mittag von drei Schuljungen geärgert, die auf dem Nachhauseweg an seinem Haus vorbeikommen. Alles Schimpfen und Drohen nützt ihm nichts; die Lausbuben machen am nächsten Tag unbeirrt weiter. Schließlich ändert der Mann seine Strategie: Er belohnt jeden der drei Jungen mit einem Groschen. Am ersten Tag sind die Kinder verdutzt, am zweiten verunsichert, am dritten macht ihnen das Ärgern keinen Spaß mehr. So funktioniert das Spiel für sie nicht. Psychologen nennen diese Überraschungstaktik eine »paradoxe Intervention«.

Change it, love it or leave it

An der Käsetheke im örtlichen Supermarkt: Die Verkäuferin begrüßt den Kunden mit einem freundlichen »Guten Tag«. Zur Antwort bekommt sie ein zackiges: »300 Gramm Emmentaler, geschnitten!« Im Geiste addiere ich noch ein: »Aber flott!« Nächste Kundin, dieses Mal lautet die Antwort auf den netten Gruß: »Haben Sie Ziegengouda?« Mein Vordermann dagegen hat seinen kleinen Sohn an der Hand und lässt sich mit seiner Bestellung erst einmal Zeit, weil Benjamin wissen möchte, was denn »das Orange für ein komischer Käse« ist. Bevor das geklärt ist, wird die Verkäuferin keines Blickes gewürdigt. Trotzdem bleibt sie unbeirrt freundlich. Bis ich dran bin, ist ihr ein kleiner Heiligenschein gewachsen.

Wir beklagen uns in Deutschland gern und vielfach zu Recht über schlechten Service. Aber auch diese Verkäuferin hätte allen Anlass zur Klage – über ihre Kunden. Die Dosis an Respekt, die sie im Laufe eines Tages bekommt, ist ziemlich gering und sinkt in der Feierabendhektik wahrscheinlich noch einmal um etliche Prozent. Wie schafft sie ihren Job? Menschen, die auch in unerfreulichen oder gar unangenehmen Situationen gelassen bleiben, sind selten, aber es gibt sie: Autofahrer, die nicht gleich zur unflätigen (Effenberger-)Geste greifen müssen, wenn der Hintermann drängelt. Museumswärter, die Tag für Tag ein Dutzend Mal freundlich erklären, nein, Handtaschen von der Größe eines Kleidersacks dürfen tatsächlich nicht mit in die Ausstellung. Menschen, die unbeirrt höflich und respektvoll bleiben.

Konrad Adenauer hat einmal gesagt: »Man muss die Menschen nehmen, wie sie sind. Es gibt keine anderen.« Vielleicht paart sich hier rheinische Gelassenheit mit Altersweisheit und jahrzehntelanger Erfahrung auf dem glatten politischen Parkett. Gleichzeitig klingt im Rat des Altbundeskanzlers ein Lebensprinzip an, das auch im Coaching gern zitiert wird: »Change it, love it or leave it«. Tatsächlich gibt es drei empfehlenswerte Reaktionen, wenn man mit den Umständen, beispielsweise einem Job oder einem Menschen, hadert: Man kann aktiv werden und die Situation verändern – am besten, indem man selbst andere Impulse gibt. Man kann sich bewusst mit der Situation arrangieren, indem man das Positive in den Blick nimmt. Oder man kann die Situation verlassen, einen radikalen Schnitt machen – etwa eine unbefriedigende Beziehung beenden, den verhassten Job kündigen, den Kontakt zum tyrannischen Vater abbrechen und so weiter. Weniger empfehlenswert ist eine vierte Option, für die sich leider die meisten Menschen entscheiden: Man kann auch dauerhaft mit der Situation unzufrieden sein und klagen und jammern, ohne irgendetwas zu tun. Option vier vergiftet das Leben (oder zumindest einige Stunden oder Tage davon). Auf kurze Sicht hat sie jedoch etliche Vorteile: Sie ist die bequemste. Sie verschafft einem Aufmerksamkeit: »Ach, du Arme!« Und mit ihr setzen wir uns erst einmal moralisch ins Recht – der andere ist ja sooo gemein.

Die übliche Gegenrede zu diesem Rezept lautet, so simpel sei das ja alles nicht. Man könne doch nicht einfach den Kontakt zum tyrannischen Vater abbrechen oder in diesen Zeiten seinen Job kündigen.

Wieso eigentlich nicht? Manche tun es doch. »Man« kann also schon. Sie oder ich können oder wollen es nur möglicherweise nicht. Zugegeben, die »Leave«-Variante hat ihren Preis, vielleicht in Form eines schlechten Gewissens (beim Familienzwist) oder in Form von Existenzsorgen (bei der Jobkündigung). Wer sagt, »das geht nicht«, meint in Wahrheit also »ich will den Preis dafür nicht zahlen«. Das ist völlig in Ordnung. Nur sollte man diese Entscheidung bewusst treffen. Denn einen Obolus bezahlt man immer, auch wenn man nichts ändert und es beim Beklagen der Situation belässt. Nur wird einem dieser Preis nicht so leicht bewusst, weil er schleichend zu entrichten ist, etwa in Form von vergällten Lebensstunden.

Egozentrik war schon mehrfach Thema in diesem Buch, etwa beim Stichwort Ellbogenmentalität. Ich kann mich des Eindrucks nicht erwehren, dass eine andere Form von Egozentrik immer mehr um sich greift: die weinerliche Enttäuschung darüber, dass die Welt (der Job, der Partner, der Chef, der Geschäftspartner, der Kunde ...) nun einmal nicht so ist, wie ich sie (oder ihn) gerne hätte. Eine Enttäuschung, die nicht selten in demonstrative Gleichgültigkeit oder Unfreundlichkeit und damit in beleidigten Rückzug mündet, von der inneren Kündigung im Job bis zum dreißigjährigen Beziehungskrieg.

Mir scheint, die patente Käseverkäuferin ist da eine eindrucksvolle Ausnahme. Sie hat sich offensichtlich entschlossen, ihren Job zu mögen, auch wenn die Kunden nicht immer so sind, wie sie es gerne hätte. Möglicherweise ist sie stolz auf ihr Kommunikationstalent und schätzt es, Tag für Tag gefordert zu werden. Oder sie konzentriert sich auf das Positive, schließlich sind immer mal wieder nette Kunden dabei.

Noch einmal zurück zum Thema Respekt: Damit zu hadern, dass in bestimmten Situationen respektloser Umgang vorherrscht, bringt niemanden weiter, sondern führt im schlimmsten Fall dazu, als miesepetriger Nörgler zu enden. Sie haben immer die Wahl: Ein Lehrer, der »die Jugend von heute« nicht mehr erträgt, kann ebenso kündigen wie unsere Käseverkäuferin. Er kann versuchen, Strategien zu entwickeln, das Klassenklima zu verändern, etwa indem er anders mit den Störenfrieden umgeht oder neue Methoden ausprobiert. Er kann externen Rat suchen. Oder er kann seine Perspektive justieren und überlegen, was seine Aufgabe trotz allem lohnend macht. Das kann beispielsweise die Gruppe von Schülern sein, der er tatsächlich etwas mitgeben kann und die nicht nur auf Krawall aus ist.

Dasselbe gilt für jede und jeden von uns in allen Situationen, in denen wir uns respektlos behandelt fühlen. Wir können es hinnehmen und gleichmütig darüber hinweggehen – dann aber bitte schön ohne nachträgliche Verbitterung. Wir können die andere Seite mit ihrem Verhalten konfrontieren und sie darauf aufmerksam machen, dass uns diese Form der Kommunikation nicht gefällt. Wenn wir uns einen anderen Umgang wünschen, müssen wir das deutlich signalisieren. Oder wir können die Konsequenzen ziehen und jene Menschen zukünftig meiden, die uns aus unserer Sicht den Respekt versagen. Diese Entscheidung wird unterschiedlich ausfallen, je nachdem, ob wir es mit herumalbernden 13-Jährigen, angetrunkenen Skinheads oder guten Bekannten zu tun haben. Und sie wird individuell unterschiedlich ausfallen. Change, love, leave – that's it. Und je öfter wir die Entscheidung bewusst treffen, desto mehr Respekt wird in das gesellschaftliche Miteinander einziehen; davon bin ich als notorischer Optimist fest überzeugt.

Allerdings: Verhaltensweisen, die einem auf den Keks gehen, anzusprechen, ist keine leichte Aufgabe. Es gibt viele Gründe, warum wir uns damit schwertun. Höchste Zeit also, auf ein geeignetes Werkzeug zu sprechen zu kommen, mit dem wir Dinge respektvoll verändern können: Das BAHN-Modell.

Das BAHN-Modell

Wenn wir uns entschlossen haben, etwas zu ändern, also zum Beispiel eine schwierige Verhaltensweise anzusprechen, fangen die Probleme oft erst an. Denn es ist keine leichte Aufgabe, jemanden auf etwas aufmerksam zu machen, das uns nervt. Auf der anderen Seite ist es allerdings auch eine Aufgabe, die wir schnell angehen sollten. Je früher man sich mit der unangenehmen Situation auseinandersetzt, desto besser.

Vielleicht sollten wir also das, was uns an anderen Menschen stört, einfach einmal ansprechen. Meist warten wir jedoch zu lange damit. Und dann entstehen sogenannte Mikrotraumen. Kleine Verletzungen, die immer wiederkehren. Und dann wird es gefährlich. Denn im Regelfall sprechen wir Dinge wie Unpünktlichkeit, kleine Unverschämtheiten oder Ähnliches nicht direkt an. Trotzdem nerven uns diese Kleinigkeiten. Wenn sich dann genügend kleine Mikrotraumen angesammelt haben, platzt es schließlich aus uns heraus. In diesem Moment kommunizieren wir dann in einer Weise, die nicht selten die Verletzung des anderen zum Ziel oder zumindest zur Folge hat. Hier können wir oft nicht anders, als uns respektlos zu geben.

Es ist sehr schwierig, eine unangenehme Situation in den Griff zu bekommen, ohne dass wir den anderen respektlos behandeln. Nicht weil es unser Vorsatz wäre, sondern weil wir dabei oft unbewusst kleine, allzu menschliche Fehler begehen. Wahrscheinlich haben Sie schon einmal schlechte Erfahrung mit solchen Gesprächen gemacht. Sie haben allen Mut zusammengenommen, um den anderen anzusprechen, und dann ist alles noch schlimmer geworden. Oder es ist einfach gar nichts passiert, der andere hat sich nicht geändert und alles läuft wie gehabt.

Um in Zukunft solche Gespräche mit dem nötigen Respekt führen zu können, möchte ich Ihnen ein Gesprächs-Modell vorstellen, das ich BAHN-Modell nenne.[157] Grundidee ist, die verschiedenen Komponenten der Mitteilung zu trennen, die zu einer konstruktiven Ansprache gehören. Darüber hinaus geht es darum, dass Sie so kommunizieren, dass der andere sich den Schuh auch anziehen kann, den Sie ihm hinstellen. Dieser Prozess umfasst vier Phasen, die dem BAHN-Modell seinen Namen geben.

B wie Beobachtung

Alles beginnt mit B, mit der Beobachtung der Situation bzw. der Verhaltensweise, die uns nicht gefällt. Das können Kleinigkeiten sein: Ein Kollege fällt uns ins Wort. Ein Mitarbeiter kommt zu spät. Die Müllabfuhr lässt die Mülltonne stets mitten in der Garageneinfahrt zurück, oder der Chef erzählt frauenfeindliche Witze. Wollen wir nun das, was wir beobachtet haben und was uns missfallen hat, respektvoll zur Sprache bringen, gilt es einiges zu beachten.

Entscheidend ist, dass wir einen passenden Zeitpunkt abwarten. Aber entweder warten wir sehr lange, sammeln Mikrotraumen wie andere Panini-Bildchen und vergreifen uns dann im Ton, wenn der Ärger sich Bahn bricht. Oder wir kritisieren unmittelbar und spontan, wenn uns etwas nicht passt. Auch das geht meist nach hinten los: Sind wir wütend, also emotional aufgeladen, finden wir kaum das passende Wort.

Auch der Gesprächseinstieg entscheidet über den Erfolg unserer Ansprache. Denn unser Gegenüber wird sich nur dann auf unsere Worte einlassen und die Informationen aufnehmen, wenn er nicht schon von vornherein »zumacht«, weil er sich nicht respektiert fühlt oder uns nicht verstehen kann. Die Regel lautet daher: Formulieren Sie nur reine Beobachtungen! Die sind nicht widerlegbar. Und darin steckt gleichzeitig ihre Kraft. Eine reine Beobachtung kann und muss mein Gesprächspartner akzeptieren.

Doch was genau ist eine Beobachtung? Im Kern ist sie etwas, das wir nur durch unsere Sinnesorgane wahrnehmen können. Etwas, das wir gesehen oder gehört haben. Alles, was darüber hinausgeht, ist bereits eine Interpretation – und Gift für ein konstruktives Gespräch und einen respektvollen Umgang miteinander. Ebenso gefährlich wie Interpretationen oder Unterstellungen sind übrigens Verallgemeinerungen, die mit Worten wie »immer« oder »nie« auf die Spitze gebracht werden. Der Gesprächspartner wird dabei fast gezwungenermaßen denken: »Das stimmt so doch gar nicht!« Und schon wird das Gespräch gebremst. Ganz anders verhält es sich bei einer reinen Beobachtung. Die Reaktion darauf lautet: »Ja stimmt, das habe ich gemacht (oder gesagt), und jetzt?« Ein paar Beispiele aus dem einfachen Kommunikationsalltag dazu:

»Du treibst zu wenig Sport!« ist ganz sicher eine Bewertung. »Ich habe dich gestern nicht beim Tischtennis-Training gesehen!« ist dagegen eine Beobachtung, die der eben genannten Bewertung zugrunde liegen könnte. »Sie haben Frau Müller ja ganz schön runtergeputzt!« Auch das ist ganz klar eine Bewertung. »Gestern in der Abteilungssitzung haben Sie zu Frau Müller gesagt: ›Verlassen Sie bitte sofort mein Büro!‹« ist wiederum eine Beobachtung.

Klar zu kommunizieren, was wir gesehen oder gehört haben, ist also ein erster, entscheidender Schritt auf dem Weg zur Verständigung. Seien Sie dabei möglichst konkret und präzise. Schon ein einziges Wort kann aus einer wohlformulierten Beobachtung eine Bewertung machen. Und mit dieser ist der andere vielleicht gar nicht so einverstanden. Eine Teilnehmerin hat in einem Training einmal diese Formulierung herausgearbeitet:

»Letzten Donnerstag hatten wir ja unsere Strategiesitzung, und ich habe unseren neuen Marketing-Mix vorgestellt. Ich war noch nicht ganz fertig mit meiner Präsentation, da sind Sie aufgestanden und haben einfach den Raum verlassen!« Das kleine Wörtchen »einfach« macht hier aus einer gut formulierten Beobachtung eine Bewertung. Denn »einfach« unterstellt Ignoranz, niedere Beweggründe etc. So richtig offen wird der andere jetzt nicht sein für das, was Sie ihm mitteilen wollen. Selbst der (zumindest von Männern) oft gehörte Satz: »Auf dem Sofa liegen deine Socken rum!« beinhaltet eine Wertung, nämlich »rum«. Rumliegen unterstellt eine ignorante Sinnlosigkeit.

Jetzt werden Sie vielleicht denken: Mein Gott, wie kleinlich wird hier die Kommunikation betrieben. Allein – schwierige Verhaltensweisen anzusprechen ist eben knifflig, und wenn ich den Respekt dabei nicht verlieren möchte, dann ist es wichtig, sehr sensibel vorzugehen. Und denken Sie immer daran: Was ist die Alternative? Im häufigen, leider eben sehr ungünstigen Fall sind es Bewertungen, Zuschreibungen und Unterstellungen, die der andere zumindest ignoriert oder sich sogar dagegen auflehnt.

Ein kleiner Trick, wie Sie leicht zu einer reinen Beobachtung gelangen: Fragen Sie sich einmal, was eine Videokamera in der Situation wohl aufgezeichnet hätte. Jetzt stellen Sie sich vor, Sie wüssten gar nicht, worum es geht, welche Personen hier beteiligt sind. Beschreiben Sie, was Sie sehen? So gelingt es Ihnen, die Situation beobachtend darzustellen.

A wie Auswirkung

Um das Beobachtete allein geht es natürlich nicht, sondern darum, welche Auswirkung diese Beobachtung für uns hat. Kurz gesagt: Was fühlen wir aufgrund dieser Beobachtung? Dieser Schritt ist ganz entscheidend, denn nur so weiß unser Gesprächspartner, was er mit einem bestimmten Verhalten anrichtet. Das Interessante hierbei ist, dass alle Menschen die gleichen Gefühle kennen. Somit bekommen wir auch einen guten Zugang zum anderen, denn jeder weiß, wie es ist, verärgert, traurig oder frustriert zu sein.

Damit der andere die Botschaft annehmen kann, ist es auch hier wichtig, ein echtes Gefühl zu kommunizieren. Meistens nutzen wir eine scheinbare Gefühlsbotschaft, um den anderen dezent in die Pfanne zu hauen. Dann mischen sich Diagnosen und Zuschreibungen in die vermeintliche Gefühlsbotschaft. Wenn eine Frau zu ihrem Mann sagt: »Ich habe das Gefühl, da irrst du dich«, dann beschreibt sie an dieser Stelle kein wirkliches Gefühl. Sie diagnostiziert ein Fehlverhalten. Damit kommt sie vermutlich nicht sehr weit. Denn ihr Partner wird jetzt wiederum auf der Frage herumreiten, ob er sich irrt oder nicht. Daher ist es ratsam, echte Gefühle zu kommunizieren, die kein Fehlverhalten unterstellen. Streichen Sie deshalb folgende Formulierungen aus Ihrem Wortschatz: »Ich habe das Gefühl, ich werde hier ausgenutzt.« – »Ich fühle mich von Ihnen übergangen.« – »Ich habe das Gefühl, Sie müssten mir besser zuhören.« Auch Worte wie »angegriffen, ungeliebt, abgelehnt, erniedrigt, fehl am Platz, schikaniert, eingeengt, unverstanden« unterstellen dem anderen, etwas falsch gemacht zu haben.

Echte Gefühle äußert man dagegen so: »Ich bin verärgert, irritiert, verwirrt, unzufrieden, glücklich, unglücklich, besorgt, ungeduldig, verlegen, wütend, stinksauer.« Wichtig ist, dabei nicht nett sein zu wollen. Manchmal schmälern wir den Gefühlsausdruck, weil wir denken, das mache es dem anderen leichter. Das mag sogar stimmen. In erster Linie ist es aber falsch und töricht. Wenn wir untertreiben, liegt es nahe, dass unser Gegenüber den Ernst der Lage nicht erkennt. Das sollten Sie unbedingt vermeiden. Wenn jemand Sie also »richtig wütend« macht, wirklich »richtig wütend«, dann sagen Sie es auch. Das ist eine geradlinige und letztlich somit auch faire Art und Weise, den Ernst der Lage auch hörbar zu machen.

H wie Hintergrund

Gefühle hängen mit Bedürfnissen zusammen. Wenn wir ein gutes Gefühl empfinden, wurde ein Bedürfnis erfüllt. Wenn wir ein schlechtes Gefühl in uns tragen, dann wurde ein Bedürfnis nicht erfüllt. Wenn es Ihnen also mit einer bestimmten Verhaltensweise schlechtgeht, dann weil hier ein Bedürfnis nicht erfüllt wird. Wenn ich mich zum Beispiel darüber ärgere, dass meine Nachbarin auf meinem Parkplatz parkt, dann wurde mein Bedürfnis nach Verbindlichkeit (es war schließlich anders besprochen) nicht erfüllt oder mein Bedürfnis nach Respekt. Wenn ich traurig darüber bin, dass meine Frau meine SMS-Nachrichten nicht beantwortet, dann wurde mein Bedürfnis nach Achtung nicht erfüllt.

Während ich in meinem Alltag und bei der Beobachtung meiner Kunden sehr oft erlebe, dass Gefühle artikuliert werden, werden die hintergründigen Bedürfnisse meist nicht kommuniziert. Und dabei haben gerade die Bedürfnisse eine unglaubliche Kraft. Das liegt daran, dass jeder Mensch ähnliche oder sogar die gleichen Bedürfnisse kennt. Es ist allerdings wichtig, dass echte oder, wie ich Sie gerne nenne, originäre Bedürfnisse kommuniziert werden. Mit echten Bedürfnissen bin ich auf die Welt gekommen. Die musste man mir nicht erklären, die musste ich nicht lernen. Das sind vor allem Bedürfnisse nach Nähe, Fairness, Akzeptanz etc. Sie waren einfach da. Bei Unpünktlichkeit bin ich da nicht so sicher. Zwar ärgert es mich auch, wenn jemand unpünktlich ist. Aber ist es deswegen gleich ein echtes Bedürfnis? Oder steckt da noch etwas dahinter? Was ist mit Anerkennung oder Zuverlässigkeit? Zuverlässigkeit ist wiederum ein Bedürfnis, mit dem ich auf die Welt gekommen bin. Wenn meine Eltern nicht zuverlässig oder verbindlich (zum Beispiel beim Füttern) gewesen wären, hätte ich sicherlich ein Problem gehabt.

Es ist leichter, als Sie denken, eine Bedürfnis-Sprache in unsere

Kommunikation zu integrieren. Die wesentlichen Bedürfnisse eines jeden Menschen sind: körperliche Nahrung (auch Schutz und Unterkunft), Sicherheit, Verständnis, Kreativität, Liebe, Spiel, Erholung, Autonomie und Sinn.[158] Wenn wir uns in Streitigkeiten über mangelnde Akzeptanz und Wertschätzung, über mangelnden Respekt und fehlendes Vertrauen oder über nicht eingehaltene Absprachen beklagen, dann stehen im Hintergrund diese bedrohten existentiellen Bedürfnisse.

Für die Kommunikation in schwierigen Situationen bietet es sich an, auf Bedürfnisse zu verweisen. Etwa mit der Formulierung: »weil mir xy fehlt« oder »weil mir xy wichtig ist« . Ein Beispiel: Es ist Sonntagmorgen. Ihre Nachbarin ist Sopranistin der Staatsoper und probt schon gegen sieben Uhr ein paar Arien. An und für sich sind Sie klassischer Musik durchaus aufgeschlossen, aber bitte nicht ungefragt und erst recht nicht am Sonntag früh um sieben Uhr. Daher entschließen Sie sich, das bei nächster Gelegenheit anzusprechen. Sie haben ein gutes Verhältnis zu ihr. Das soll auch so bleiben, und Sie möchten es möglichst respektvoll tun. Mit den drei Schritten, die Sie bisher vom BAHN-Modell kennengelernt haben, ginge das folgendermaßen: »Letzten Sonntag hörte ich, wie Sie am Morgen die Arie der Königin der Nacht probten. Das hat mich verärgert, da mir die Ruhe besonders am Sonntag sehr am Herzen liegt.« Sie sehen – so schwer ist das gar nicht. Jetzt fehlt nur noch der vierte Schritt, die Nachfrage.

N wie Nachfrage

Wenn wir die ersten drei Schritte des BAHN-Modells erfolgreich gegangen sind, wäre es sehr schade, wenn wir jetzt auf der Zielgeraden noch ins Straucheln kämen. Leider passiert das nicht selten. Hauptursache für das Scheitern sind diffuse Formulierungen wie »Könnten Sie in Zukunft etwas zuverlässiger arbeiten?« oder respektlose Forderungen, wenn nicht sogar Drohungen wie »Wenn Sie nicht sofort …«. Damit Ihnen eine erfolgreiche Nachfrage gelingt, möchte ich Ihnen vier Möglichkeiten ans Herz legen. Schauen Sie bei jeder neuen Situation, welche Variante am besten geeignet ist.

Die Bitte. Eine aus meiner Sicht sehr wichtige Eigenschaft für ein gutes Gespräch ist Demut. Demut im Sinne von Bescheidenheit und Wertschätzung für den anderen. Sie ist eine gesunde Grundlage für Respekt. Die Bitte drückt diese Haltung aus. Sie wirkt insbesondere »von oben nach unten«. Also von Führungskraft zu Mitarbeiter. Die Bitte ist nicht immer geeignet. Wenn sie aber passt, dann hat sie Kraft. Nehmen wir das Beispiel der Sopranistin. Die Bitte rundet das Gespräch ab: »Letzten Sonntag hörte ich, wie Sie am Morgen die Arie der Königin der Nacht probten. Das hat mich ein wenig verärgert, da mir die Ruhe besonders am Sonntag sehr am Herzen liegt. Daher bitte ich Sie: Proben Sie doch nach neun Uhr.«

Die offene Frage. Fragen kann sich lohnen, vielleicht bekommen Sie ja genau das, was Sie sich erhoffen. Eine gute offene Frage ist: »Was schlagen Sie vor?« oder »Wie lösen wir das denn jetzt?« Jetzt ist der andere am Zug. Übrigens: Wenn der Vorschlag nicht in Ihrem Sinne ist, müssen Sie ihn ja nicht akzeptieren, sondern können stattdessen Ihrerseits einen Vorschlag unterbreiten. Sehr oft bekommen Sie jedoch genau das, was Sie brauchen. Manchmal vielleicht sogar etwas mehr, also kann sich solch eine offene Frage durchaus doppelt lohnen.

Die aktivierende Frage. Eine Frage, die mit den Worten »Unter welchen Umständen …« beginnt, nenne ich aktivierende Frage. Sie suggeriert nämlich, dass es grundsätzlich möglich sein müsste und jetzt lediglich noch die Umstände verhandelt werden.

Der Appell an die Konsistenz. Manchmal müssen wir ein bisschen mehr Härte ins Spiel bringen, den Grad der Verbindlichkeit erhöhen. Dies geht sehr gut mit einer Frage, die mit den Worten »Sind Sie bereit …« beginnt. Denn jetzt entscheidet der Gesprächspartner nicht über eine diffuse Handlung in einer diffusen Zukunft, sondern er muss sich jetzt und hier für eine Bereitschaft entscheiden. Gibt er diese zu erkennen, sorgt die schon angesprochene Konsistenz dafür, dass es eine recht hohe Motivation gibt, dieser Bereitschaft auch Folge zu leisten. Natürlich kann die Bereitschaft auch verneint werden. Dann hätten wir zumindest eine wichtige Erkenntnis gewonnen, nämlich die, dass der Gesprächspartner an dieser Stelle nicht kooperieren möchte. Dann bliebe zu klären, warum das so ist.

Ein Beispiel soll nochmals verdeutlichen, wie einfach das Modell im Alltag funktionieren kann. Stellen Sie sich vor, ein Kollege fällt Ihnen dauernd ins Wort. Nach dem vorgeschlagenen BAHN-Modell reagieren Sie am besten so: »Gerade eben habe ich über die Zielvereinbarungsgespräche im nächsten Jahr geredet. Ich war noch nicht fertig, da hast du über die Beurteilungsgespräche gesprochen (Beobachtung). Das irritiert mich (Auswirkung), weil mir deine Achtsamkeit wichtig ist (Hintergrund). Daher bitte ich dich: Lass mich meine Gedanken zu Ende formulieren. (Nachfrage)«

Die Erweiterung: Das S-BAHN-Modell

Wie Sie vielleicht aus dem Abschnitt über den 5-Satz noch wissen, steigt man in eine Mitteilung am besten mit einem Stimulans ein. Ein Seminarteilnehmer hat beim BAHN-Modell einmal einen schönen und auch stimulierenden Einstieg formuliert. Wenn er passt, können Sie ihn gerne übernehmen. Er ging so: »Ich habe da ein Problem. Und ich bekomme das alleine nicht gelöst, dazu brauche ich Ihre Hilfe. Folgendes ...« Und nun folgt BAHN, wie beschrieben. Sie werden sehen, dass diese Art von Gesprächseinstieg vieles vereinfacht und so mancher Gesprächspartner deutlich offener für das sein wird, was kommt.

Bonbon für Fortgeschrittene: BAHN im Einsatz bei Gefühlsausbrüchen

BAHN ist nicht nur geeignet für das respektvolle Ansprechen von schwierigen Verhaltensweisen. Es bietet sich auch für einen respektvollen Umgang mit starken Emotionen an. Ist Ihnen schon einmal aufgefallen, dass wir äußerst respektlos mit Emotionen anderer umgehen? Da ist nichts mit »zurückblicken«, nichts mit »den anderen sehen«. Reflexartig (und meist auch gut gemeint) fahren wir folgende Strategie im Umgang mit Emotionen: Wir bagatellisieren. Dann fallen Sätze wie »das ist doch nicht so schlimm«, »das wird schon wieder« oder »ein Beinbruch ist schlimmer« oder mein Favorit: »Jetzt regen Sie sich doch nicht so auf«. Nehmen Sie mir das nicht krumm, aber solche Äußerungen sind dicht dran an Gewalt. Zumindest ist es respektlos, weil wir den Schmerz nicht ernst nehmen, keinen Anteil nehmen. Sinnvoll wäre es, das Gegenüber im Gefühl zu bestätigen. Dazu eignet sich BAHN sehr gut.

Ein Beispiel: Ein Kunde ruft wutentbrannt bei Ihnen an und poltert, kaum haben Sie Ihren Namen genannt, auch schon los: »Ein Sauladen seid ihr! Das ist eine Unverschämtheit, ich bin die längste Zeit Kunde bei euch gewesen!«

»Was genau ist denn los?« (Beobachtung)

»Ihr wolltet das Holz bis heute um 10 Uhr liefern. Jetzt stehe ich hier auf der Baustelle und komme nicht weiter! Was soll ich denn jetzt dem Bauträger sagen?«

»Und das ärgert Sie tierisch (Auswirkung), weil Ihnen die Zuverlässigkeit hier völlig abhanden gekommen ist (Hintergrund). Was genau kann ich tun, um Ihnen in dieser Situation zu helfen?« (Nachfrage)

Natürlich wird der Gesprächspartner nicht von der einen auf die andere Sekunde friedlich und freundlich. Aber Sie dürfen mir glauben: Wenn Sie in diesem Moment bagatellisieren oder dramatisieren (»Um Gottes willen, das darf ja wohl nicht wahr sein«), wird alles schlimmer. So merkt der Anrufer wenigstens, dass sein Ärger angekommen ist. In einem solchen Krisengespräch geht es nicht um Kräftemessen oder um rhetorische Spielchen. Ihr Gegenüber will, dass Sie seinen Ärger begreifen. Und das zeigen Sie ihm.

Respektvolles Verhalten als Strategie und Lebensaufgabe

Erinnern wir uns an den Ausgangs- und Kernpunkt unserer Überlegungen im Zusammenhang mit Respekt: Wir müssen immer erst auf uns selbst schauen und uns im besten Falle selbst kennen, damit wir auf andere Menschen zugehen und mit ihnen im Einklang leben können. Wenn Sie es schaffen, Ihren Mitmenschen freundlich, gelassen und großzügig zu begegnen, dann haben Sie selbst auch etwas davon. So entwickelt sich eine Dynamik, die Beziehungen verbessern, Teams zusammenschweißen und Ihnen ganz neue Horizonte eröffnen kann.

Halten wir uns sechs Prinzipien vor Augen, die ein freundliches Miteinander in Beruf und im Privatleben ausmachen:

1. Positive Eindrücke pflanzen sich fort.
2. Man kann nie wissen (wann man wem wiederbegegnet).
3. Menschen verändern sich (bzw. ihre Position).
4. Nett sein muss in Fleisch und Blut übergehen.
5. Negative Eindrücke pflanzen sich fort.
6. Sie wissen es (wie Sie einen anderen Menschen behandelt haben).[159]

Die Postulate sind allesamt selbsterklärend – dennoch schauen wir uns den Punkt »nett sein« mal etwas näher an. Er hört sich nach der eindringlichen Aufforderung an, bei jeder Gelegenheit gute Miene zu machen – selbst zum bösen Spiel. So ist es aber nicht gemeint: Denn auch wenn »nett sein« in unserem alltäglichen Sprachgebrauch fast schon einen negativen Unterton hat und in die Nähe von »naiv sein« rückt, ist Freundlichkeit ein nicht zu unterschätzendes Bindeglied für die Menschen.

Betrachten Sie es einmal so: Zu Ihrem Chef gehen Sie jeden Tag ins Büro, auch wenn er nicht nett ist. Zu Ihrem freundlichen Gemüsehändler am Eck gehen Sie jeden Tag, weil er nett ist. Nette Menschen wirken nämlich sehr anziehend auf andere. Nett zu sein ist keine Marginalie, sondern wichtiger Bestandteil der kommunikativen Haltung Respekt.

Mag sein, dass es mitunter sehr viel Mühe kostet, nett zu sein. Und das nicht nur, wenn man als Verkäufer am langen Samstag oder als Kassiererin in der Tankstelle arbeitet. Allerdings hat auch niemand behauptet, dass Veränderungen, die Ihr ganzes Leben betreffen und verändern können, immer einfach sind. Und der Aufwand lohnt sich: Jedes Lächeln, das Sie Ihrem Gegenüber schenken, kehrt – womöglich auf Umwegen – zu Ihnen zurück. Wir sollten Hilfsbereitschaft, eine den Mitmenschen nicht verletzende Ehrlichkeit und Einfühlungsvermögen in unserer Gesellschaft so selbstverständlich leben, dass fortgesetztes Kritisieren, Jammern und Nörgeln keine Chance mehr haben.

Wir versorgen uns selbst mit Glück, wenn wir zu anderen Menschen freundlich sind, sie mit Respekt behandeln und ihnen zeigen, dass sie wertvoll sind. Erst die Suche nach dem eigenen und dem Glück der anderen Menschen macht uns wirklich zufrieden. Über das Glück sind in den letzten Jahren mehrere Bestseller geschrieben worden, und mit der Glücksforschung (übrigens ein in Deutschland verbreiteter Zweig der Positiven Psychologie) hat es sogar eine wissenschaftliche Fundierung bekommen. Wer also immer noch glaubt, dass Glück als Lebensaufgabe nur etwas für Faulpelze und Esoteriker ist, der hat wohl nicht nur in diesem Buch den einen oder anderen Abschnitt überlesen.

Anerkennung und Lob

Einen Tick zufriedener marschieren wir durchs Leben, wenn wir regelmäßige Selbstbestätigung erfahren. Aber – Hand aufs Herz – wann haben Sie zuletzt aus tiefstem Herzen heraus gelobt und jemandem echte Anerkennung ausgesprochen? Sie erinnern sich nicht? Dann geht's Ihnen wie vielen anderen auch. Dabei brauchen wir doch alle regelmäßige Wertschätzung so dringend wie die Luft zum Atmen.

Lob verdienen nicht nur augenfällig außergewöhnliche Leistungen, sondern vor allem und gerade die kleinen Dinge des Alltags. In der Beziehung sollten wir mal wieder die Kochkünste des Partners oder seine Sensibilität in der Kindererziehung loben oder ihm bei nächster Gelegenheit einfach nur sagen, dass man sich freut, ihn zu sehen. Denn auch kleine Komplimente sind ein Lob: Ihr Kind wird es Ihnen danken, wenn Sie nicht nur zwei Mal im Jahr das gute Zeugnis loben, sondern auch den Blick fürs Detail beweisen – für das aufgeräumte Zimmer oder die schnell erledigten Hausaufgaben. Im Job ist die Sache schon ein bisschen diffiziler: Der eine Kollege würde gerne mal wieder vor dem gesamten Team gelobt werden, der andere Mitarbeiter würde genau dann am liebsten im Boden versinken. Wichtig für Führungskräfte: Zu viel Lob erzielt den gegenteiligen Effekt, überragende Leistungen sollten aber immer entsprechend anerkannt werden.

Lob und Dank lassen sich übrigens ganz einfach zusätzlich aufwerten – indem wir unsere persönlichen Beobachtungen mit einfließen lassen. Wenn ich zum Beispiel meinen Mitarbeiter lobe und sage: »Die Präsentation war spitze!«, dann wird ihn das sicher freuen. Allerdings weiß er nicht, was genau mir gefallen hat. Wenn ich also sage: »Dass Sie das alles so frei vorgetragen und das Publikum so gut mit eingebunden haben – das fand ich spitze! Vielen Dank dafür!«, dann weiß der Mitarbeiter, woran er ist, was er tun muss, um den Erfolg zu wiederholen.

Lob ist außerdem gesund. Denn wenn wir uns angemessen gewürdigt sehen, ändert sich die ganze Körperhaltung: Unsere Schultern straffen sich, wir sind um mindestens fünf Zentimeter »gewachsen«. Und im Vorderhirn wird das zum Aufbau der Glücksgefühle nötige Dopamin ausgeschüttet. Wir sind mit Gott und der Welt im Reinen. Dieser Botenstoff sorgt dafür, dass sich das Erfolgserlebnis in unser Langzeitgedächtnis einbrennt: Wer viel gelobt wird, der ist über einen längeren Zeitraum hinweg engagiert und motiviert.

Ohne ein Wort der Anerkennung machen sich Frust und Unlust breit, fehlende Anerkennung nagt an unserem Selbstbewusstsein, wir sind anfälliger für Depressionen und Herz-Kreislauf-Beschwerden. In der Partnerschaft streitet man immer öfter, im Beruf denkt der von seinem Vorgesetzten missachtete Mitarbeiter immer öfter daran, die Brocken hinzuwerfen.

Das Beratungsunternehmen Gallup untersucht jährlich, wie engagiert und motiviert deutsche Mitarbeiter sind: In den Resultaten der 2009 durchgeführten Studie heißt es, dass jeder Vierte innerlich längst gekündigt hat und nur etwa jeder Zehnte mit vollem Einsatz für sein Unternehmen arbeitet. Nur 6 Prozent der wenig motivierten und resignierenden Mitarbeiter gaben an, in den zurückliegenden sieben Tagen Lob und Anerkennung bekommen zu haben – während 63 Prozent der Hochmotivierten genau das Gegenteil bestätigten.[161]

Um selbst mehr Lob ernten zu können, ist jeder Einzelne aufgerufen, seinem direkten Umfeld aufmerksamer zu begegnen und darauf zu achten, zunächst einmal anderen Menschen ehrliche Anerkennung zu vermitteln. Und sollten Sie das Gefühl haben, Ihr Chef würdigt Ihre Leistungen nicht, bitten Sie ihn doch einfach mal um eine entsprechende Rückmeldung.

Eine ignorante Personalführung von Chefs, die die Bedürfnisse ihrer Mitarbeiter nicht wahrnehmen können oder wollen, führt im ersten Schritt dazu, dass die Beschäftigten sich nur schwer mit ihrer Firma und ihrem Tun identifizieren können. Im zweiten Schritt kann das bei manchen Kollegen zum Zusammenbruch führen. Auch wenn es zur Entstehung des Burnouts wissenschaftlich kein einheitliches Bild gibt, steht doch fest, dass sich immer mehr Beschäftigte erschöpft, leer und ausgebrannt fühlen – weil eben nicht jeder mit seinen individuellen Ressourcen den steigenden Belastungen des Berufslebens gewachsen ist.

Die Ergebnisse einer Langzeitstudie der Zürcher Sciencetransfer GmbH zeigen, wie groß die Verantwortung der Abteilungsleiter und Bosse auf diesem Gebiet ist. Demnach habe sozial unterstützendes Verhalten von Führungskräften einen deutlichen Einfluss auf die arbeitsbezogenen Belastungswerte der Mitarbeiter. Soziale Unterstützung sollte in diesem Zusammenhang also alles andere als ein Sturm im Wasserglas sein – sie sei als eine kontinuierliche Führungsaufgabe zu begreifen. Da die Führungskräfte diese Anforderungen nicht so ohne weiteres erfüllen könnten, fordern die Wissenschaftler neben Fortbildungsmaßnahmen vor allem eines mit Nachdruck: Zeit.[162]

Der französische Schriftsteller Jean Cocteau lag gar nicht mal so falsch, als er behauptete: »Was unsere Epoche kennzeichnet, ist die Angst, für dumm zu gelten, wenn man etwas lobt, und die Gewissheit, für gescheit zu gelten, wenn man etwas tadelt.«

Zeigen wir also getrost mehr Mut zur Dummheit. Verleihen wir unserem Gegenüber mit ein bisschen Anerkennung buchstäblich Flügel, stärken wir seine Zuversicht. Wenn wir uns gegenseitig signalisieren, dass wir den anderen schätzen und achten, dann ist unser aller Leben um ein Vielfaches reicher.

Anerkennung hat strategisch zudem den großen Vorteil, dass sie ansteckend ist. Sie werden überrascht sein, wie einfach sich die Kommunikation vertiefen lässt, wenn Sie Ihr Gegenüber erst mit Anerkennung infiziert haben. Schnell wird Ihnen auffallen, welche Verbesserung der Lebensqualität aus Beziehungen entsteht, die auf gegenseitiger Anerkennung fußen.

Offenheit schafft Vertrauen

Wir haben verstanden, dass die eigenen Rechte weder besser noch wichtiger sind als die anderer Menschen. Wir haben verstanden, dass respektvolles Verhalten vielen Wurzeln entspringt – und dass es im Umgang mit anderen Menschen eines großen Einfühlungsvermögens bedarf.

Eine der größten Herausforderungen im täglichen Miteinander ist es zweifelsohne, jemandem die Wahrheit zu sagen, ohne ihn zu verletzen. Ehrlich zu sein und dabei seine Gedanken so zu vermitteln, dass sie helfen und dem Gegenüber von Nutzen sind. Besonders schwierig wird dies, wenn es sich um Fragestellungen dreht wie »Findest du, dass ich intelligent bin?«, »Behandle ich meine Kinder gut?«, »Bin ich dick?« oder »Bin ich schön?«.

Die letzten zwei Fragen werden regelmäßig zur Beziehungsfalle – denn direkte Antworten darauf sind dem häuslichen Frieden im Falle eines Falles nun mal nicht zuträglich, Lügen aber auch nicht. Offenheit ist gefragt, denn sie fördert das Vertrauen der Menschen untereinander – nicht nur in der Partnerschaft. In speziellen Fällen wie diesen hilft aber nur größtmögliche Sensibilität, ein feines Gespür für die Situation.

Jedes Gespräch, jede Kommunikation, jede Äußerung beginnt in erster Linie bei uns selbst, beim eigenen Ego. Wenn wir oft und gerne kritisieren, sind wir mit an Sicherheit grenzender Wahrscheinlichkeit unzufrieden mit uns selbst. Bevor Sie also versuchen, den Dingen auf den Grund zu gehen, fragen Sie sich erst einmal im Stillen, was Sie selbst verbergen (wollen).

Und denken Sie frühzeitig darüber nach, welche Konsequenzen Ihre Offenheit unter Umständen für Sie selbst und für die anderen hat. Denn nur in einer Atmosphäre gegenseitigen Vertrauens wird es Ihnen gelingen, unvoreingenommen und (selbst-)sicher zu denken und zu handeln. Wer Vertrauen erwartet, der muss zuerst Vertrauen geben – eine heikle Geschichte. Wir allen wissen vielleicht, wie schwierig es ist, etwas von uns preiszugeben, auch auf die Gefahr hin, dass unsere ehrliche Art ausgenutzt und missbraucht wird.

Aber nur so nehmen alle Beteiligten die ehrliche Einschätzung des Gegenübers auch als solche wahr. Hören Sie genau zu und bleiben Sie geduldig. Nehmen Sie Ihre Emotionen und die des anderen deutlich wahr, schätzen Sie die Situation realistisch ein, versuchen Sie, den anderen Standpunkt zu verstehen, und bleiben Sie vor allem immer offen für einen Konsens.

Zu den vertrauensbildenden Maßnahmen im menschlichen Miteinander zählt es sicher auch, Fehler zuzugeben. Zeigen Sie, dass Sie keineswegs auf dem hohen Ross sitzen: Sie spielen sich nicht als der Überlegene auf, wissen um Ihre Schwächen und pflegen eine authentischen Kommunikationsstil.

Aus tiefstem Herzen kommende Offenheit fordert einiges an Mut, ganz viel Zeit und vor allem die Bereitschaft, in sich selbst hineinzuhören und sich gegebenenfalls zu ändern.

Vorbild sein

Wir alle sind sehr gut darin, von unseren Mitmenschen Respekt zu erwarten; reagieren enttäuscht und frustriert, wütend oder traurig, wenn man uns nicht mit dem unserer Meinung nach gebotenen Respekt begegnet. Und wie sieht das umgekehrt aus? Sind Sie heute schon auf jemanden mit herzlicher Freundlichkeit und respektvollem Verhalten zugegangen? Waren Sie heute schon ein Vorbild in Sachen Respekt?

Ein Vorbild sein: Das bedeutet, dass man anderen Menschen Orientierung gibt, dass man ein menschlich einwandfreies Verhalten und moralisch vertretbare Werte vorlebt – ohne dabei selbst einen Anspruch auf Unfehlbarkeit zu haben. Dieser Punkt ist vor allem für den Umgang mit Kindern und Jugendlichen wichtig: Dass Eltern und Lehrer nicht perfekt sind, wird ihnen sehr schnell klar – daher ist unbedingte Authentizität angesagt. Nur wenn wir uns mit der nächsten Generation zusammentun, gemeinsame Ziele formulieren und auch das eigene Scheitern offen ansprechen, haben wir die Chance, eine Zukunft voller Respekt zu kreieren.

Bedenken Sie: Sie können von anderen nur etwas einfordern, das Sie selbst zu leisten imstande sind. Wenn Sie selbst ständig zu spät kommen, werden Sie wohl kaum Pünktlichkeit von Ihren Mitmenschen erwarten können.

Wenn auch bei den Sechs- bis Zwölfjährigen vor allem Popstars und Sportler wie die Band Tokio Hotel oder der Fußball-Nationalspieler Lukas Podolski als Vorbilder gefragt sind, so ist doch offensichtlich, dass sich Kinder und Jugendliche mit zunehmendem Alter eher an ihren eigenen Eltern orientieren. In einer repräsentativen Umfrage des Geschichtsmagazins *P. M. History* liegen für 65 Prozent der befragten 14- bis 19-Jährigen die Eltern auf Platz eins, dicht gefolgt von Freunden (58 Prozent).[162]

Eltern sehen sich heutzutage vielen Erwartungen ausgesetzt – sie sollen einen liebevollen Umgang mit den Kindern pflegen, im Haushalt helfen, für ihren Partner da sein und neben dem Beruf auch noch die wenige freie Zeit sinnvoll für die eigene Selbstverwirklichung nutzen. Zudem ist es gar nicht so leicht, Kinder und Jugendliche dazu zu bewegen, sich für bestimmte Menschen – seien es nun die Eltern oder die Lehrer – zu begeistern oder sich mit ihnen zu identifizieren.

Der Schweizer Jugendpsychologe Allan Guggenbühl warnt nicht umsonst: »Was von der jüngeren Generation übernommen wird, bleibt oft ein Mysterium. Die Vorstellung, dass eine Eigenschaft eins zu eins auf die andere Person übergeht, ist psychologisch zu primitiv. Die Wahl eines Vorbilds ist das Resultat eines komplizierten psychischen Prozesses, bei dem neben der persönlichen Disposition des Kindes die Subkultur der Jugend und der Zeitgeist eine Rolle spielen. Vorbilder werden durch die Seele erkoren und sind nicht nur das Resultat eines Sozialisationsprozesses. Welches Vorbild jemand verinnerlicht, können wir nicht vorbestimmen.«[163]

Dennoch sollten wir die Flinte nicht so schnell ins Korn werfen. Wenn Sie Ihr eigenes Leben in Balance bringen und sich sozusagen selbst führen können, dann sind Sie auch in der Lage, andere zu führen. Die Aufgabe ist, die einzelnen Lebensbereiche so auszutarieren, dass sie so gut wie möglich miteinander harmonieren: Job, Familie, die eigene Privatsphäre, die eigene Entwicklung.

Wenn wir das Richtige tun, dann inspirieren wir die nächste Generation und hoffentlich auch unsere Mitmenschen, das Richtige zu tun. Es geht dabei nicht darum, dass »wir einen vorgegebenen Kanon des Vorbildlichen anerkennen«[164] und uns so aus jeder Verantwortung für die Folgen unseres Handelns stehlen. Es geht darum, dass wir als selbständig denkende und frei entscheidende Individuen Wege der Verständigung finden und beschreiten. Wege, die ein friedliches und erfülltes Zusammenleben ermöglichen.

Auch im Beruf setzt sich immer mehr die Erkenntnis durch, dass man dem Globalisierungstrend und dem wachsenden Leistungsdruck in erster Linie Werte wie Vertrauen, Offenheit, Konsistenz oder Humor entgegensetzen muss. Führungskräfte tragen daher eine besonders große Verantwortung: Sie stehen ständig im Fokus der Mitarbeiter, sollten so gut es eben geht mit jeder Faser Vorbild sein – in puncto Menschlichkeit, Kommunikation, Inspiration. Schon Albert Einstein soll gesagt haben: »Vorbild zu sein ist nicht das Wichtigste, wenn wir auf andere Einfluss nehmen wollen. Es ist das Einzige.«

Nur durch tatkräftiges Handeln werden Sie zu einem Vorbild, das es anderen ermöglicht, sich mit Ihnen und Ihrem Tun zu identifizieren. Führen wir ein Leben voller gegenseitiger Akzeptanz, wird unser Verhalten verlässlich, wir fühlen uns besser aufgehoben und sicherer.

Wir alle brauchen Vorbilder – den Vater, den man schon in frühen Jahren respektierte, weil er eben zu allem eine eigene Meinung besaß; die Mutter, die immer ein offenes Ohr für unsere Probleme hatte; den

Opa, der alles reparierte, was kaputtging; den Nachbarn, der einen jeden Tag mit immer neuen Zitaten aus Büchern überrascht; den Freund, der einem ohne Zögern aus jeder brenzligen Situation hilft. In dieser rastlosen und anonymen Welt, in der sich jeder selbst der Nächste und sein eigenes Vorbild ist, kommt es mehr denn je darauf an, den Nutzen von echten Vorbildern für die Gesellschaft ausdrücklich zu betonen und integre Ideale neu zu entdecken.

Fassen wir uns also an die eigene Nase. Jeder von uns ist auf seine Art und Weise in der Lage, seine eigene kleine Welt jeden Tag ein bisschen besser zu machen: indem er ein Leben voller Freundlichkeit, Offenheit und Einfühlungsvermögen schafft, das anderen Halt geben kann. Wir alle wollen doch unser Selbstwertgefühl stärken, unsere Identität schärfen und in großem Seelenfrieden existieren.

Üben Sie sich in Geduld, geben Sie sich alle Zeit der Welt, erwarten Sie keine Wunder. Es gibt keinen Crash-Kurs, um zu einem neuen Bewusstsein für Respekt zu finden. Aber auch wenn wir nicht ewig leben, können wir unsere Zeit hier doch nutzen – zum Wohle aller.

EPILOG

Eine Episode, die mich viel über die Bedeutung von Respekt im Alltag gelehrt hat, ist mir aus einer Fernsehdokumentation über Japan in Erinnerung geblieben. Eine junge Frau trat aus einem Wohnhaus heraus, offenbar in der Absicht, etwas für ihre Fitness zu tun. Sie trug Joggingkleidung, am Hosenbund einen MP3-Player, und hatte die Haare mit einem Gummi zusammengebunden. Auf den ersten Blick unterschied sie sich nicht von einer jungen Frau in Deutschland, die joggen geht – abgesehen von ihrem asiatischen Äußeren. Was mir an ihr auffiel, war, dass sie zusätzlich zu den Turnschuhen an ihren Füßen noch ein weiteres Paar in den Händen trug und damit auf eine Mülltonne zuging. Doch sie warf die Schuhe nicht einfach weg. Stattdessen stellte sie sie zunächst auf dem Boden ab. Dann legte sie die Hände auf die Oberschenkel, verbeugte sich knapp vor den alten Tretern und murmelte dazu einige Silben. Letztere wurden nicht synchronisiert, ihre Körpersprache ließ jedoch keinen Zweifel: Sie bedankte sich bei den Schuhen, bevor sie sie schließlich in die Mülltonne warf.

Hätte ich die gleiche Situation in Deutschland beobachtet, hätte ich wahrscheinlich für einen Moment an der mentalen Gesundheit der jungen Frau gezweifelt. Als ich dieses Buch schrieb, erinnerte ich mich an diese Szene und fragte mich: warum eigentlich?

Was ich in dieser Fernsehdokumentation beobachtet habe, war ein typisches Beispiel für das japanische Verständnis von Demut. In der bei uns geläufigen Bedeutung, die ihre Wurzeln in der griechischen Philosophie hat, bezeichnet Demut eine tendenziell unterwürfige, je nach Kontext sogar sklavische Haltung. Nach allem, was Sie in diesem Buch über horizontalen Respekt gelesen haben, würden Sie vermutlich zögern, diese Definition von Demut mit Respekt in Verbindung zu bringen.

In Japan dagegen hat Demut eine Menge mit Respekt zu tun. Der Japaner als Einzelner ist weitaus bescheidener als der durchschnittliche Europäer. Japaner sagen nicht einfach »Nein«, sondern versichern ihrem Gesprächspartner höflich und neutral, dass sich eine Lösung finden werde. In der Kommunikation stellen sie die Würde ihres Gegenübers zunächst über die eigenen Interessen, um nicht egoistisch oder rücksichtslos zu wirken. Vielmehr versetzen sie sich automatisch in den anderen hinein und wägen dessen Anliegen und Absichten ab, bevor sie reagieren.

Die Japanerin in unserem Beispiel warf die Schuhe nicht einfach weg, die ihr vielleicht über Jahre treue Dienste geleistet hatten, sondern zollte der Leistung, die sie verkörperten, ihre Anerkennung. Leistung ist in der japanischen Tradition ein kollektiver Wert, keine individuelle Errungenschaft. Als diese junge Frau sich vor ihren Schuhen verbeugte, bedankte sie sich nicht einfach bei einem Stück Schuhwerk. Sie bedankte sich für die Arbeit all jener, die diese Schuhe erdacht, entworfen, gefertigt, ausgeliefert und verkauft hatten; vielleicht auch bei einem Freund oder Verwandten, der sie ihr geschenkt hatte. Sie bedankte sich für ihre gute Gesundheit, an der die Schuhe ihren Anteil hatten. Sie erwies jenen Werten ihren Respekt, die in der japanischen Gesellschaft an oberster Stelle stehen.

Ein bisschen Demut schadet nicht

Zu Beginn des Buches habe ich viele Worte über die zunehmende Rücksichtslosigkeit verloren, der wir alltäglich begegnen: die Ellbogenmentalität, die Falle der Respektlosigkeit, die verbalen Schulhof-Prügeleien. Ein Grund für die verbreitete Achtlosigkeit ist der, dass wir verlernt haben, innezuhalten und Anerkennung zu empfinden.

Wir haben festgestellt, dass Respekt eine Haltung ist. Er findet seinen Ausdruck vor allem in der Kommunikation, aber er setzt viel früher, viel tiefer an: Er beginnt bei unserer individuellen Lebenseinstellung. Den Japanern wird Respekt als Haltung mit Nachdruck anerzogen. Wir müssen erst daran arbeiten – der eine mehr, der andere weniger.

Nun will ich Sie keineswegs auffordern, nach Japan auszuwandern und ein Leben in Demut zu führen. Das würden die meisten von uns wohl auch nicht durchhalten, denn wir sind anders sozialisiert als der Japaner, der die Firma als seine Familie betrachtet. Wir können uns jedoch durchaus eine Scheibe von der japanischen Haltung zu Menschen und deren Leistung abschneiden.

Müssen wir dem Kollegen, der uns bittet, mal kurz einzuspringen, wirklich ein barsches: »Geht nicht, hab' selber zu viel zu tun!« entgegnen, als wollten wir einen Schlag parieren? Können wir nicht stattdessen kurz innehalten und überlegen, ob dieser hart arbeitende Familienvater nicht eine respektvollere Antwort verdient? Tun wir uns nicht auch selbst einen Gefallen, wenn wir ihn respektvoll behandeln? Sich ein angenehmeres Arbeitsklima zu wünschen ist eine Sache – selbst dazu beizutragen viel zu oft eine andere, wenn wir unter Stress und Leistungsdruck stehen.

Wenn Ihnen das zu philosophisch ist: Stellen Sie sich einmal vor, der gleiche Kollege ist einige Jahre später Ihr Vorgesetzter. Würden Sie sich wünschen, dass er Ihre Bitte um die wohlverdiente Gehaltserhöhung dann mit einem barschen: »Geht nicht, wir müssen sparen!« erwidert?

Nur nichts überstürzen

Halten Sie inne, wann immer Sie können. An einer respektvollen Haltung zu arbeiten braucht Zeit und Maß. Niemand kann von Ihnen verlangen, dass Sie über Nacht Ihre Kommunikation und Lebensführung auf Respekt ausrichten. Schon mit ein wenig Achtsamkeit können wir bereits viele der kleinen und großen Fettnäpfchen umgehen, die die Realität uns täglich bereitstellt.

Ich habe Ihnen zahlreiche einfach umzusetzende Strategien und Werkzeuge mitgegeben, die Ihnen dabei helfen können, Respektlosigkeiten anderer angemessen zu begegnen und darüber hinaus aktiv den Respekt Ihrer Mitmenschen zu gewinnen. Aus täglicher Erfahrung mit meinen Klienten und aus eigenem Erleben weiß ich, wie Sie sich jetzt fühlen. Ihre Situation nach der Lektüre dieses Buches hat viel Ähnlichkeit mit der Situation nach einem Vortrag oder einem Seminar. Ich habe Sie mit vielen Aspekten, Beispielen und Techniken überhäuft – mehr, als Sie sich auf die Schnelle merken könnten. Ich habe Ihnen viele praktische Tipps gegeben – mehr, als Sie mal eben im Vorbeigehen umsetzen könnten.

Mein Rat an Sie lautet daher: Machen Sie es sich nicht zu schwierig. Fangen Sie klein an!

Der Blick zurück nach vorn

Während Sie dieses Buch gelesen haben, ist das Leben nicht spurlos an Ihnen vorübergezogen. Versuchen Sie, sich den kleinen Abschnitt Ihres Lebens noch einmal zu vergegenwärtigen, den die Lektüre dieses Buches begleitet hat. Vermutlich sind Sie mit Ihrer neugewonnenen Achtsamkeit auf einige Situationen gestoßen, in denen Ihnen etwas aufgefallen ist. Wenn dem so ist, haben Sie den ersten Schritt schon getan.

Haben Sie vielleicht einmal mehr unter der falsch verstandenen Autorität Ihres Chefs gelitten? Hatten Sie es bei einer Verhandlung mit einem besonders rücksichtslosen Gegenüber zu tun? Hat Ihr Selbstbewusstsein durch die unbedachte Äußerung eines Freundes Schaden genommen? Oder sind Sie selbst zum Beispiel Ihrem Partner ungewollt »auf die Füße getreten«? Waren Sie mal wieder geneigt, sich auf eine verbale Schulhofprügelei einzulassen? Bestimmt haben Sie noch lebendige Erinnerungen an einige Situationen der letzten Zeit, in denen es um Respekt ging und die mit den Inhalten dieses Buches zu tun hatten. Wie würden Sie jetzt reagieren?

Noch einmal: Nehmen Sie sich nicht gleich zu viel vor. Picken Sie sich für den Anfang ein, zwei Momente heraus, die bei Ihnen ganz persönlich etwas ausgelöst haben. Überlegen Sie, wie Sie mit Hilfe der Erkenntnisse und Techniken aus diesem Buch Ihre Haltung und

Ihre Kommunikation in ähnlichen Situationen verändern könnten. Dann setzen Sie sich diese Punkte zum Ziel, und verfolgen Sie dieses Ziel, als hinge Ihr Leben daran. Das klingt vielleicht ein bisschen melodramatisch, aber Sie werden sehen: Nehmen Sie sich diesen Rat mit Maß und Zeit zu Herzen, und es wird funktionieren. Nach und nach werden Sie Ihrem Unterbewusstsein zeigen, wer das Sagen hat.

Unsere Ziele bilden unsere innersten Wünsche ab. Haben Sie Respekt vor sich selbst und vor Ihren Zielen.

Kommen Sie gut an!

Ihr
René Borbonus

ANHANG

Anmerkungen

1 Dr. med. Andreas Tautz: Respekt und Resultate: Die Deutsche Post DHL setzt auf gesundheitsförderliche Führungskultur, in: Wirtschaftspsychologie aktuell, Heft 2 (2010), S. 44
2 Ebd., S. 46
3 Ebd.
4 Ebd.
5 Richard Sennett: Respekt im Zeitalter der Ungleichheit, New York/Berlin 2002, S. 251
6 Dale Carnegie: Wie man Freunde gewinnt. Die Kunst, beliebt und einflussreich zu werden, 2. Auflage, Frankfurt am Main 2008, S. 14
7 Doris Wolf: Ab heute kränkt mich niemand mehr. 101 Power-Strategien, um Zurückweisung und Kritik nicht mehr persönlich zu nehmen, Augsburg 2008, S. 8
8 Astrid Schütz: Je selbstsicherer, desto besser? Licht und Schatten positiver Selbstbewertung, Landsberg 2005, S. 81
9 Studie »Muslimisches Leben in Deutschland«, hrsg. vom Bundesamt für Migration und Flüchtlinge im Auftrag der Deutschen Islam Konferenz, Juni 2009
10 www.deutsche-islam-konferenz.de/cln_117/nn_1915142/SubSites/DIK/DE/DieDIK/Auftaktsitzung/auftaktsitzung-node.html?__nnn=true
11 Güner Yasemin Balci: Arabboy. Eine Jugend in Deutschland oder das kurze Leben des Rashid A., Frankfurt am Main 2008, S. 18. Balci ist 1975 in Berlin-Neukölln geboren und aufgewachsen; ihre Eltern waren in den sechziger Jahren als Gastarbeiter aus der Türkei nach Deutschland gekommen.
12 Güner Yasemin Balci im Interview: www.vorwaerts.de/artikel/gesellschaft-ist-ueberfordert
13 Tore Ellingsen/Magnus Johannesson: Paying Respect, in: Journal of Economic Perspectives, Band 21, Nr. 4 (2007), S. 135–149
14 Ebd., S. 146

15 Dr. Wilhelm Heitmeyer: Riskante Toleranz. Moralgesättigt und gefährlich attraktiv; siehe: http://diegesellschafter.de/diskussion/vision/detail.php?vid=12&z1=1297954906&z2=fdd8d6c44b8e25ea7600d3c9fea5bf7f&. Heitmeyer ist Professor für Sozialisation an der Universität Bielefeld. Das Gesellschafter-Projekt ging im März 2006 online; es bietet der Zivilgesellschaft vielfältige Möglichkeiten der Diskussion, der Vernetzung und des Engagements.

16 http://diegesellschafter.de/diskussion/vision/detail.php?vid=12&z1=1279098716&z2=670cc 7546afd9debf943879a295ce0c2&

17 Ebd.

18 www.rene-borbonus.de: Auf meiner Homepage finden Sie unter anderem zahlreiche Beispiele zu Barack Obamas rhetorischen Kniffen.

19 Günter Endruweit/Gisela Trommsdorf (Hg.): Wörterbuch der Soziologie, 2. völlig neu bearbeitete und erweiterte Auflage, Stuttgart 2002, S. 73

20 Bernhard M. Bass: Leadership and performance beyond expectations, New York 1985

21 Anne M. Schüller: Kundennähe in der Chefetage. Wie Sie Mitarbeiter kundenfokussiert führen, 2. Auflage, Zürich 2009, S. 93

22 Ebd., S. 95

23 Siehe dazu auch: Martina Schmidt-Tanger: Charisma-Coaching. Von der Ausstrahlungskraft zur Anziehungskraft, Paderborn 2009

24 Vgl. Gerhard Krüger: Das Problem der Autorität, in: Offener Horizont, Festschrift für Karl Jaspers, München 1953, S. 26 f.

25 www.spiegel.de/spiegel/print/d-53621786.html

26 Friedrich W. Kron: Grundwissen Pädagogik, 4. verbesserte Auflage, München 1994

27 Ebd.

28 Dietrich Grönemeyer: Lebe mit Herz und Seele. Sieben Haltungen zur Lebenskunst, Neuausgabe Freiburg 2009, S. 36

29 Gerlinde Unverzagt: Eltern an die Macht. Warum wir es besser wissen als Lehrer, Erzieher und Psychologen, Berlin 2010

30 Martin Wehrle: Der Feind in meinem Büro. Die großen und kleinen Irrtümer zwischen Chef und Mitarbeiter, 2. Auflage, Berlin 2006

31 Kenneth Blanchard/John P. Carlos/Alan Randolph: Management durch Empowerment. Das neue Führungskonzept, 3. Auflage, Reinbek 1999

32 Gabler Wirtschaftslexikon, Stichwort: Empowerment, online im In-

ternet: http://wirtschaftslexikon.gabler.de/Archiv/55835/empowerment-v5.html

33 Jesper Juul: Was Familien trägt. Werte in Erziehung und Partnerschaft, Weinheim 2006, S. 10 f.

34 Ebd., S. 167

35 Richard Sennett: Autorität, Frankfurt am Main 1985, S. 191

36 Siegfried Fischer-Fabian: Die Macht des Gewissens. Von Sokrates bis Sophie Scholl, Bergisch-Gladbach 2005, S. 309. Der Autor porträtiert acht Persönlichkeiten, deren Taten historische Beispiele geben für Standhaftigkeit und Zivilcourage.

37 Karin Lichtenauer (Hg.): Dalai Lama. So einfach ist das Glück, Freiburg 2004, S. 60

38 Helmut Schmidt: Außer Dienst. Eine Bilanz, 4. Auflage, München 2008, S. 336

39 Claus G. Schmalholz: »Die wahren Lehrer«, siehe: www.manager-magazin.de/magazin/artikel/0,2828,371283-2,00.html

40 Dieter Zetsche auf der Daimler-Hauptversammlung in Berlin. Siehe: www.spiegel.de/wirtschaft/unternehmen/0,1518,688929,00.html

41 Arthur P. Ciaramicoli/Katherine Ketcham: Der Empathie-Faktor. Mitgefühl, Toleranz, Verständnis, München 2001, S. 205 f.

42 Burson-Marsteller-Studie 2005. Siehe: www.b-m.ch/images/upload/b-m_information_ceo_survey_d.pdf

43 Julia Horsch/Arnd Florack: Wie das Streben nach Konsistenz das Konsumentenverhalten beeinflusst, S. 4. Siehe: www.werbepsychologie-online.de/konsistenz.pdf

44 Alfred Herrhausen, zitiert nach: www.alfred-herrhausen-gesellschaft.de/28.html

45 Wolfgang Hantel-Quitmann: Schamlos! Was wir verlieren, wenn alles erlaubt ist, Freiburg 2009, S. 16

46 www.ndr.de/nachrichten/hamburg/hartzvier140.html

47 Siehe dazu auch Hantel-Quitmann 2009, Kapitel 6, Was wir verlieren, wenn alles erlaubt ist, S. 134–150

48 Chuck Spezzano: Wenn es verletzt, ist es keine Liebe. Die Gesetzmäßigkeit erfüllter Partnerschaft, 2. Auflage, München 2005, S. 77

49 Dan Millman: Spirituelle Lebensqualität. Ziele finden, die unser Leben wert sind, Taschenbucherstausgabe, München 2006, S. 16. Dan Millman war einer der besten Kunstturner in den USA und unterrichtet seit langem verschiedenste Formen des körperlich-geistigen

Trainings; seine Werke über die Lebenshaltung des friedvollen Kriegers sind zu Kultbüchern geworden.

50 Martin Sage/Sonja Becker: Coaching. Erfolg im 21. Jahrhundert, München 2007

51 Josef Schönberger: Die Wiederentdeckung des Respekts. Wie interkulturelle Begegnungen gelingen, München 2010, S. 26 f.

52 Ebd., S. 20 f.

53 Walter J. Schütz: Zeitungen in Deutschland. Verlage und ihr publizistisches Angebot 1949–2004. 2 Bände, Berlin 2005. Für die Stichtagssammlung 2004 stellte Schütz fest, dass mehr als die Hälfte aller 440 Kreise (vor allem die ländlichen) mittlerweile »Ein-Zeitungs-Kreise« sind, in denen die Leser nicht mehr zwischen zwei Ausgaben von verschiedenen publizistischen Einheiten mit konkurrierender Lokalberichterstattung wählen können.

54 Elisabeth Noelle-Neumann: Öffentliche Meinung. Die Entdeckung der Schweigespirale, Frankfurt am Main 1996

55 Pressemitteilung des Deutschen Journalisten-Verbandes: www.djv.de/SingleNews.20+M59ab745118a.0.html

56 www.presse.dak.de/ps.nsf/sbl/FC264408C1091372C12575CF003A10B9. Es handelt sich um die Ergebnisse einer Studie der Leuphana Universität Lüneburg, die 2009 im Auftrag der DAK 1859 Schüler zwischen 10 und 18 Jahren zu ihren Erfahrungen befragt hatte.

57 Morton Rhue: Die Welle, Ravensburg 2010 (deutsche Erstausgabe 1984), S. 182. Zitiert wird hier ein Interview aus der Zeitschrift Scholastic Voice vom 18. September 1981.

58 www.welt.de/vermischtes/article3361934. Deutsche-Schulen-sind-besonders-gefaehrdet.html. Jens Hoffmann von der TU Darmstadt sagt im Welt-Interview weiter: »alle Taten in Deutschland hätten vielleicht verhindert werden können. Man muss vor allem vor Ort sensibel sein, beispielsweise an allen Schulen ausgebildete Krisenteams aufbauen, die Muster und Warnsignale erkennen. In unserer Studie haben wir 32 Warnsignale wie suizidale Äußerungen und die Identifizierung mit anderen Amokläufern gefunden.«

59 http://www.nzz.ch/nachrichten/politik/schweiz/brutal_kaltbluetig_gnadenlos_1.5203244.html

60 www.business-wissen.de/personalmanagement/multikulti-so-klappt-die-verstaendigung-zwischen-verschiedenen-kulturen/

61 Gekränkte Freiheit, Klaus-Jürgen Grün interviewt Wolf Singer, in: Gerhard Roth/Klaus-Jürgen Grün (Hg.): Das Gehirn und seine Frei-

heit. Beiträge zur neurowissenschaftlichen Grundlegung der Philosophie, Göttingen 2009, S. 85 f.

62 Gerhard Roth: Persönlichkeit, Entscheidung, Verhalten. Warum es so schwierig ist, sich und andere zu ändern, Stuttgart 2007, S. 13 f.

63 Gerd Mietzel: Pädagogische Psychologie des Lernens und Lehrens, 8. überarbeitete und erweiterte Auflage, Göttingen 2007, S. 93

64 Reinhard Tausch/Anne-Marie Tausch: Erziehungspsychologie. Begegnung von Person zu Person, Göttingen 1979, S. 57

65 Gabriel Dischereit: The Stanford Experiment. Ein psychologisches Experiment zur Erforschung menschlichen Verhaltens unter den Bedingungen der Gefangenschaft, München 2007

66 www.fr-online.de/home/-wir-alle-sind-verfuehrbar-/-/1472778/3407136/-/index.html/

67 Peter Höher/Friederike Höher: Konfliktmanagement. Konflikte kompetent erkennen und lösen, 2. Auflage, Freiburg 2002

68 Christophe André: Unvollkommen, glücklich und frei. Die Kraft des Selbstbewusstseins, Mannheim 2007, S. 15 f.

69 Fritz Riemann: Grundformen der Angst. Eine tiefenpsychologische Studie, 39. Auflage, München 2009, S. 12

70 Ebd., S. 13–17

71 Ebd., S. 54, 112, 168 und 222

72 Christoph Thomann/Friedemann Schulz von Thun: Klärungshilfe 1. Handbuch für Therapeuten, Gesprächshelfer und Moderatoren in schwierigen Gesprächen, 5. Auflage, Hamburg 2009, S. 173–262

73 Ebd., S. 193

74 Ebd., S. 179

75 Ebd., S. 182

76 Ebd., S. 183

77 Kerry Patterson/Joseph Grenny/Ron McMillan/Al Switzler: Heilsame Konflikte. Beziehungen verbessern, Konflikte lösen. Richtiger Umgang mit uneingelösten Versprechen, unerfüllten Erwartungen und unpassendem Benehmen, Wien 2006, S. 36 f.

78 Ebd., S. 69

79 Ebd., S. 81

80 Ebd., S. 111

81 Ebd., S. 113

82 Ebd., S. 200

83 Ebd., S. 217

84 Ebd., S. 249

85 Ebd., S. 294
86 Ebd.
87 Ebd., S. 295
88 Ebd.
89 Ebd., S. 296
90 Ebd., S. 296 f.
91 Deborah Tannen: Du kannst mich einfach nicht verstehen. Warum Männer und Frauen aneinander vorbei reden, Einmalige Sonderausgabe, München 2004, S. 20
92 Barbara Berckhan: Die etwas gelassenere Art, sich durchzusetzen. Ein Selbstbehauptungstraining für Frauen, 6. Auflage, München 2003, S. 211
93 John Gray: Mars & Venus im Büro. So verbessern Sie die Kommunikation mit Kollegen, München 2005, S. 12
94 www.welt.de/wissenschaft/article1002131/Maenner_quasseln_ebenso_viel_wie_Frauen.html
95 Tannen 2004, S. 48–62
96 Gray 2005, S. 27
97 Tannen 2004, S. 76–98
98 Gray 2005, S. 118 f.
99 Tannen 2004, S. 100
100 Frankfurter Allgemeine Sonntagzeitung vom 2. Mai 2010, Nr. 17, S. 30
101 Spiegel, Ausgabe 41/2005, S. 45. Siehe auch: http://www.spiegel.de/spiegel/print/d-42658513.html
102 Vgl. auch Deborah Tannen: Laß uns richtig streiten. Warum Frauen immer widersprechen und Männer nur sich selbst zuhören, München 2004
103 Deborah Tannen: Das hab' ich nicht gesagt. Kommunikationsprobleme im Alltag, Hamburg 1992, S. 36
104 Ebd., S. 52
105 Robert B. Cialdini: Die Psychologie des Überzeugens. Ein Lehrbuch für alle, die ihren Mitmenschen und sich selbst auf die Schliche kommen wollen, Bern 1997, 3. Kapitel: Commitment und Konsistenz
106 J. J. Skowronski u. a.: Spontaneous trait transference: Communicators take on the qualities they describe in others, in: Journal of Personality and Social Psychology, 74, S. 837–848
107 Vgl. Claudia Wassmann: Die Macht der Emotionen. Wie Gefühle unser Denken und Handeln beeinflussen, Darmstadt 2002

108 Vgl. Harlich H. Stavemann: Im Gefühlsdschungel. Emotionale Krisen verstehen und bewältigen, Weinheim 2002

109 Vgl. Paul Ekman: Gefühle lesen. Wie Sie Emotionen lesen und richtig interpretieren, München 2004

110 Mehr zu der Frage, wie Gefühle entstehen bei: Joseph LeDoux: Das Netz der Gefühle. Wie Emotionen entstehen, München 2001

111 Ausführlich nachzulesen in: Francois Lelord und Christophe André: Der ganz normale Wahnsinn. Vom Umgang mit schwierigen Menschen, Leipzig 1998, S. 51 ff.

112 Ebd., S. 25 ff.

113 Tilman Eckloff/Niels van Quaquebeke: Entwicklung und Validierung einer Skala zu respektvoller Führung, in: E. H. Witte (Hg.): Sozialpsychologie und Werte, Lengerich 2008. S. 264

114 Pieter A. Grobler: The New Employee. Employer Relationship and its Impact on Human Ressource Management, in: Klaus Götz (Hg.): Personalarbeit der Zukunft, München 2002, S. 63

115 Helmut Ebert: Höflichkeit und Respekt in der Unternehmenskommunikation. Wege zum professionellen Beziehungsmanagement, München/Unterschleißheim 2003, S. 114

116 Eckloff/van Quaquebeke 2008, S. 244 f.

117 Ebd., S. 244, 251

118 R. T. Tyler, S. L. Balder: Cooperation in Groups. Procedural Justice, Social Identity and Behavioral Engagement, Philadelphia 2000 sowie: B. Simon/S. Stürmer: Respect for group members, in: Personality and Social psychology Bulletin 29, 2 (2003), S. 183–193

119 D. de Cremer: Respect and Cooperation in Social Dilemmas. The Importance of Feeling Included, in: Personality and Social Psychology Bulletin 28, 2 (2002). S. 1335–1341

120 Eckloff/van Quaquebeke 2008, S. 244, 260

121 Psychologie heute, Dezember 2008, S. 8

122 Victoria L. Brescoll/Eric Luis Uhlmann: Can an angry woman get ahead? Status conferral, gender and expression of emotion in the workplace, in: Psychological Science, 19/3, 2008, S. 265–275

123 Psychologie heute, Dezember 2008, S. 8

124 www.zeit.de/2008/34/Fischer-Interview

125 Joschka Fischer während der Haushaltsdebatte im Deutschen Bundestag am 21. Februar 2004; zitiert nach Thomas Veszelits: Auf's Maul geschaut. So überzeugen Profis und Promis. Strategien, Tipps und Tricks, Berlin 2007, S. 84

126 www.bild.de/BILD/politik/2010/06/20/joachim-gauck/kandidat-fuer-amt-des-bundespraesidenten-teil-1.html
127 Lelia Kühne de Haan: Ja, aber ... Die heimliche Kraft alltäglicher Worte und wie man durch bewusstes Sprechen selbstbewusster wird, 14. Auflage, München 2008, S. 13 f.
128 Rick B. van Baaren/Rob W. Holland/Bregje Steenaert/Ad van Knippenberg: Mimicry for money. Behavioral consequenzes of imitation, University of Nijmwegen 2002, in: Journal of Experimental Social Psychology 39 (2003), S. 393–398
129 Karl Lehmann in: Glaube und Leben, Kirchenzeitung für das Bistum Mainz, 8/2003, zitiert nach Veszelits 2007, S. 141
130 Ebd.
131 Emmy Werner/Ruth Smith: Vulnerable but Invincible. A Longitudinal Study of Resilient Children and Youth, 2. Auflage, New York 1989, nach: Margeritha Zander: Armes Kind – starkes Kind? Die Chance der Resilienz, 2. Auflage, Wiesbaden 2009, S. 74–82
132 Aaron Antonovsky: Salutogenese. Zur Entmystifizierung der Gesundheit, deutsche erweiterte Herausgabe von Alexa Franke, Tübingen 1997. Die drei Komponenten beschreibt Antonovsky ausführlich in: Health, Stress and Coping. New Perspectives on Mental and Physical Well-Being, San Francisco 1979.
133 Corina Wustmann: Resilienz. Widerstandsfähigkeit von Kindern in Tageseinrichtungen fördern, Berlin 2008
134 Monika Gruhl: Die Strategie der Stehauf-Menschen. Resilienz – so nutzen Sie Ihre inneren Kräfte, Freiburg 2008, S. 5–51
135 Ebd., S. 52–73
136 Ebd., S. 73–97
137 Martin E. P. Seligman: Der Glücks-Faktor. Warum Optimisten länger leben, 7. Auflage, Köln 2010, S. 447
138 Martin E. P. Seligman: Erlernte Hilflosigkeit, 3. Auflage, Weinheim 1999; S. 43 f. – vor allem aber das Kapitel VII zu emotionaler Entwicklung und Erziehung, S. 128–157
139 Seligman 2010, S. 340
140 Mihaly Csikszentmihaly: Flow – der Weg zum Glück. Der Entdecker des Flow-Prinzips erklärt seine Lebensphilosophie, hrsg. von Ingeborg Szöllösi, Freiburg 2010, S. 27
141 Alice Holzhey: Positive Gefühle, negative Gefühle: Was hält die Seele wirklich gesund?, in: Psychologie heute, Mai 2008, S. 20–25

142 Richard Wiseman: Wie Sie in 60 Sekunden Ihr Leben verändern, 4. Auflage, Frankfurt am Main 2009, S. 26–29

143 Studie von Franceso Foroni (Freie Universität Amsterdam) und Gün Semin (Universität Utrecht), 2009, zitiert nach: www.wissenschaft.de/wissenschaft/news/305402.html

144 Wiseman 2009, S. 43 f.

145 Mehr dazu bei: Maja Storch u. a.: Embodiment. Die Wechselwirkung von Körper und Psyche verstehen und nutzen, Bern 2006

146 Sandra Zistl/Sonja Billhardt/Sandra Tjong: Wahlprogramme. Die Linken sind die Könige der Schachtelsätze, Focus Online, 3. Juli 2009 (www.focus.de/politik/deutschland/wahlen-2009/bundestagswahl/tid-14769/wahlprogramme-die-linken-sind-die-koenige-der-schachtelsaetze_aid_413931.html)

147 www.rhetorik.ch/Tucholsky/Gut.html

148 Daniel Oppenheimer: Consequences of erudite vernacular utilized irrespective of necissity: Problems with using long words needlessly, in: Journal of Applied Cognitive Psychology, 20 (2005), S. 139–156

149 Jurybegründung zitiert auf Spiegel Online, 24. Januar 2006 (www.spiegel.de/kultur/gesellschaft/0,1518,396973,00.html)

150 Zitiert wird VRdS-Vorstandsmitglied Vazrik Bazil nach Focus Online, 10. September 2009 (www.focus.de/politik/weitere-meldungen/guido-westerwelle-rhetorisch-die-nummer-eins_aid_434543.html)

151 Die Idee des Bildes stammt von meinem Vorbild und Lehrer Reimar Kleinwächter.

152 Chip und Dan Heath: Was bleibt. Wie die richtige Story Ihre Werbung unwiderstehlich macht, München 2008, Kapitel 3: »Konkret«

153 G. A. Miller: The magical number seven, plus or minus two. Some limits on our capacity for processing information, in: Psychological review, Band 63 (1956), S. 81–97

154 Jack Nasher-Awakemian: Die Kunst Kompetenz zu zeigen. Competence Display – der Schlüssel zum Erfolg, Frankfurt am Main 2004

155 Vgl. Vorteilhafte Mimikry. Nachahmungsverhalten fördert Sympathie und Hilfsbereitschaft, in: Psychologie heute, Heft August 2008

156 Horst Evers: Mein Leben als Suchmaschine, Frankfurt am Main 2008, S. 8 ff.

157 Das Prinzip lehnt sich an das Konzept der non-violent communication von Marshall B. Rosenberg an. Vgl. zum Beispiel Marshall B.

Rosenberg: Gewaltfreie Kommunikation. Eine Sprache des Lebens, Paderborn 2007

158 Diese Bedürfnisse werden zum Beispiel von dem Wirtschaftstheoretiker Manfred Max-Neef genannt. Vgl. dazu: Marshall B. Rosenberg: Konflikte lösen durch Gewaltfreie Kommunikation, Freiburg 2004, S. 28

159 Linda Kaplan Thaler/Robin Koval: The Power of Nice. Wie Sie die Welt mit Freundlichkeit erobern können, München 2008

160 www.ftd.de/karriere-management/karriere/:mitarbeiterbindung-resignation-greift-im-arbeitsleben-um-sich/50095106.html. Die Studie »Gallup Engagment Index« basiert auf telefonischen Befragungen von rund 500 Arbeitnehmern in Deutschland im Herbst 2009.

161 www.sciencetransfer.com/other/sciencetransfer_socialsupport_cbiwrk_05-2010.pdf. Die Sciencetransfer GmbH Zürich begleitete von 2006 bis 2009 die Führungskräfte eines Pharmaunternehmens mit jährlichen Gesundheitsscreenings.

162 www.focus.de/schule/familie/jugendliche_aid_229431.html. P. M. History befragte 2007 über tausend 14- bis 19-Jährige zu ihrer Lebenseinstellung und ihren Zukunftswünschen.

163 Allan Guggenbühl am 22. Februar 2002 in Neue Zürcher Zeitung, zitiert nach: www.vorbildsein.de/cms/docs/doc4809.pdf

164 Reinhard K. Sprenger: Die Entscheidung liegt bei dir. Wege aus der alltäglichen Unzufriedenheit, 14. erweiterte Auflage, Frankfurt am Main 2010, S. 142

Literatur

André, Christophe: Unvollkommen, glücklich und frei. Die Kraft des Selbstbewusstseins, Mannheim 2007

Antonovsky, Aaron: Salutogenese. Zur Entmystifizierung der Gesundheit, deutsche erweiterte Herausgabe von Alexa Franke, Tübingen 1997

Asendorpf, Jens: Psychologie der Persönlichkeit, Heidelberg 2007

Auhagen, Ann Elisabeth/Bierhoff, Hans-Werner (Hg.): Angewandte Sozialpsychologie. Das Praxishandbuch, Weinheim 2003

Balci, Güner Yasemin: Arabboy. Eine Jugend in Deutschland oder das kurze Leben des Rashid A., Frankfurt am Main 2008

Bass, Bernhard M.: Leadership and performance beyond expectations, New York 1985

Bauer, Joachim: Warum ich fühle, was du fühlst. Intuitive Kommunikation und das Geheimnis der Spiegelneurone, Hamburg 2006

Bauhofer, Bernhard: Respekt. Wie man kriegt, was für kein Geld der Welt zu haben ist, Zürich 2008

Benien, Karl: Schwierige Gespräche führen. Modelle für Beratungs-, Kritik- und Konfliktgespräche im Berufsalltag, Reinbek 2007

Berckhan, Barbara: Die etwas gelassenere Art, sich durchzusetzen. Ein Selbstbehauptungstraining für Frauen, 6. Auflage, München 2003

Beyer, Günther: Der Ferkel-Faktor. Die schmutzigen Tricks der Kommunikation, Berlin 2008

Blanchard, Kenneth/Carlos, John P. Carlos/Randolph, Alan: Management durch Empowerment. Das neue Führungskonzept, 3. Auflage, Hamburg 1999

Bowden, Mark: How to break a terrorist, New York 2008

Brüggemeier, Beate: Wertschätzende Kommunikation im Business. Wer sich öffnet, kommt weiter! Wie Sie die gewaltfreie Kommunikation im Berufsalltag nutzen, Paderborn 2010

Bryson, Kelly: Sei nicht nett, sei echt! Ein Gleichgewicht zwischen Liebe für uns selbst und Mitgefühl mit anderen finden. Handbuch für Gewaltfreie Kommunikation, Paderborn 2006

Cameron-Bandler, Leslie/Lebeau, Michael: Die Intelligenz der Gefühle, Paderborn 1990
Carnegie, Dale: Wie man Freunde gewinnt, 2. Auflage, Frankfurt am Main 2008
Carusa, David R./Salovey, Peter: Managen mit emotionaler Kompetenz, Frankfurt am Main 2005
Cialdini, Robert B.: Die Psychologie des Überzeugens, Bern 1997
Ciaramicoli, Arthur P./Ketcham, Katherine: Der Empathie-Faktor, München 2001
Corssen, Jens: Der Selbst-Entwickler, Wiesbaden 2004
Csikszentmihaly, Mihaly: Flow – der Weg zum Glück. Der Entdecker des Flow-Prinzips erklärt seine Lebensphilosophie, hrsg. von Ingeborg Szöllösi, Freiburg 2010
Dahrendorf, Ralf: Homo Sociologicus. Ein Versuch zur Geschichte, Bedeutung und Kritik der Kategorie der sozialen Rolle, 13. Auflage, Opladen 1993
Damasio, Antonio R.: Descartes' Irrtum. Fühlen, Denken und das menschliche Gehirn, Berlin 2006
Damasio, Antonio R.: Der Spinoza-Effekt. Wie Gefühle unser Leben bestimmen, Berlin 2005
Dischereit, Gabriel: The Stanford Experiment. Ein psychologisches Experiment zur Erforschung menschlichen Verhaltens unter den Bedingungen der Gefangenschaft, München 2007
Düweke, Peter: Anerkennung. Ohne sie geht gar nichts! Wie Respekt und Wertschätzung unser aller Leben bestimmen, Düsseldorf 2008
Eifert, Georg H./McKay, Matthew/Forsyth, John P.: Mit Ärger und Wut umgehen. Der achtsame Weg in ein friedliches Leben, Bern 2009
Einhorn, Stefan: Die Kunst ein freundlicher Mensch zu sein, Hamburg 2007
Ekman, Paul: Gefühle lesen. Wie Sie Emotionen lesen und richtig interpretieren, München 2004
Ellis, Albert: Training der Gefühle. Wie Sie sich hartnäckig weigern, unglücklich zu sein, Heidelberg 2006
Endruweit, Günter/Trommsdorf, Gisela (Hg.): Wörterbuch der Soziologie, 2. völlig neu bearbeitete und erweiterte Auflage, Stuttgart 2002
Felixberger, Peter: Deutschlands nächste Jahre. Wohin unsere Reise geht, Hamburg 2009
Fischer-Fabian, Siegfried: Die Macht des Gewissens. Von Sokrates bis Sophie Scholl, Bergisch-Gladbach 2005

Foundation for Inner Peace: Ein Kurs in Wundern, 8. überarbeitete Auflage, Gutach 2008
Frank, Wolfgang: Psychiatrie, 15. Auflage, München 2007
Glasl, Friedrich: Selbsthilfe in Konflikten, Stuttgart 2008
Glasl, Friedrich: Konfliktmanagement, Bern 1999
Gray, John: Männer sind anders. Frauen auch, München 1998
Gray, John: Mars & Venus im Büro. So verbessern Sie die Kommunikation mit Kollegen, München 2005
Grönemeyer, Dietrich: Lebe mit Herz und Seele. Sieben Haltungen zur Lebenskunst, Neuausgabe, Freiburg 2009
Grün, Anselm/Robben, Ramona: Grenzen setzen – Grenzen achten. Damit Beziehungen gelingen – Spirituelle Impulse, 4. Auflage, Freiburg 2009
Gruhl, Monika: Die Strategie der Stehauf-Menschen. Resilienz – so nutzen Sie Ihre inneren Kräfte, Freiburg 2008
Haak, Rainer: Jammerfreie Zone. Die neue Lust auf Menschlichkeit, Lahr 2007
Hantel-Quitmann, Wolfgang: Schamlos! Was wir verlieren, wenn alles erlaubt ist, Freiburg 2009
Haug, Thomas: »Das spielt (k)eine Rolle!« Theater der Befreiung nach Augusto Boal als Empowerment-Werkzeug im Kontext von Selbsthilfe, Stuttgart 2005
Herriger, Norbert: Empowerment in der sozialen Arbeit, Stuttgart 2002
Hiessen, Hans (Hg): Emotionale Intelligenz in der Schule, Weinheim/Basel 2009
Höher, Peter/Höher, Friederike: Konfliktmanagement. Konflikte kompetent erkennen und lösen, 2. Auflage, Freiburg 2002
Hösl, Gattus: Der MiteinanderMensch. Wie wir in Konflikten beziehungs-weise werden, Paderborn 2008
Hogan, Kevin: Die Kunst der Überzeugung. Wie Sie jeden Menschen in kurzer Zeit überzeugen können, Paderborn 2007
Horáková, Dana: Vorbilder. Berühmte Deutsche erzählen, wer ihnen wichtig ist, Wiesbaden 2007
Horx, Matthias: Das Buch des Wandels. Wie Menschen Zukunft gestalten, München 2009
Hugo-Becker, Annegret/Becker, Henning: Psychologisches Konfliktmanagement, München 2004
Jung, Hans: Persönlichkeitstypologie. Instrument der Mitarbeiterführung, Oldenburg 2000

Juul, Jesper: Was Familien trägt. Werte in Erziehung und Partnerschaft, Weinheim 2006

Juul, Jesper: Nein aus Liebe. Klare Eltern – starke Kinder, München 2010

Kersschot, Jan: Niemand zu Hause. Vom Glauben an die Klarheit, Bielefeld 2003

Klein, Shari/Gibson, Neill: Was macht dich wütend? Zehn Schritte zur Transformation von Wut, durch die alle gewinnen können, Paderborn 2004

Klewitz, Marion/Nickel, Hans-Wolfgang: Kindertheater und Interaktionspädagogik, Stuttgart 1992

Kron, Friedrich W.: Grundwissen Pädagogik, 4. verbesserte Auflage, München 1994

Krüger, Gerhard: Das Problem der Autorität, in: Offener Horizont, Festschrift für Karl Jaspers, München 1953

Kühne de Haan, Lelia: Ja, aber ... Die heimliche Kraft alltäglicher Worte und wie man durch bewusstes Sprechen selbstbewusster wird, 14. Auflage, München 2008

Latour, Bernd: Was soll die blöde Frage? Das Einmaleins der Kommunikation, Gütersloh 2005

Lazarus, Arnold/Fay, Allen: Ich kann, wenn ich will. Anleitung zur psychologischen Selbsthilfe, München 2004

Lehner, Christine/Weihe, Sabine: Limbic Mind. Die intelligente Schlagfertigkeit, Göttingen 2008

Lelord, Francois/André Christophe: Der ganz normale Wahnsinn. Vom Umgang mit schwierigen Menschen, Leipzig 1998

Lelord, Francois/André, Christophe: Die Macht der Emotionen, München 2005

Lichtenauer, Karin (Hg.): Dalai Lama. So einfach ist das Glück, Freiburg 2004

Märtin, Doris: Smart Talk. Sag es richtig!, Frankfurt am Main 2006

Märzheuser, Rita: Voneinander lernen, Citizen Empowerment. Partizipation in der Stadtteilentwicklung East Manchesters und des Leipziger Ostens, Saarbrücken 2008

Mandl, Heinz/Dreher, Michael/Kornadt, Hans-Joachim (Hg.): Entwicklung und Denken im kulturellen Kontext, Göttingen 1993

Mietzel, Gerd: Pädagogische Psychologie des Lernens und Lehrens, 8. überarbeitete und erweiterte Auflage, Göttingen 2007

Millman, Dan: Spirituelle Lebensqualität. Ziele finden, die unser Leben Wert sind, Taschenbucherstausgabe, München 2006

Montada, Leo/Kals, Elisabeth: Mediation, Weinheim 2007
Murphy, Dr. Joseph: Die Macht Ihres Unterbewusstseins, München 1962
Myers, Wayland: Die Grundlagen der Gewaltfreien Kommunikation … wie ich sie verstehe und anwende, Paderborn 2006
Nichols, Michael P.: Die Kunst des Zuhörens, Reinbek 2002
Noelle-Neumann, Elisabeth: Öffentliche Meinung. Die Entdeckung der Schweigespirale, Frankfurt am Main 1996
Parsons, Talcott: The Social System, New York 1951
Patterson, Kerry/Grenny, Joseph/McMillan, Ron/Switzler, Al: Heilsame Konflikte. Beziehungen verbessern, Konflikte lösen, Wien 2006
Patterson, Kerry u. a.: Heikle Gespräche. Worauf es ankommt, wenn viel auf dem Spiel steht. Die 7-Punkte-Strategie. Die 6-Minuten-Meistertechnik, Wien 2005
Pöhm, Matthias: Kontern in Bildern. Schlagfertig antworten in Metaphern, Heidelberg 2006
Pöhm, Matthias: Das NonPlusUltra der Schlagfertigkeit, München 2007
Pöhm, Matthias: Frauen kontern besser, München 2000
Praschke, Marian: Medienrecht, 3. Auflage, Berlin/Heidelberg, 2009
Prekop, Jirina: Einfühlung oder Die Intelligenz des Herzens, München 2005
Prior, Manfred: MiniMax-Interventionen. Minimale Interventionen mit maximaler Wirkung, Heidelberg 2007
Prior, Manfred: MiniMax für Lehrer. 16 Kommunikationsstrategien mit maximaler Wirkung, Weinheim/Basel 2009
Reddermann, Luise: Überlebenskunst, Stuttgart 2006
Regnet, Erika: Konflikte in Organisationen. Formen, Funktion und Bewältigung, Göttingen 2001
Rhue, Morton: Die Welle, Ravensburg 2010 (deutsche Erstausgabe 1984)
Richarts, Stephanie u. a.: Respekt und Achtsamkeit, Bochum 2006
Rieck, Ute: Empowerment, Berlin 2008
Riemann, Fritz: Grundformen der Angst. Eine tiefenpsychologische Studie, 39. Auflage, München 2009
Riemann, Fritz: Die Fähigkeit zu lieben, 8. Auflage, München 2008
Rosenberg, Marshall B.: Konflikte lösen durch Gewaltfreie Kommunikation. Ein Gespräch mit Gabriele Seils, Freiburg 2004
Rossié, Michael: Schwierige Gespräche – live, Planegg 2005
Roth, Gerhard/Grün, Klaus-Jürgen (Hg.): Das Gehirn und seine Freiheit. Beiträge zur neurowissenschaftlichen Grundlegung der Philosophie, Göttingen 2009

Roth, Gerhard: Persönlichkeit, Entscheidung, Verhalten, Stuttgart 2007
Sage, Martin/Becker, Sonja: Coaching. Erfolg im 21. Jahrhundert, München 2007
Sanders, Karin/Bock, Michael (Hg.): Kundenorientierung – Partizipation – Respekt. Neue Ansätze der sozialen Arbeit, Wiesbaden 2009
Sanders, Tim: Der Sympathiefaktor. Menschen erfolgreich für sich gewinnen, Frankfurt am Main 2005
Satir, Virginia: Sei direkt. Der Weg zu freien Entscheidungen, Paderborn 2002
Schallehn, Renate: Alfred Adlers Individualpsychologie heute: eine Weiterentwicklung in Theorie und psychotherapeutischer Praxis? Berlin 1996
Schmid, Wilhelm: Mit sich selbst befreundet sein. Von der Lebenskunst im Umgang mit sich selbst, Frankfurt am Main 2007
Schmidt, Helmut: Außer Dienst. Eine Bilanz, 4. Auflage, München 2008
Schmidt-Tanger, Martina: Charisma-Coaching. Von der Ausstrahlungskraft zur Anziehungskraft, Paderborn 2009
Schöll, Raimund: Emotionen managen, Wien 2006
Schönberger, Josef: Die Wiederentdeckung des Respekts. Wie interkulturelle Begegnungen gelingen, München 2010
Schüller, Anne: Kundennähe in der Chefetage. Wie Sie Mitarbeiter kundenfokussiert führen, 2. Auflage, Zürich 2009
Schütz, Astrid: Je selbstsicherer, desto besser? Licht und Schatten positiver Selbstbewertung, Landsberg 2005
Schütz, Walter J.: Zeitungen in Deutschland, Verlage und ihr publizistisches Angebot 1949–2004, 2 Bände, Berlin 2005
Schwartz, Dieter: Gefühle im Gespräch. Wie Gefühle unsere Kommunikation beeinflussen, München 2008
Schwartz, Dieter: Vernunft und Emotion. Die Ellis-Methode. Vernunft einsetzen, sich gut fühlen und mehr im Leben erreichen, Dortmund 2004
Seidel, Wolfgang: Emotionale Kompetenz, München 2004
Seligman, Martin E. P.: Der Glücks-Faktor. Warum Optimisten länger leben, 7. Auflage, Köln 2010
Seligman, Martin E. P.: Erlernte Hilflosigkeit, 3. Auflage, Weinheim 1999
Seligman, Martin E. P.: Pessimisten küsst man nicht. Optimismus kann man lernen, München 2001
Sennett, Richard: Respekt im Zeitalter der Ungleichheit, New York/Berlin 2002
Sennett, Richard: Autorität, Frankfurt am Main 1985

Spezzano, Chuck: Wenn es verletzt, ist es keine Liebe. Die Gesetzmäßigkeiten erfüllter Partnerschaft, 2. Auflage, München 2005
Sprenger, Reinhard K.: Die Entscheidung liegt bei dir. Wege aus der alltäglichen Unzufriedenheit, 14. erweiterte Auflage, Frankfurt am Main 2010
Stavemann, Harlich H.: Im Gefühlsdschungel, Weinheim 2001
Storch, Maja u. a.: Embodiment: Die Wechselwirkung von Körper und Psyche verstehen und nutzen, Bern 2006
Strobl, Ingrid: Respekt. Anders miteinander umgehen, München 2010
Sulz, Serge: Als Sisyphus seinen Stein losließ. Oder: Verlieben ist verrückt!, München 1999
Sulz, Serge K. D./Schrenker, Leonhard/Schricker, Christoph: Die Psychotherapie entdeckt den Körper, München 2005
Tannen, Deborah: Das hab' ich nicht gesagt. Kommunikationsprobleme im Alltag, Hamburg 1992
Tannen, Deborah: Du kannst mich einfach nicht verstehen. Warum Männer und Frauen aneinander vorbei reden, einmalige Sonderausgabe, München 2004
Tannen, Deborah: Laß uns richtig streiten. Warum Frauen immer widersprechen und Männer nur sich selbst zuhören, München 2004
Tannen, Deborah: Und so willst du rumlaufen? Gespräche zwischen Müttern und Töchtern. So verstehen sie sich besser, München 2006
Tausch, Reinhard/Tausch, Anne-Marie: Erziehungspsychologie, Göttingen 1979
Thaler Kaplan, Linda/Koval, Robin: The Power of Nice. Wie Sie die Welt mit Freundlichkeit erobern können, München 2008
Thich Nhat Hanh: Das Wunder der Achtsamkeit, 7. Auflage, Zürich/München/Berlin 1997
Thiele, Albert: Argumentieren unter Stress. Wie man unfaire Angriffe erfolgreich abwehrt, Frankfurt am Main 2006
Thomann, Christoph/Schulz von Thun, Friedemann: Klärungshilfe 1. Handbuch für Therapeuten, Gesprächshelfer und Moderatoren in schwierigen Gesprächen, 5. Auflage, Hamburg 2009
Toulmin, Stephen: Der Gebrauch von Argumenten, Kronberg/Ts. 1975
Treiner, Sabine: In Europa. Verbrechen im Namen der »Ehre«, in Christine Ockrent (Hg.): Das Schwarzbuch zur Lage der Frauen. Eine Bestandsaufnahme, München/Zürich 2007
Unverzagt, Gerlinde: Eltern an die Macht. Warum wir es besser wissen als Lehrer, Erzieher und Psychologen, Berlin 2010

Veszelits, Thomas: Auf's Maul geschaut. So überzeugen Profis und Promis. Strategien, Tipps und Tricks, Berlin 2007

Wardetzki, Bärbel: Mich kränkt so schnell keiner. Wie wir lernen, nicht alles persönlich zu nehmen, München 2005

Wassmann, Claudia: Die Macht der Emotionen. Wie Gefühle unser Denken und Handeln beeinflussen, Darmstadt 2002

Watzlawick, Paul u. a.: Menschliche Kommunikation. Formen, Störungen, Paradoxien, Bern/Stuttgart/Wien 1980

Wehrle, Martin: Am liebsten hasse ich Kollegen. Wie man den Büroalltag überlebt, München 2010

Wehrle, Martin: Der Feind in meinem Büro. Die großen und kleinen Irrtümer zwischen Chef und Mitarbeiter, 2. Auflage, Berlin 2006

Weisbach, Christian-Rainer: Professionelle Gesprächsführung, München 2003

Wilde, Mauritius: Die Kunst der gegenseitigen Wertschätzung, Münsterschwarzach 2009

Wiseman, Richard: Wie Sie in 60 Sekunden Ihr Leben verändern, 4. Auflage, Frankfurt am Main 2009

Wolf, Doris: Ab heute kränkt mich niemand mehr. 101 Power-Strategien, um Zurückweisung und Kritik nicht mehr persönlich zu nehmen, Augsburg 2008

Wolf, Doris/Merkle, Rolf: Gefühle verstehen, Probleme bewältigen, Neustadt 2005

Wustmann, Corina: Resilienz. Widerstandsfähigkeit von Kindern in Tageseinrichtungen fördern, Berlin 2008

Zander, Margeritha: Armes Kind – starkes Kind? Die Chance der Resilienz, 2. Auflage, Wiesbaden 2009

Das raffinierte Spiel mit der Macht

Regina Michalik · **Intrige**
Machtspiele: wie sie funktionieren, wie man sie durchschaut,
was man dagegen tun kann
304 Seiten, Klappenbroschur
€ [D] 18,00 · € [A] 18,50
ISBN 978-3-430-20099-8

Wenn hinterlistige Kollegen und heimtückische Chefs ihre Machtspiele aushecken, stehen Existenzen auf dem Spiel. Denn Intriganten sind gute Strategen. Mit einer Kette von raffinierten Manövern streut der Intrigant Gerüchte, verbreitet Lügen, geizt nicht mit vergiftetem Lob und verschleiert sein Tun, so gut er kann. Am Ende steht das Ziel, einen Kollegen oder Konkurrenten aus dem Weg zu räumen. Doch es gibt Gegenstrategien und vorbeugende Maßnahmen.

Anhand vieler Fallbeispiele und eines 10-Schritte-Programms erklärt Regina Michalik, woran Sie Intrigen erkennen und was Sie dagegen tun können.

Econ